双書現代哲学 1

行動を説明する

因果の世界における理由

フレッド・ドレツキ

水本正晴 訳

EXPLAINING BEHAVIOR: *Reasons in a World of Causes*

Fred Dretske

keiso shobo

EXPLAINING BEHAVIOR: Reasons in a World of Causes
by Fred Dretske

This translation published by arrangement with The MIT Press through
The English Agency (Japan) Ltd.

序

人とその身体は時にあたかも異なるドラム奏者のビートに合わせて行進しているかのように見える。私のすること、あるいはその多くは、私の信じるものと欲するもの、私の意図と目的、私がそうすることの理由、によって入念に編成されている。私が動くときは、しばしば私は動く理由を持つ。私が台所に行くのは飲み物が欲しくてしかもそこでそれを手に入れることができると考えるからである。もし私がそれらの理由を持たなかったならば、すなわち私がこれを欲することもそう考えることもしなければ、私は動かなかったであろう。少なくとも私が実際に動くそのとき、その場所、そして私がするまさしくその仕方では、しないであろう。

私の唇、指、腕、そして足、といった私が何かをするために正確に調和して動かねばならない私の身体のパーツは、そうした理由については何も知らない。それら、そしてそれらをコントロールする筋肉は、別のドラム奏者を聞いている。それらは中枢神経系から発している電気的インパルスの連打に反応している。それらは引き起こされて動いているのである。そして、すべての結果がそうであるように、それら同じ身体運動は、同じ原因、神経系における同じ電気的化学的出来事、に反応して生じる。私がそのときたまたまいかなることを欲し、信じていても、いかなる理由によって私が台所へと向かっていたとしても、である。

そうであるならば、もし私の身体と私とが異なる方向へと行進していってしまわないのであれば、私が台所へと向かう理由――飲み物を手に入れるため――とは、私の手足を動かして私を台所へと運んだ原因である中枢神経系における出来事である、あるいはそれと密接に関係している。私の理由、すなわち私の信念、欲求、目的、意図は、私の身体運動の原因である、そしてそうでなければならない。二人のドラム奏者と思われていたものは、本当は一人のドラム奏者に違いないのである。

しかしこのことは、私の思考と恐れ、私の計画と希望、すなわちなぜ私がそのように行動するのかを説明する心理的態度と状態が、神経科学者の研究する身体運動の原因としての構造や過程と同一視されるべきだということを意味するのであろうか。もしそうなら、身体運動の原因についての専門家であるこれらの科学者は、なぜ我々が人としてこのように行動するのかについての専門家でもあることになるのではないだろうか。私の身体がなぜこのように動くのかについての彼らの説明が、私がなぜこのように動くのかについての説明と違うということなどあろうか。しかしこれらが本当にある深いレベルにおいては同じ説明の枠組みであるとするならば、神経科学者がなぜ我々の身体がこのように動くのかについての専門家である（あるいはいつかそうなるであろう）と認めることは、一見無害であるものの、それはまた神経科学者がなぜ人々がそのように動くのかについての専門家である（あるいはいつかそうなるであろう）と認めることであるように思える。もし本当に一人のドラム奏者しかいないのならば、そしてそれゆえ一つのビートしかなく、それが身体がそれに合わせて行進するビートであるとするならば、なぜ我々があることをしているのかを説明するのは、最終的な分析においては心理学というよりは生物学となる、という結論に不可避的に導かれるように思われる。

では、私がなぜ台所に行ったのかについては私はすでに知っており、科学者が教えてくれるのを待つ必要はない、という私の確信には何が残っているのだろうか？　私は喉が渇いていたゆえに、そして私は冷蔵庫にまだビールがあると考えていたゆえに、私は飲み物を取りにそこへ行ったのである。いかにうまく生物学者が、何が私の手足をこのように動かすのかについて私に教えても、あるいは教えることができるようになろうとも、私は何が私をこのように動かすのかに関しての専門家であり続ける。あるいは我々のほとんどには確かにそう思えるはずである。この特権性、すなわちなぜ我々があることをするのかについての特権性を諦めることは、人間主体 human agents としての我々についての捉え方を放棄することである。これは我々人間主体がやすやすと諦めない何かである。

この一見した衝突、いかに人間の行動が説明されるべきかに関する二つの異なる描像の間の衝突がどのように解決されうるのかを示すのがこの本の仕事である。このプロジェクトは、いかに理由——我々の信念、欲求、目的、計画——が因果の世界の中ではたらくのかを見ること、および人間の行動の因果的説明における理由の役割を示すことである。より広い意味では、プロジェクトは心理学的なものと生物学的なものの間——一方の、人々が自分の身体を動かす理由と、他方の、結果として生じる彼らの身体の動きの原因との間——の関係を理解することである。

この目的のためには、最初の段階で、何が説明されるべきかを正確に記述する際に注意深く進むことが絶対に不可欠である。そしてその説明されるべきものとは、行動 behaviour である。どのような理由が［行動を］説明するとされるのかを記述する際に、ここで性急すぎると、理由がそれ［行動］を説明する能力を損ないかねず、現にそうなっている場合が多い。この目的のために、この本のおよそ三分の一は行動そのものに充てられているのである。何が説明されるべきかについてのよりよい理解、とりわけ身体運動とその産出との間の差異（それゆえ行動の、起動原因と構築原因との差異）についてのよりよい理解が得られて初めて、我々のすることのいくつかがいかに我々のそうする理由によって説明される——因果的に説明される——のかを示すことが可能になるのである。

私は、教育の義務から免除されて過ごす一年を与えてくれた全米人文科学基金へ感謝の意を表したい。最初の草稿を書き上げるためにはその一年を要した。ウィスコンシン大学大学院の研究委員会がその年を可能とした。共に感謝する。

この題材のいくつかをデューク大学、ウィスコンシン大学、カリフォルニア大学バークレー校での大学院ゼミで使った。これらのゼミに出席した生徒は、次の二つの草稿を最初の草稿より良くするのに大いに貢献している。特にデューク大学のシェリー・パーク、ウィスコンシン大学のブラッドレー・グリーンワルト、ロバート・ホートン、アングス・メニュージ、マーティン・バレット、ナオミ・レショコ、グレッグ・ムージン、そしてバークレーでのカーク・ルートヴィヒ、ジーン・ミルズ、デュガルト・オーウェンに、役に立つ批判や議論をしてくれたことを感謝したい。

私は、いつものように、ウィスコンシン大学での同僚であり良き友であるベレット・エンク、デニス・スタンプ、エリオット・ソーバーに対し、彼らの批判、勇気付け、そして（私はきっと彼らのいくつかを盗んだに違いないので）アイデアに対し、感謝している。何年もの実り多きやり取りの後、時には誰があることを最初に考えたかを知るのは難しくなる。したがって私は事前に、不注意な窃盗を詫びておく。

ウィスコンシン大学の私の同僚に加え、私は言ったり書いたりしていること、そして時にはしていること、を他の人々にも負っている。そしてそれは私に重要な仕方で役立った。この点に関し私は特にジェリー・フォーダー、スーザン・フィーギン、ジョン・ヘイル、ロブ・クミンス、クレア・ミラーに感謝したい。

行動を説明する　因果の世界における理由

目次

目次

人名索引

凡　例

（1）文献表示は、原著にもとづいて（著者名，出版年：該当ページ）という形で表記した。該当する文献は巻末の参考文献で探すことができる。

（2）注は原注を（　）、訳注を［　］として通し番号をふり、それぞれ巻末にまとめた。なお、訳注のうち短いものについては、本文中に［　］で補った箇所もある。引用に対して原著者が注をつけた箇所については、［　――ドレッキ］という表示で区別した。

（3）原著のイタリックによる強調は、傍点で示した。

第一章　行動の構造

犬が近所の人を嚙む。それは犬の行動の一つであり、犬がすることである。それは近所の人に起こることである。クライドは失業し、ボニーは妊娠する。これらは彼らに起こることであり、彼らがすることではない。これらのことは、近所の人と同様、彼らが先にしたこと、あるいはし損ねたことゆ
えに彼らに起こるかもしれないが、それは別の話である。

我々がすることと我々に起こることとの違いは至極馴染みのことであるように感じられる。リチャード・テイラー（Taylor, 1966 : 59–60）が述べるように、それは能動と受動——一方の力、主体性 agency、行為、他方の情念 passion、忍耐 patience、（臨床的意味での）患者 patient［受動者］、との間の区別の根底にある。その理由だけでこの区別を行動の本性と構造を特徴づける助けとして使うことは魅力的である。若干の説明と改良（この章の残りを使って完結させる仕事であるが）を加えれば、これは実際説明の有用な基礎であると思われる。動物の行動とは動物がすることである。人間の行動とは

人間がすることである。もし植物と機械が何かをするならば、何であれそれは植物と機械の行動である。

1　内的・外的原因

ねずみが足を動かすなら、それはねずみのすることであり、ねずみの行動の一つである。私がその［ねずみの］足を動かすならば、足はそれでも動くが、ねずみはそれを動かしてはいない。そこにはねずみの行動はない。それどころか私は死んだねずみの足を動かしているのかもしれず、死んだねずみは行動することはない。このことが示唆するのは、動きがあれば、動物の行動と動物に起こることの区別はこれらの動きの原因の間の違いに存するということである。動きの原因が動物にあるならば、その動物は何かをしており、ある仕方で振舞っており、（例えば）その足を動かしているのである。もし動きの原因が他にあるならば、何かがその動物に起こっている、あるいはそれに対してなされている、つまり、その足が動かされているのである。

さしあたり、過度に単純化してすべての行動がある種の身体運動を含み、そのような動きの各々が多かれ少なかれなんらかの唯一の原因を持つと考えよう。これらが過度の単純化であるのは、一つには、すべての行動が動きを含むとは限らないからである。バスを待っている人、冬の間冬眠している熊、色を変えているカメレオン、死んだふりをしている鶏などは、これらのことをするために動く必要はない[1]。さらには、身体運動がおのおのある単一の、唯一の原因を持つと考えるのはナイーブであ

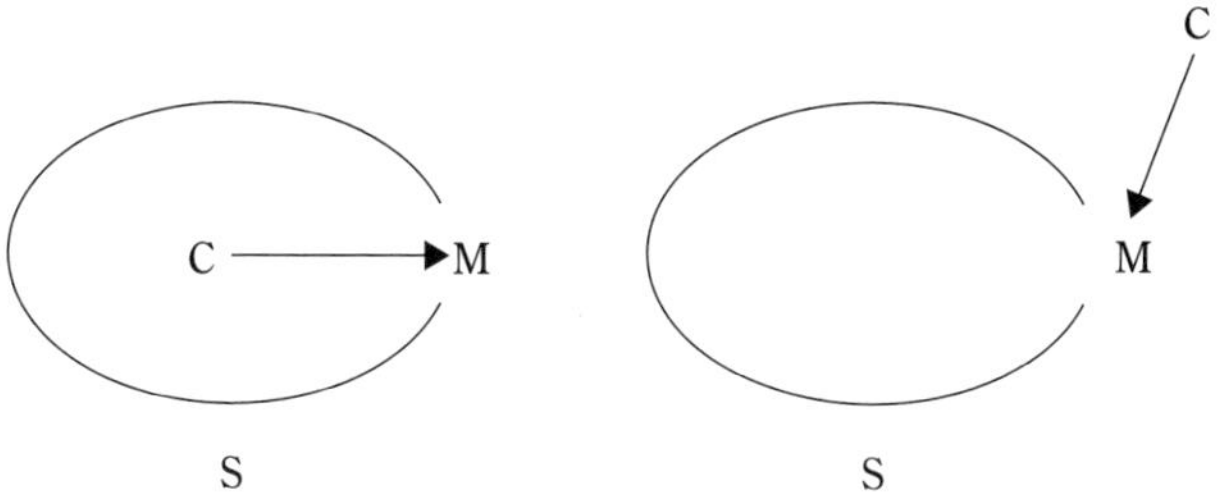

行動：CがMを引き起こしている　　Sに何か(M)が起こっている

図1−1

る。最も単純な行動の産出さえ法外に複雑であり、しばしば何億もの神経細胞や筋肉細胞の統合された活動を含むことを我々は知っている。そのような過程には時間がかかり、それらは単純な直線的因果配列を示さないかもしれない。制御構造は、進行中の活動を絶えず変化している条件と調和させる繊細なフィードバック機構を備え、階層的に組織されているかもしれない。直線的であるどころか、そのようなフィードバック機構は循環的（閉じたループを成す）因果的組成を持つ。

　しかしながら、どこかに始まりがなければならない。精緻化は後から来る。我々は今、微細な構造でなく、粗い形態学に関わっている。そして単純化の前提からすれば、ここで示唆されているのは、行動とは内側から生み出される運動、すなわち因果的起源をその一部が動いているところのシステムの内に持つ運動である、ということである[2]。Cがある種の原因（それが内的なものであろうと外的なものであろうと）、Mが身体運動、Sが当のシステム（人や動物）、そして矢印が因果的関係を表すとすると、これは図1−1のように表現できる。

　蜂が子供を刺すことが蜂の行動として、蜂のすることとしての資格があるのは、単にM（蜂の針によって子供の指が貫かれること）が生じるからではない。というのもこれは蜂が何もしなくとも生じうる――例えばもし子供が偶然指を死んだ蜂の針で突くなどしたら――からである。これは何か（蜂にとって）外的出来事がMを引き起こしているケースとなろう。蜂の行動を手に入れるためには、すなわち蜂のする何かがあるためには、M（針の貫通）の原因は蜂の内側から来なければならない。

同じ理由から、犬の近所の人への攻撃は犬の行動の一つと言うことができる――犬の内の何かがそのあごに近所の人の足の回りを締めさせるのである。そしてクライドが仕事を失うこと（彼に起こること）と彼が仕事をやめること（彼がすること）との間の違いは［雇用の］終結の原因のありか――クライドの中あるいは彼の雇用者の中――に存する。

みかけの粗雑さにもかかわらず、内的／外的に産出された運動という単純な対比は我々の行動の分類の根底にある基本的考えを捉えている。もし我々が明確に定義された通常の行動概念を持つならば――そして、我々がするものごとと我々に起こるものごとという曖昧な対比を別にすれば、我々が［そんな行動概念を］持っているかは怪しいのだが――いくつかの精緻化をほどこせば、それは内的に産出された運動あるいは変化と同等なものである。ただし精緻化は重要であり、それらに今から向かうことになる。

2　行為と行動

行動を内的に産出された運動と同一視することは、行動の中にはある特殊な内的原因を必要とするものがあることを否定することではない[3]。我々がすることのいくつかは目的的である。我々はそれらをしようと意図し、ある目的を達成するためにそれらを行う。言い換えれば、いくつかの行動は自発的であり、意識的、意図的選択の結果である、あるいは主体 agent にはそう思われる。

しかしながら自発的行動は、行動の一種にすぎない。我々がここで関わっているのはもっと一般的な概念であり、動物、植物、それどころか恐らく機械にも、人々に当てはまるのとまったく同様に当てはまる概念である。さらには、それは目的あるいは意図といった、あるシステムに主体としての、そしてその目的的活動に自発的なものとしての資格を与えるような諸要因がどこにもないときにでも、人々に当てはまる。人々は寒くなると震える。それは彼らがすることである。彼らはまた暑くなると汗をかき、寝ている時に歯軋りをし、咳をし、吐き、泣き、唾液を出し、顔を赤らめ、身震いし、しゃっくりし、息を吸い、吐き出し、息をつまらせ、へまをし、どもり、眠りに落ち、夢を見、目を覚ますなど、その他の膨大な自発的とも計画的とも意図的とも言えないものごとをする。

この中のあるものは反射的行動であり、特定の刺激によって高い信頼度で引き出される。反射的行動は一般的には意図的なものと見なされないが、それでも行動である。私は本能的に手を熱い表面から引き離す。私はこれを、私の手が何か熱いものに触れていると私の脳が知らされる前に、私がこのように振舞う理由を意識的に持つ前に、する。これは私が私の信じるものや欲するものゆえにすることではない。にもかかわらず、それは、私がする何かである。幼児は吸い、つかむ。うまく興奮させた猫は鼻づらへ触るとその方向を向く。鼻へもう一度触ろうとすれば、猫は致命的な一噛みのために口を開ける。これらの行動は、適切な中枢神経系の刺激があるときのみ生じるものであるが、人間の幼児の吸ったりつかんだりといった反射のように自動的で非自発的なものである（Flynn, 1972; Gallistel, 1980; MacDonnell and Flynn, 1966）。

脊髄動物（脊髄の脳へと脳からのすべての神経的繋がりを分断された動物）はそれでも非常に多くのことをやってのける。誰も脊髄犬の背中を掻いてあげることはない。彼はそれを自分でやる。たとえ適切に刺激を与えられればこの反射的動きをせずにはいられないのだとしても。猫（Shik, Severin, and Orlovsky, 1966）は歩くことができる——彼らは脳からの導きがなくとも（条件の変化に反応して）歩き方を変えることさえできる。オスのゴキブリは雌に頭を食われても交尾し続ける。

我々は行動科学者にいかにしてそしてなぜ人間を含む動物がこれらのことをするのか尋ねることができ、［彼らが］教えてくれるのを期待する。もしその「なぜ」という質問に対する答えが我々の意図、目的、計画になければ（これらの場合明らかにないと思われるのだが）、それは別の場所——恐らく我々のホルモン、遺伝子、あるいは遺伝子が責任を持つところの運動プログラム——にある。しかしある行動が特定の種類の説明、志向的説明と呼べるであろうもの、主体の理由と目的による説明、を持たないという事実は、それが本当は行動ではない、ということを意味するのではない。もし下等なゴキブリが心を持たず、目的も意図もない、したがって我々が意図的行動と考えるものを示さないとしても、これはその哀れな生き物が何もしない、ということを意味するものではない。それを意味すると考えることは、不正に行動を特殊な種類の説明を持つ行動のみに圧縮することである。

リスは木の実を埋める。彼は隠し場所を探し、穴を掘り、実を置き、鼻で突き固め、土で覆う。これはリスのすることである。誰も彼らを、操り人形のように、見えない糸で操ってはいない。この行動が、少なくともヨーロッパ赤リスにおいては（Eibl-Eibesfeldt, 1975, 1979）、動物行動学者が「固定的行動型（ＦＡＰ）」と呼ぶもの——反射のように生得的、非獲得的、非自発的であり、何の機能も果たさない時でさえ（例えば土のない硬い床の上においても）生じる行動連鎖——であるということを知ることは、それが本当は行動ではない、ということを知ることではない。それはただ、この行動の説明が我々の思っていたものとはかなり違うということを知ることにすぎない。

　それでも、すべての行動は内的に産出された運動であると言うことと、すべての内的に産出された運動は行動であると言うこととは別のことである。恐らく行動科学者が反射と同定する非自発的反応のいくつかは多かれ少なかれ自然に行動として分類できる。[4] しかしながら、他の内的に産出された変化でこのようには容易に分類できないものが存在する。我々は成長する。我々の髪も足の爪も伸びる。我々は呼吸をし、汗をかき、にきびをつくる。我々の心臓は鼓動し、脈は脈打つ。これらの身体運動と変化はとてもゆっくりした（あるいは小さな）ものかもしれないが、それらは運動であり内的に生み出されている。我々はこれらのことをするのだろうか？　男性は勃起する。これは何か彼らのすることだろうか？　女性は（月経により）出血し、出産や世話の最中には胎児が子宮から排出され、乳が乳腺から流れ出る。これは女性の行動だろうか？　体温調節システムは体温の変化を補正するために自動的に震えを誘発し血管を収縮させる。我々がこれをするのだろうか？

　争点は常に明らかだというわけではないが、哲学者は傾向としてより保守的である。彼らは髪が伸びることや心臓が鼓動すること、傷口から血が流れることが、髪が伸びている人、心臓が鼓動している人、傷口から血が流れている人の行為とはみなされないような分類を好む（Taylor, 1966: 57–58, 61; Thalberg, 1972: 55–63; Wilson, 1980: 50 参照）。髪、心臓、そして傷口はこのような振舞いをするだろうが、人々はしない。反射は行動の地位を否定されるべきだという見解への同情さえある――フォン・ライト（von Wright, 1971: 193）は、膵液を出すことやひざの屈曲反応は刺激への反応であり、「行動主義者のジャーゴンによってひねくれた語り方をするようになった人たちのみがそんな反応を犬や人間の「行動」などと呼ぶことを自然と考えるのだろう」と主張する。フォン・ライトがいやいやながら認めるように、恐らくそのような反応は垂腺やひざの行動なのである。

私がここで争点が明確ではないと言うのは、哲学者が典型的には行動そのものでなく行動のある特定の種、すなわち行為 action に興味を持っているからである。行為とは正確には何かについて決着のついた見解があるわけではないが、（微妙な点を無視すれば）それはそれ自体何か自発的にまたは意図的になされたもの（例えばピアノを弾くこと）か、意図されたか予見されたかに関わらず、そうした自発的行いの直接の帰結（例えば意図的にピアノを弾くことで非意図的に近所の人々に迷惑をかけること）であるというのが一般的に合意されていることであるように思われる。例えばテイラー（Taylor, 1966: 61）は、心臓が鼓動することや恐怖の影響によって発汗することと、自発的行動とを明示的に対比する。そしてタルバーグやウィルソン、フォン・ライトほかが関心を持っているのは行動についての一般的考え方ではなく、行動のある特別なクラスであることはまったく明らかであるように思われる。分類の見かけ上の食い違いを評価することが難しいのはこのためである。我々はりんごとオレンジを、あるいはより適切には、フルーツ（属）とオレンジ（種）を、比べているのである。

いくつかの――恐らく非常に多くの――内的に生み出された身体運動（あるいは変化）は、我々が通常は我々のすることと考えないものであることは確かに事実であろう。我々は髪を切らないことで（より長く）伸ばさせる let our hair grow と言えるかもしれないが、髪を伸ばす growing our hair とは（少なくとも私は）言わない。[1] 私は発疹が出るが、それを私がするわけではない。それでも、同様に非自発的でありながら、我々がそれにもかかわらず我々がする、と語るような他の非常に多くのものごとがある。我々は寒くなると震え、喉に炎症が起こると咳をし、転ぶときには姿勢を取り、吸ったり吐いたりし（すなわち呼吸し）、まばたきし、しゃっくりし、いびきをかき、夢を見、排尿し、排便する。これらは、少なくともテイラー（Taylor, 1966: 57）の意味では、我々がすることとなんら関わりを持たない。というのもそれらを我々は直接には妨げたり生じさせたりすることがまったくできないからである。我々はしばしばある程度までは時と場所を選ぶことができる。我々は少しの間は呼吸を止めることができる。トイレ訓練の後、我々はいつ、どこで排便するか決めることができる。しかしながら、我々は呼吸の場合と同様、それをするかどうかを選べるわけではない。ある行動は自発的であり、他の行動はそうではない。(5)

分類というものはいつも、中心的な場合はともかく周縁においては少々恣意的なものがある。そしてそれはしばしば、実際そうであるべきだが、その分類が行われる目的に答える。したがって、我々の日常の話し方は時に少々異なる方向へと引き付けるものの、より寛容な分類法、私が思うにより行動学者の使用に合致した分類法、を採用する十分な理由があると私は考える。臨床的心理学者、社会学者、そして経済学者は、彼らの人間行動（そして一般的に自発的行動）への特殊な関心ゆえに、何が行動であるかについての制限された概念を持つかもしれないが、行動生物学者、胎生学者、内分泌学者、薬理学者に耳を傾ければ、描像は変わってくる。これらの行動学者は、反射を含むあらゆる種類の反応を行動――行動で私は単なる腺や器官の振舞いでなく人間と動物の行動を意味しているのだが――に分類するのにやぶさかではない。それらは呼吸活動や心臓血管の活動（Engle, 1986）、ペニスの勃起（しばしば動物の「誇示行動」の一部と言われる）、内分泌・外分泌腺の分泌、筋肉の痙攣、ひきつけ、発作、非自発的眼球運動、自律神経系の統制的活動、などを含むが、それらの内的産出は意識的または自発的コントロールのレベルをはるかに下回る。もしこの語り方に、我々の通常の語り方とあまりかみ合わない、（我々に起こることと対比される）我々のすることについての我々のナイーブな理解にとってあまり正しいと思えないことがあるとしたら、同じことは物理学者、化学者、天文学者が物質的環境を切り分ける仕方や植物学者や動物学者が生き物を分類する仕方にも言えるであろう。時には、我々の祖父母が語っていたのと同じ仕方で語らないことで説明と理解の目的が最もよく遂げられる、ということがあるのである。

　このことは行動学者の間で正確には何が行動と見なせるのかについての一般的合意があるということではない。異なる説明上の関心、アプローチ、専門的訓練、などがある以上、一方で海洋生物学者と薬理学者、他方で臨床心理学者、社会学者、経済学者の間には複数の違いが見つかるだろう。彼らはみな確かに行動に関心があるものの、かなり異なる種類の行動に関心を持っているのである。そして人生を郊外に住む若者の研究に捧げるのかウミウシの研究に捧げるのかは、何を行動とみなすかについて違いをもたらす。生物学者のドナルド・グリフィンは、ある原生動物の多彩な行動に感銘を受けている――しかしながら、犯罪学者なら、その多彩さに感銘を受けるどころかこれを行動と呼ぶかどうかさえ怪しいだろう。

実際は、昆虫、いも虫、カタツムリ、コオロギ、ヒル、それどころかゾウリムシさえきわめて興味深い仕方で振舞う。それらはその運命が完全に外的な力のなすがままである石とは異なる。もし我々が、なぜ最も単純な生き物の（できるだけ中立的な言葉を使うなら）活動でさえそれらを研究する者から行動としてみなされているかと問うならば、答えは明白であるように思われる。それは、その運動が自発的だと考えられているからではない。それはヒルや海面動物が自分のすることに対する理由――信念、欲求、目的、意図といった――を持つと考えられているからではない。そうではなく、これらの活動が行動であるとみなされるのは、胎児のあるリズミカルな運動（Preyer, 1885）、根の発育パターン（Evans, Moore, and Hasenstein, 1986）、そして（スペクトルの対極に位置するサンプルを挙げれば）人間の目的的行いが同様に［行動として］みなされるのと同じ理由からである。すなわちこれらの運動、これらの状態の変化は、内的に産出されたものだからである。個々の科学者は、行動の正式な定義を与えるために呼び出された時は意見が食い違うかもしれないが、集合的な慣行は、彼らがこの基準をある変化は行動であり、他の変化はそうでない、と同定する基礎として使っていることを反映している。

いくつかの記述は確かに内的原因の特徴についての特別な含意を持つ。デイヴィドソン（Davidson, 1971: 45）が正しく指摘するように、いくつかの動詞は意図的なものでしかありえない行動――主張すること、だますこと、うそをつくこと、など――を記述する。記述とは理論負荷的なものである。理論負荷的な記述の一般的考えを理解するために、何かを傷として記述することを考えよ。ノーウッド・ハンソン（Norwood Hanson, 1958: 55）が言い出したことであるが、何かを傷口として記述することは、いかにそれが引き起こされたかについて何か含意することである。外科医は患者を傷つけない――少なくとも彼らが仕事を正しくしているならば――たとえ彼らの執刀が本物の傷によって残された傷跡と識別不可能な跡を残すとしても。行動の記述のいくつかは、そのようなものである――それらは運動筋肉の活動 motor activity の因果的起源について特別な何かを含意する。質問をすること、それは誰かがなしたことについてのありふれた記述の仕方であるが、それは特定の意図とともに有意味な音を発することである。質問をすることが単にある内的原因によって生み出された唇、舌、喉頭の関連した動きを持つことでないのは、傷であることが何らかの皮膚の穿刺《せんし》［注射針などを刺すこと］によって生み出された跡を持つことでないのと同様である。それはむしろ、情報を得ようとする目的、意図、あるいは欲求によってこれらの発声活動を生み出すことである。発話の内的原因がなんらかのそのような意図や目的でない限り、帰結する行動は質問することとしての資格はない。それはむしろ演劇の台詞を稽古している、声を出して読み上げている、冗談を言っている、あるいは例を挙げている、のかもしれない。

同じことは忍び寄ること、隠れること、ふりをすること、にも言える。他の動物に忍び寄ることは単にその動物と空間的近接を保つことでなく、死を引き起こそうとしてそうすることである。もしある猫の動きがある特別な種類の原因を持たないならば、その猫はねずみに忍び寄っているのではない。同様のことは明らかに我々が動物行動を記述するのに使う数多くの動詞について言える――狩をすること、避けること、追いかけること、守ること、威嚇すること、など。

もしそのような行動の記述を規則と取ったならば、幾人かの哲学者がそうするよう惹かれてきたように、誤って以下のように考えたくなるかもしれない。すなわち、（単なる特定の種類の行動でなく）行動［一般］としての資格を持つためには、運動筋肉の活動Mは単なる何らかの内的原因Cでなく、ある非常に特殊な性格の内的原因――意図、目標、欲求、または目的といった――によって生み出される、あるいは少なくとも部分的に決定されなければならない、と。このような行動の見方こそが、ある人々を非自発的な反射に行動としての地位を否定するよう導くのではないかと私は疑っている。

しかしながら、人はある行動の記述がある特定の種類の内的原因――ある特定の目的、意図、欲求、信念、計画、または目標――を前提しているということを、内的原因がこの特定の性格を欠いていれば行動は存在しないだろう、と想定することなく認めることができよう。実際、動物はそれでも何かをしているであろう。我々が単にそれをそのように記述できなかった、というだけである。議論のために、獲物に忍び寄ることは狩をする側の特定の意図と目的を要請すると想定しよう。さらに、クモやライオンは意図や目的を持たないと――哲学的であれ、科学的であれ、どのような理由であろうと――判明したと想像しよう。そのときクモやライオンは獲物に忍び寄ることはしない、ということになるだろう。それにもかかわらず、彼らは確かに食事を得るために何かをするのであり、そのことが――我々がそれを記述するためにどのようなより具体的な記述を使うことになろうと――ライオンとクモの行動なのである。ある猫好きは猫がすねていると考えることにおいて間違っているかもしれないが、その猫は実際椅子の下に座って他の方向を見ているかもしれない。

3　植物と機械の行動

植物や機械が行為を行っているのと語ることは奇妙に聞こえるかもしれないが、それらが何かをしているのと語るのは奇妙に聞こえない。植物はまさに文字通りに根付いているが、それらは動物のすることに驚くほど似たことをすることができる。しかし、植物が動物のするような仕方で振舞わないときでさえ、このことは植物の努力を無視する理由とはならない。それは結局、それでも行動、植物行動なのである。

大方の人々は、「蔦のように」よじ登る植物の行動についてよく知っていることと思う。しかしながら彼らは恐らく、この行動を引き起こしているメカニズムと同じメカニズム（ネガティブな重力屈性やポジティブな光屈性のような）を定位問題を解決するのに使う動物（原生動物や原始的な無脊椎動物）がいること（Staddon, 1983: 22）には気づいていない。さらには、昆虫を捕らえ、酵素で消化する食虫植物（恐らく最もよく知られたものはハエジゴクである）もいる。菌類は他の生き物を攻撃する。彼らは例えばすばやく膨らむ小さなリングを作り、虫がその内側の表面をこすったときに輪なわのように閉じることで、小さな回虫を捕らえる。私がこの例を引いている植物学者ラヴェン、エヴァート、カーティス（Raven, Evert, and Curtis, 1981: 224）の言葉を使えば、これらの捕食菌類は哀れな虫を「絞首刑にする」のである。種を一五メートルも投げる（打つ？　発射する？）植物もある。

動物と同じように植物も、内生の、すなわち内的にコントロールされていると現在では考えられている、概日リズム（二四時間周期の活動）を示す。そして動物と同じように植物も、呼吸をする。植物の葉にある小さな開口部（気孔）は環境的および生理的サインに反応して開いたり閉じたりして、植物が水分の損失と酸素や二酸化炭素の要求との間のバランスを取るのを助ける。

　これらすべては適切に植物行動、植物のすることと記述されるように思われる。これらすべては実際植物学者が適切に植物行動として記述するものである。私が論点をくどくどと述べるのは、行動という考えをある特別な行動のクラス——例えば動物の行動、動物の自発的行動、あるいは特定の種類の動物の自発的行動——へと制限したい人（もしいるならば）のためだけである。

　しかしながら、そんなにけちけちする理由はない。植物あるいは動物が行動すると認めることは、多くの譲歩をなすことではない。それは（もしそれが人々の悩む理由であるなら）確かに自由意志や心を要請するものではない。植物は動物が行動するのと同じ理由で行動する——それらに起こる変化の中には内在的に引き起こされるものがある。この点に関して、これらの変化は木や花、そして草に起こることとよい対照をなす。鉢植えの草花はあちこちへ動かされる——そのことはそれらに対して起こることであり、特定の室内用ペットに起こることと同様である。花のなかには季節と共に色を変えるものがある——これはそれらがすることであり、（イカやタコなどの）頭足動物が危険な状況において色を変える（Grier, 1984: 287）のと同様である（もちろん同じ理由でそうするわけではないが）。晩秋に葉を落とす木があり、ほとんどの木は傷ついた部分をふさぐことで損傷から自分を守る。これらは木のすることである。木はまた雷に打たれたり、甲虫に攻撃されたり、切られたりする。これらは木に起こることである。

それぞれの場合において、植物のすることとそれに起こることを区別するための根底にある基礎は動物にとっても同じである――変化の原因の場所、内的か外的かということ、である。葉を落とすことがカエデのすることであり、木の行動の一形式であるのは、落葉の第一の原因が木の内部から来るからである。木の内部で生じる特定の化学的変化が枝と葉の機械的結合を弱める原因となり、結果としてその葉は引力の絶えざる力を受け、最終的に落ちることとなる。もし木の葉が外的原因によって分離したのなら――もしきこりが枝から葉をむしり取った、あるいは暴風が木から葉を吹き飛ばしたのならば――その木は葉を落としてはいないだろう。このことは何か木のしたこととはならないだろう――それは木に起こった何かということになろう。我々は一般にそうするわけではないが、男性の髪が抜け落ちるのを似た仕方で記述することができよう。もし誰かが、ある男性の髪の毛を抜くか、切り落とすかするならば、これは、木が嵐で葉を失うのと同様、その男性に起こることである。しかしながら、もし髪の損失が普通の仕方で起こるなら、内的生理的過程の結果として、それは男性のなすことであり、一つの行動である。もし蛇が脱皮するときに何かをしていると認められるならば、そしてもし羽の抜け変わりが鳥の行動の一形式であるならば、我々が髪を抜け落とす（shed）[2]ときに何かをしているとなぜ認められないのであろうか？　それは、我々がみな知っているように、意図的なものではない。だがそのことは無関係である。

私が植物について言ってきたことは、道具や機械についても言える。もし私がかがんで一つのリント布を拾いあげるなら、それは私がなすことであり、私の行動の部分である。しかし掃除機もまたものを吸い上げる。これは掃除機がすることであり、その行動の部分である。それがカーペットから埃を吸い上げると認められるのは、私がパイプから煙を吸っていると認められるのと、または蝶が花から蜜を吸っていると認められるのと同じ理由からである。それぞれの結果――埃を取ること、煙を吸い込むこと、蜜を取り入れること――の原因である真空は、行動が帰属されるシステム内部で生み出されている。もちろん、掃除機を押してまわるのは私である（ゆえに私が家を掃除していると認めてもらえるのである）――が、カーペットの埃を吸い上げるのはそれ［掃除機］なのである。

サーモスタットは暖房を点けたり消したりし、アラーム時計は我々を起こし、そして工業ロボットは人間がかつてしなければならなかった退屈で繰り返しの多い仕事を今や行う。これらの対象にもまたものごとは起こる――それらは壊れ、さび、そして修理される。それらがすることとそれらに起こることとの間の違いは、思うに、植物や動物がすることとそれらに起こることとの間の違い――変化の原因の場所、内か外か、ということの違い――とまったく同じである。

確かに、非常に単純な対象や内的組成についてリアルな「結合articulation」がない対象に関しては、それらに起こることとそれらの行動、それらがすることとの区別は崩れ始める。ほとんどすべてのものが行動として見なされ始める。あるいは、見方によっては何も行動とは見なせない。石を水の中に入れたらそれは何をするだろうか？ それは沈む。そのことは、対象がより密度の薄い媒体の中で振舞う仕方である。そしてもし我々が物理学者に電子の振舞いについて尋ねれば、彼らはとりわけ、それらは磁界の中で曲がる傾向があると言うかもしれない。もちろんこの「行動」のあるものは問題の対象の性質（石の密度、電子の電荷）に依存する――しかし石の下方への動きあるいは電子の曲がった軌道の原因は内的なものであると（行動は内的に産出された変化または運動であるという我々の記述を救うために）言う本当の根拠はない。

　これは単に、あるシステムの行動とそれに起こることとを区別する基礎が、内的／外的の違いを適度に明確に、そしてよく動機付けられたものとするに十分な、構造上の複雑さと内的連結を示すようなシステムにしか本当は適用できないのだと譲歩することにすぎない。もしシステムが（リント布、光子、水滴などのように）そのようなものでないとき、これらの対象の（言わば）伝記は、それらがなんらかの仕方で参与する出来事すべてから無差別に構成される。もしこのうちのどれかが、確かにそうであるように、行動として記述されるなら、我々はこのレベルでは行動は動物や植物、そしてより構造化された無生命の対象について意味するものをもはや意味しない、ということを覚えておかねばならない。これは、この著作で使われているように、対象、植物、または動物に起こることと対照をなす。これは「行動」と言う語が（例えば）物理学や化学でいつも使われている仕方ではない。私の知る限り、ある磁界においてある電子に何が起こるかということとある磁界においてある電子が何をするかということとの間に違いはない。水の中に入れられたある動物に何が起こるかということと、水の中に入れられたらそれが何をするかということの間には、はっきりと違いがある。(6)

4　動きと動かし

　私がこれまで当然のこととして前提してきたある考えについて何かが言われねばならない——その考えとはすべての運動または変化には、内的であれ外的であれ、ある唯一の原因がある、ということである。私が定冠詞を使うこと、運動のその原因 the cause という言い方が〔3〕、この想定を露わにしている。これはもちろんきわめて非現実的な想定である。ほとんど（恐らくすべて）の結果は膨大な数の他の出来事や条件に依存している。それらの中からどうやって選べばいいのだろうか？ どうやればその中のどれが真の原因であると言えるのだろうか？ Mの原因について原則に基づく選択をできない限り、行動とは何か、何でないか、について言う方法、少なくとも原則的方法、はないだろう。

　これは直面せねばならない論点であるが、それに（次の節で）向かう前に、さらにより切迫した問題がある。もし我々がすべての行動はある種の身体運動を含むと仮定したとしても、行動を運動あるいは他の何かと同一視すべきかどうかは明らかではない。ねずみが足を動かしているのをその足の動きと同一視しようか？ 運動の内的原因と同一視しようか？ あるいは（もしこれがさらに第三の可能性であるなら）あるものが別の何かを引き起こすことと？ あるいは何か他のものと？

　行動をそれによって何かがなされる運動と同一視することを選ぶ様々な理由がある――例えばねずみがキーを押すことをそれによってキーが押し下げられる足の動きと同一視したくなる、といった。ある人々にとっては方法論的動機がある。もし心理学が刺激－反応関係の研究であるならば、刺激と反応両方が観察可能であるべきである（Taylor, 1964: chapter 4）。ねずみの足の動きは観察可能である。そしてもし我々が哲学的難癖を無視するならば、これらの足の動きがその動きをキーの押し下げと分類するのに関わる特定の結果（キーの動き）を時に持つ、という事実もまた観察可能である。したがってもしねずみの行動、すなわち刺激への反応、が観察可能であるべきならば、それはこれらの観察可能な結果と同一視されるべきなのである。

さらには、データ、すなわちそれをある体系的な仕方で説明することが科学の仕事であるような一群の諸事実、を記述する適切な方法について、関連する方法論上の問題がある。もし行動が我々の説明しようとしているものであるならば、そのとき行動そのものは理論中立的な仕方で（あるいはもしそれがあまりに多くのものを要求しているのであれば、できるだけ理論中立的な仕方で）記述されるべきである。それは行動についてのどんな競合する理論的説明の正しさも前提しない仕方で記述されるべきである。もしねずみがキーを押すことが単にキーを押すことにおけるねずみの運動でないならば、もしこの（こう記述された）行動がある特定の種類の内的に先行するもの（意図？　目的？　予期？）を含むならば、そのときねずみがキーを押すことは行動科学の適切なデータではないだろう。それはその記述そのものの中にあまりに多くの理論的（そして明白に疑わしい）負荷を背負っている。それは観察可能な足の動きが特定の原因、そしてそれゆえ特定の理論的説明、を持つと前提している。それはなにか初期の物理学者が特定の金属があるときの鉄のやすりくずの振舞いを「磁界に沿って並んでいる」と記述するようなものになるだろう。それは金属の小片がしていることであるかもしれないが、その行動が対抗する説明理論を評価する目的のために記述される仕方ではない。この目的のためには、それらの振舞いはより理論中立的な用語で——例えばある外的（観察可能な）参照枠組みと相対的な定位によって——記述された方がよい。そして同じ理由から、行動は「無色の」運動であると理解されるべきである（Hull, 1943: 25–6)。

これらの立派な動機にもかかわらず、行動を身体運動と同一視しようとすることに対するある障害があるように見える。すでに触れたように、

（1）ねずみがその足を動かすこと

と

（2）ねずみの足の動き

との間にはある違いがある。ねずみの足はねずみが足を動かさずとも動きうるので、（1）が言及するものが何もない時にも（2）が言及する何かがあるかもしれない。もし私がねずみの足を動かしているならば、そのねずみは何もしていない。もしそのねずみが足を動かしているなら、それは何かをしている。したがって、もし我々の関心がねずみの行動にあるならば、我々は（2）でなく（1）を説明することを本来すべきなのである。

この論点は、重要であるものの、行動を身体運動と同一視することを願う者たちにとって障害であったことはない。それが示すこととはせいぜい、行動は、もし運動と同一視されるべきならば、ある特定の種類の運動、すなわち正しい原因を持つ運動、と同一視されねばならない、ということである。この考え方に従えば、正しい等式は（1）と（2）の間でなく（1）と

（3）ある（適切な）内的原因によって生み出された（足の）動き

の間で成立する。ある女性が別の人と正しい親族関係に立つならば母親であるように、ある運動はある内的過程と正しい因果的関係に立つならば行動である。

確かにこれは、すでに言及した方法論的疑念についての譲歩であるが、主要な降伏ではない。行動はそれでもある意味で観察可能である。それでも我々は行動が同一視されるところの運動を見ることができる。我々ができないのは（これはその人の持つ知識の理論に依存するが）これらの運動が行動であるということを知る（見る）ことである。というのもこれは可視的運動が正しい原因を持つということを知る（見る）ことを要請するからである。それはあなたが目の前にある私の手作りの品、私が作った椅子を見るようなものである。あなたは（私の手作り品であるところの）椅子を、それが私の手作りの品であることを見ることができなくとも（したがってそうであるかどうか知ることなしに）見ることができる。私がその椅子を作ったこと、それが私の手作りの品であること、は明白であるかもしれない。ちょうど特定の運動が内的に生み出されたということがしばしば明白であるかもしれないように。だが可視的なものをそれがそうであるところのもの（椅子の場合であれば私の手作り品、運動の場合では行動）とするものは何か「隠れた」もの、何か可視的でない（そしてそれゆえこの第二の意味で観察可能ではない）ものである、という事実は残る。

（1）と（3）の同等視は行動の魅力的な描像を提示する。私が知る限り、それは行動科学者の間で広く受け入れられてきている。それはまた、G・E・M・アンスコム（Anscombe, 1958）やドナルド・デイヴィドソン（Davidson, 1963）を含む多くの哲学者が、しばしばかなり異なる理由から、賛同する見解である。実際デイヴィドソンは、身体運動の他には行為は存在しない (1971: 23)、と主張する。この見解の魅力の一部は、ほかに何が行動でありうるのか考えるのが難しいという単純な事実にある。もし家のペンキを塗ることが、塗料を私の家に付ける最中に私の実行する動きの集まり (すべてもちろん正しい内的原因によって引き起こされている) でないとするならば、他になにがそれでありうるというのだろう。行為は身体運動の一種であると前提することで、「行為であるような身体運動とそうでないような身体運動の違いとは何であろうか?」[7]というコリン・マッギンの問い (McGinn, 1982: 84) はまさしくこの感覚に表現を与える。問題は行動が運動であるかどうかではなく、どんな種類の運動か、である。

もちろん我々は我々の多くの行動、我々のすることの多くを、そのすることに含まれる特定の身体運動について何も含意しないことばで記述する。私は注文をキャンセルする。彼女は彼の招待を拒否する。彼は彼の医者を訴える。これらは人々のすることの記述であるが、それは身体運動の記述でもないし、身体運動について何かを含意するわけでもない。注文をキャンセルするために、招待を断るために、あるいは誰かを訴えるために生じなければならない特定の身体運動などない。それどころか、これらがなされるのにどんな身体運動も起こる必要がないような状況さえ想像できる。にもかかわらず、旅行の計画を立てるとか電話番号を思い出そうとするとか、あるいは雨漏りのする屋根について心配する、といった心的活動を別にしても、人のすることは普通、その人の身体のなんらかの変化 (または内的に引き起こされた変化の欠如[8]) によって達成される。人は自分の弁護士に電話することで (そしてこれは今度は受話機を持ち上げる、などによって) 訴訟を始めるし、質問にうなずくなどして注文をキャンセルするし、そして短い手紙を書くなどして誘いを断る。あるいはそれをなんらかの別の仕方でする。しかしその仕方は常になんらかの身体運動または変化を含む。そして上記の行動の説明、すなわち身体運動との同一視、はこの基礎的種類の行動、（行為論における区別をそのまま繰り返すならば）そのためにでなくそれによって他のものごとがなされるような種類の行動、の説明を意図している。基礎的行動、行動の根本形態は、身体運動なのである。

しかしながら、我々は行動と運動との同一視を受け入れずとも（1）と（3）の同等性、行動と内的原因によって生み出された運動との同一視、を受け入れることができる。というのも（3）は曖昧だからである。それは

（3a）ある内的原因によって生み出される当の動き a movement *which* is produced

とも、

（3b）ある動きがある内的原因によって生み出されること a movement's *being produced*

とも解釈できるからである。（3a）は行動――この場合、ねずみが足を動かすこと――をある特定の原因を持つある出来事――足の動き――と同一視するが、他方（3b）は、行動をより複雑な実体、この運動の産出、として解釈する。後者は、前者と違い、その運動を部分として持つ。(9)

例えば動いているあるねずみの足（＝動いている足）をその足の動きと同一視することは初歩的混同であろう。第一のものは対象、足であり、次のものは出来事、運動である。内的出来事によって引き起こされた運動を、それらの運動がこれらの〔内的〕出来事によって引き起こされること、と混同することはそれほど初歩的なレベルではないものの、同じ混同である。前者は出来事、運動であり、（例えば）足に起こることである。第二のものは、私に言わせれば、一つの行動であり、ひょっとすれば行為、そのねずみのすることである。行動を身体運動と同一視することは、私が思うに、（3a）と（3b）という非常にリアルな違い——それは行動と、その行動（ただしそれを構成する出来事ではない）を行為者の理由によって説明可能とするもの、についての適切な理解にとって決定的な違いである——を一つにまとめてしまうことである。

　行動には、出来事と同様、日付をつけることができる。だれかがいつ何かをした（例えば腕を動かした）かを尋ねることはまったく道理に適っている。そして何かがいつ起こったか（例えばだれかの腕がいつ動いたか）を尋ねることはまったく道理に適っている。そうした基礎的行動については常に明白であるわけではないが、これらの時間は同じではない。そしてそこに行動を運動と、それどころか行動の構成要素である他のどんな出来事とも同一視することを拒否する一つの理由があるのである。

　鳥はシベリアへ遅かれ早かれ着くことなしにシベリアへ飛ぶ（渡る）ことはできない。もし決して到着しないなら、それがシベリアへ飛んでいた時間はあってもシベリアへ飛んだ時間というのはない。渡りには時間がかかった——完了的出来事 consummatory event[4]、すなわち到着は、ある時起こったのである。

ねずみがレバーを押し下げる時はレバーが動く時ではない。そのねずみはレバーを押し下げ始めることができる――遠心性のシグナルが筋肉へと送られ、筋肉が収縮し、圧力が結果としてレバーにあてられる――レバーが動き始める前に。そのような単純な行動の時間的差異はわずかなものであるが、それらはそれでもリアルである。そうした時間的差異は弾道運動（ジャンプしたり蹴ったりといった、一度始まると補正やフィードバックなしでそのコースを走るすばやい動き）の場合特に明白である。カマキリは視覚的フィードバックによってその獲物を自分の身体の直線上に置くが、その攻撃はまったく弾道的であり、無誘導である（Staddon, 1983: 71）。そのカマキリは接触が起こるまで獲物を攻撃したとは言えないが、カマキリのこの結果（強制的接触）への因果的貢献は、この出来事が生じる前に実際上終わっている。同様に、ボールを蹴るとき、人の脚は筋肉によって「投げ出されて」いる。その筋肉は脚がその運動を完了する前にその活動を終えている（Sheridan, 1984: 54）。運動制御系の視点からは、その蹴りは脚がボールと接触するに十分なほど動いた時より前に終わっている。だがこれは、脚がボールと接触する前にボールを蹴ったことを意味しない。それが意味するのはせいぜい、その行動――ボールを蹴ること――はボールを蹴るためには起こらねばならないいくつかの出来事――例えば脚がボールと接触すること――が生じる前に始まる、ということである。この意味で、ボールを蹴ることはシベリアへ渡ることと変わらない――その行い the doing のために要請されるそれらの出来事（シベリアへ到着する、ボールと接触する）が生じる前に、あなたはそれを始めねばならない。これらの出来事がその行いのために要請されるのは、それらがその行いの一部だからである。

哲学者は殺すことと死ぬことの例に特に興味をそそられてきた。その魅力は、例えば誰かを撃つ行為とその行為を殺す行為とする出来事（犠牲者の死）との間の潜在的な、そしてしばしば現実の、大きな時間的相違から来る。リンカーンが死ぬまでブースはリンカーンを殺すことに成功しなかった、そしてそれゆえリンカーンを殺しはしなかったが、これはリンカーンが死んだときにリンカーンを殺したことを意味しない。その行いはその出来事、リンカーンの死（それが生じることがその行動がリンカーンを殺すことであるための必要条件であるが）の始まるずっと以前に始まった。ブースがリンカーンを、リンカーンが死んだときに殺したのではないことは、彼がリンカーンをリンカーンが死んだ場所で殺したのでないのと同様である。

その原則はこうした例によって劇的に示されるが、同じ原則は行動の基本的形式においてさえ働いている。あなたが腕を動かし、スイッチをはじき、明かりを点け始めるのは、それらの出来事――腕の運動、スイッチトグルの動き、明かりの点灯（あなたが腕を動かし、スイッチをはじき、明かりを点けるためには起こらねばならないものであるが）――が起こり始める前である。

ホーンズビー（Hornsby, 1980）を含め、哲学者の中にはこの線の考察に強く印象付けられ、行為を（それゆえ含意より、行動を）行動が典型的には最後にそうなるような顕在的運動でなく、これらの運動の内的原因と同一視しようとしてきた者もいる。ねずみが足を動かすことは、内的原因によって引き起こされたところの足の動き（3a）ではなく、それら［足の動き］がこのように引き起こされたということ（3b）でもなく、それらを引き起こした内的原因と同一視される。行為（それにとってその原因がなんらかの努力 trying であるとされる行い）の場合、ねずみが足を動かすことはそれがその足を動かそうと努力する（試みる）ことと（努力が実際に足の運動という結果に終わるとき）同一視される。

この見解は、行動と顕在的運動との同一視とは異なり、見たところもっともらしくない。にもかかわらず、ある時間的考察にそれを支持するよう協力を求めることができる。[10] その議論はだいたい以下のように進む。私はあなたについての口の悪いうわさを広めることによってあなたの名声を傷つける。私がこれらのうわさを始めた後、だがそれらがあなたの名声を傷つけるほど十分に広まってしまう前に、私は傍観して私の活動――中傷の手紙や陰で言いふらされた当てこすり――が望まれたとおりの結果を引き起こすのを待つ。私が「傍観している」間、私は（この線の考えによれば）何もしていない。私は寝ているかもしれない。私は死んでいるかもしれない。あなたの名声は傷つけられようとしているが、私はもはやそれを傷つけるために何もしていない。ゆえに、もし私が、一度あなたの名声が（私の活動の結果として）傷ついたならば確かにそうなるであるように、あなたの名声を傷つけたということになれば、あなたの名声を傷つけることは、私があなたの名声が傷つく前に私のしたことである。私がその結果としてあなたの名声が傷つけられるこれらの活動――うわさを広めること、手紙を書いて出すこと――を終えたとき、私はそれ「あなたの名声を傷つけること」をし終えていた。あなたの名声が明日まで傷つけられないとしても、私はあなたの名声を今日傷つける。同じ推論は、ブースはリンカーンが死ぬ前にリンカーンを殺した、という結論へと導く。

もしこの議論が受け入れられれば、それをほんの少し拡張するだけで、我々は以下のような結論へと導かれるだろう。すなわち、私があなたの名声が傷つけられる前にあなたの名声を傷つけることができるのと同様に、ねずみもその足が動く前にその足を動かすことができるのだ、と。もしねずみが足を動かすことが、要請された足の動きが起こる前に起こりうるような何か、そのねずみがし終えることができるような何か、であるとしたら、運動の内的原因以外に何がそれと同一視できるというのだろうか？

この立場は二つの、そのどちらも受け入れることのできない極端な立場、の一方を代表している。それらが受け入れられないのは、行動を誤った場所——それが完全に始まった後か、それが完全に終わる前——に置いているからである。行動は、確かに、Mを生み出すためになんらかの内的Cを要請するが、その事実は行動を（引き起こされた）Mあるいは（それを引き起こす）Cと同一視することを要請しない。我々がすでにしてきたように、行動をある過程——CがMを引き起こすこと（それはCに始まりMに終わるものである）——と同一視することもできるのである。これは行動を（身体運動を引き起こす遠心性の活動と共に）始まるべきところで始まらせ、（その行動が生じるために要請する外的出来事または条件と共に）終わるべきところで終わらせることで、両方の極端な見解のパラドクスを避ける。このとき、ある人が腕を動かすことは腕の運動を生み出す内的出来事と共に始まりそれらが生み出す腕の動きと共に終わる一つの行動である。もし我々が（ピッチャーがバッターから三振を奪う、といった）より「拡張された」行動について語っているならば、その行動は、ここでも、腕の運動を生み出す内的出来事と共に始まる。だがその行動は腕の運動と共に終わるのでなく、バッターが三番目のスウィングでボールを空振りすることと共に終わる。この理由により、バッターを討ち取ることはボールがピッチャーの手を離れた後に始まるものでも前に終わるものでもないのである。そしてこの理由により、ブースはリンカーンが死ぬ前に（すなわちブースが彼を撃った時に）あるいは彼がリンカーンを撃った後で（すなわちリンカーンが死んだとき）リンカーンを殺したのではないのである。[11]
しかしこれは、我々が暗殺者について、彼が犠牲となる人を撃ったあと気持ちよくベッドに横たわっているときに、彼が誰かを殺している、と言えるということを意味するのであろうか？　それは我々が、その悪名高きスローボールを放った瞬間に雷に打たれたピッチャーについて、（今やマウンド上の燃え殻と化している）彼がバッターを討ち取っていると言える、ということを意味するのだろうか？　死んだ人々が何かをできるだろうか？
J・Rが長いすで横たわって寝ている間にスー・エレンと離婚している be divorcing、ということは可能であろうか？　可能でないことがあろうか？　彼を指差して彼はスー・エレンと離婚していると言うならばそれは奇妙に聞こえるだろう。これはあたかも彼が、午後の居眠りによって婚姻を解消する、といったある種の奇異な法的儀式に従事しているかのように聞こえる。しかしJ・Rは彼のできることはすべてやった。事案は今や弁護士の手の中にあり、J・Rは裁判所の判決を待っている。これらの語が彼のしていることとして記述することをしているために、彼が息を切らしながら急ぐ理由、エネルギーを費やし、脚を動かし、あるいはそもそも何かを動かす理由、は何もない。彼はもちろん手続きを始めねばならなかった。しかし今や彼はそれをやったのであり、彼はある特定の結果――もしそれが起これば彼はスー・エレンと離婚した、ということを意味し、さらには彼が長いすの上ですごした時間をも含むこのインターバルの間、彼がまだ彼女と［完了形で］離婚してしまってはいなかったが［進行形で］離婚をしていた、ということを意味する結果――を待っている。同じことは本を出版すること（他の人が印刷するのを待ちながら）、家を売ること（不動産仲介業者が契約を結ぶのを待ちながら）、器具を修理すること（接着剤が乾くのを、またははんだが固まるのを待ちながら）、などのように、自発的貢献と、それが起こることによってその活動を現にあるような活動とする「その貢献の」結果、との間にかなりの遅れがあるような他の多くの行為にも当てはまる。

確かにそうした行動のある記述には誤りようのないパラドクスの雰囲気が伴っている。通常我々はそのような場合現在進行形を避ける――特に開始の出来事と完了の出来事との間に長い遅れがあるとき、そして行為者がこのインターバルの間他の営みに従事しているときは。このインターバルの間をどう言うべきか知るのは時に難しい。我々は、犠牲者となる人を撃った後そして犠牲者が死ぬ前の暗殺者をどう記述しよう？　しばしばこのインターバルはとても短く、我々はどう言うべきかという問題にほとんど直面しないが、それでもそのような問題が提起されうるようなインターバルが常に存在している。我々は本当に、このインターバルの間その暗殺者は犠牲者を殺している is killing と言おうか？　それは正しいとは思われない――もしその暗殺者が犠牲者の死を引き起こすために計画された活動にもはや従事していないならば。だが我々は、彼が犠牲者を殺してしまった has killed と言えるだろうか？[12]　確かにまだである。彼を「これから」殺す will kill、は？　それも間違いであるように思われる。そう言うことはそれをあたかも、その暗殺者が何か――すなわちその犠牲者の死を帰結するような他の何か――を「これから」する will do かのように聞こえるようにしてしまう。しかし彼は犠牲者をすでに撃ってしまったのである。彼がその犠牲者を死なせるためにすべきことは、ただ待つことしか残されていない。その犠牲者が死ぬとき、暗殺者は彼を殺したことになる will have killed が、彼が死ぬまでは、後に殺しと記述されることになるその行動を記述する便利なやり方はないように思われる。さらに悪いことには、我々は、暗殺者の気が変わって、実際は死に掛けている犠牲者の命を救おうとしていると想像することもできる。[13] この努力が無駄であれば、彼はその人を殺したことになる will have killed——しかしこのことから我々は、その暗殺者が包帯を巻いたり救急車を呼んだりしているときに彼を殺している is killing と言ってよいだろうか？ 確かに彼は犠牲者を、包帯を巻き救急車を呼ぶことによって殺しているのではない。では、彼は何によって殺しているのだろうか？

類比的な「パラドクス」は知覚の哲学においてよく知られている。通常、我々が見るものは十分に近いので、光の速さを前提すればその対象から光が出発する時とそれが我々の視覚受容器を刺激する時との間に何か劇的なことが起こる余地はない。だが我々が月、太陽、星を考えるとき、パズルが生じる。ある離れた星がその崩壊の時まで光を発していたとしよう。八年後この光は地球に達し、ある観察者の網膜細胞を刺激する。結果彼は、星を見ていると言う。しかし彼が星を見ることなどどうしてできよう？ この光がそこから来ている星は、もはや存在しない。それは八年前に存在しなくなったのだ。もはや存在しないものを見ることなどいかにしてできるだろうか？ 過去を覗き見ることなどどうしてできるだろう？

ここには再び、因果的関係（対象による光の放出あるいは反射とその知覚システムへの効果との間の）がある——言わばその完成に、（少なくとも我々の見るほとんどのものとの対比からして）異常なほど長く時間のかかる関係が。このことが哲学者に、通常のものごとの記述の仕方を前提すれば、それに対して我々が準備できていないような奇妙なことの起こるあらゆる仕方を想像する時間を与えてくれる。言語的選択がなされねばならない。奇妙なことが言われねばならない。我々は、八年の間存在していなかった何かを見るという意味で、過去を事実覗き見るのだと言わねばならないか、（同様に常識に反して）我々は太陽を、月を、そして星を本当は見ることができないのだと言わねばならないか、のどちらかである。どうぞ自由に選びなさい。どちらを選ぼうとも、まるで哲学者のように、滑稽な話し方をしていることになるだろう。

我々がインプットからアウトプットへと目を転じるとき、我々は同じ、あるいは似た問題を見出す。その問題が同じ、あるいは似ているのは、行動が、知覚のようにその完結に非常に時間がかかりうる因果的な過程であるからである。そしてその時間が実際に長くかかるとき、我々は我々の自然なものごとの記述の仕方を混乱させるものごとが起こっているのを想像することができる。明かりを点けることは通常一瞬のうちに起こる。スイッチを押した後では明かりが点くまえに何かをする時間などまったくない。しかし電球を海王星に置いてスイッチを地球に置いてみよ。今やあなたはスイッチを押した後、そして明かりが点く前に、ベッドに入る時間がある。あなたはいびきをかいている間に明かりを点けている turning on the lights のだろうか？　明かりが点く前にあなたが死んだらどうなるだろう？　あなたは死んだ後で明かりを点けているのだろうか？　死んだ人がものごとをすることができるだろうか？　しかしあなたがもし明かりを点けなかったのならば、誰がしたのだろうか？　ＳＦファンは同様の物語が基本的行いに関しても語られるのを容易に想像できる。宇宙征服の野望を持つ悪のミュータント、巨大イカが触手を地球から海王星に伸ばしている。この怪物は地球人がそれを殺した後、何かをしている、例えば海王星を触手で摑んでいるのだろうか？

これらのパズルは容易に量産することができる。というのも行動は、実際そうであるようにあるものが別のものを引き起こすことから成る以上、ある時間的インターバル、原因と結果の間のインターバルにまたがっているからである。行動を、時間的に延長した過程、すなわちあることが別のことを引き起こすこと、と同一視することは、行動は日付をつけることができないということ、ある時に起こるのではないということ、を意味するのではない。確かにそれはある時起こる。私は午後七時に明かりを点け、七時一五分に兄に電話し、残りの夜をテレビを見てすごした。しかし行動は、どんな長引く出来事、条件、過程もそうであるように、その（時間的）先端が許す以上に正確に日時を指定できるわけではない。ピクニック（ゲーム、戦い、儀式など）は七月四日に行われたが、午後三時にatで行われたわけではない。それは午後三時に進行中であったが、その日一日中続いたのである。それがJ・Rのした何かとして（そして彼に起こった何かや裁判所のした——彼に離婚を認めた——何かとしてでなく）理解されれば、J・Rはスー・エレンと一九七九年に離婚した。そのことは彼がいつそれをしたかについて、いつこの行動が起こったかについて、それ以上ないほど明確である。彼はもちろん一月に書類を提出し、離婚は一二月（彼がメキシコで休暇を過ごしている間）に認められた。J・Rは、我々が時々そう言うように、一月、三月、そして一二月に彼女との離婚が進行中であったが、彼はこれらのうちどれかの月にin離婚したわけではない。我々が行動を位置づける時間的座標は、位置づけられる行動の時間的広がりにふさわしいある「厚さ」を持たねばならない。

もし我々がこの簡単な制約に従えば、我々は上記の反論から棘のいくつかを取り除くことができる。暗殺者はその犠牲者を三月に殺した——より正確には、一九七四年三月の第一週に。だが、死が遅れたとしたらその週に彼が殺した日（ましてや時間、分、秒）は存在しない。存在するに違いないと主張することは、出来事や行動が場所において起こる以上それらが起こるある完全に正確な場所が常にあると主張するのと同じくらい馬鹿げている。オズワルドはケネディーをダラスで撃った。恐らく我々はこれが起こったダラスの場所についてより正確になれるだろう。しかしこの場所はこのドラマの両方の登場人物――オズワルドとケネディー両方――を包み込むほど十分に大きくなければならない。したがってこの場所は、必然的に、パンの容器よりかなり大きくなければならない。それは確かにオズワルドがその致命的な弾を撃った部屋より、あるいはケネディーが死んだ病院より大きい。同じ理由により、我々がものごとをする時は、その行動が包含する出来事（発砲、死、動き）が起こる分、時間、日より大きいことが多い。こうであるがゆえに、行動を位置づけること――行動についてそれが今あるいはここで起こっていると言うこと――が意味をなさない時が（そのような場所があるように）必然的に存在する。オズワルドはケネディーを撃った後しかしケネディーが死ぬ前、ケネディーを殺していた was killing かと尋ねることは、彼がケネディーを撃った部屋でケネディーを殺したのかと尋ねるようなものである。この時間（発砲と死ぬこととの間のインターバルより短い時間）とこの場所はその行動を含むためには小さすぎるのである。我々には、我々がある時と場所に位置づけようとしている（R・A・ソーレンセンが「散在する出来事」と呼ぶような）行為と過程の構成要素とオーバーラップするくらい適当に大きな時と場所が必要である。

したがって行動はある複雑な因果的過程、そこで特定の内的条件または出来事（C）が特定の外的運動や変化（M）を生み出すようなある構造、と同一視されるべきである。もしMそのものがなんらかのさらなる出来事や条件Nを引き起こすならば、因果的関係の推移性を前提すれば、CがNを引き起こすこともまた行動である。ねずみはその足を単に動かすだけではない――それはまたレバーを押し、機械装置を開放し、実験室のアシスタントを目覚めさせる。ねずみがそれをなすのは、CがMだけでなく（Mを通して）より離れた出来事や条件（レバーの動き、機械装置の開放、実験アシスタントを起こすこと）をも生み出すからである。[14] だが結果がいかに離れていようとも（原則的に、どれほど離れているかについて限界はない）、その行動は、内的原因（C）でも結果――隣接していようと（M）離れていようと（N）――でもなく、時間的により広がった過程、すなわちあるものが他のものを引き起こすこと、と同一視されている。

5　変化の第一原因

私はこれまで多くの「ふり」をしてきた。私は外的と内的の区別が明確で正確であるかのようなふりをした。私はまた、すべての運動または変化に単一の分離可能な原因があるかのような――もしCがMを引き起こすとするなら、この結果［M］に同様に関連するような（そしてそれにとって必要な）他の［Cと異なる］補助的諸条件などないかのような――ふりをした。さらに、私は原因そのものが原因を持つという事実を無視した。もしCがMを引き起こしそしてBがCを引き起こすなら、Mの真の原因 the cause はBであろうかCであろうか（あるいはどちらでもないのか、または両方か）？

日常の事柄においては、我々はある出来事の真の原因について語るが、どんな結果の産出にも（それにとって必要であるという意味で）それに含まれる多くの要因が明らかに存在している。身体運動も例外ではない。ある出来事が依存し、それなしでは起こらなかったであろうような多くの諸条件のうち、どれがその原因であるのか、どうしたら言えるのだろうか？　ボニーがトラックに轢かれたとき、我々はこれをボニーに起こったことと考え、何か彼女のすることとは考えない。しかし、たしかにその衝突の原因の一部は、少なくともそれが生じるためのある必要条件は、ボニーがちょうどその時通りの角にいた、ということにある。そしてその事実、彼女がそこにいたという事実は、たぶん内的原因――それに先立つボニーの選択と決断――の結果なのである。

それに加えて、内的原因を外的原因から分ける固くしっかりした線があるわけではない。たとえすべての出来事が、どんな時点でもある唯一の原因を持つとしても、内的（そして外的）原因自体が原因を持つ。したがって、因果的連鎖を時間的に十分遠くまでたどることで、すべての変化や身体運動に対し遅かれ早かれ外的原因を見つけられるということになる。因果的連鎖の中のどの繫がりが運動の真の原因として指定されるべきであろうか？　掃除機が埃を吸い上げていると我々が考えるのは、それが、埃をその中へ因果的に吸い込む真空を生み出すからである。「第一 primary」という語のある曖昧な意味においては、（埃の除去の）第一の原因は、その中にある。しかし、我々がみな知っているように、真空はモーターが回らなければ生み出されないし、モーターは電気が通っていなければ回らない。そしてそれは機械がコンセントに繫がっていて、スイッチがオンでなければ起こらないが、これは我々がすることである。では誰が、何が、埃の除去の原因なのだろうか？　我々は電力会社に彼らの自慢の通り、彼らが、あるいは彼らの発電装置が我々の卵を料理し、明かりを点け、我々の家

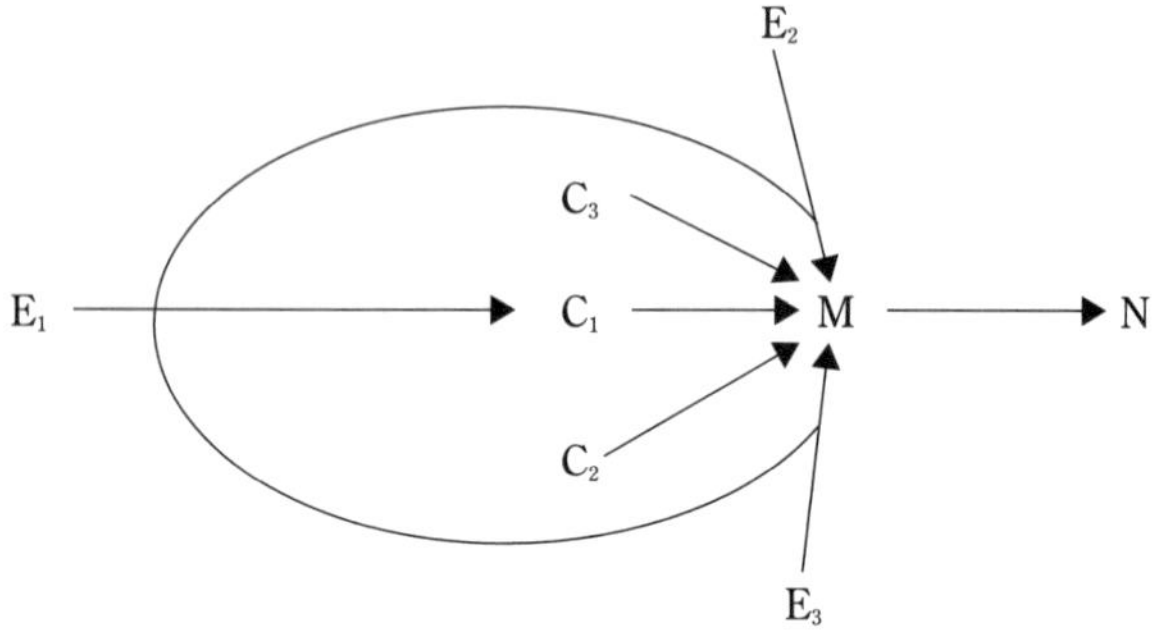

図1－2

を掃除し、朝我々を起こしているのだと認めるべきなのかもしれない。

似た物語はねずみがバーを押すことや人が古い友人に手を振ることについても言えよう。ある特定の刺激の現れ――ねずみにとっての赤い光、その人物にとっての古い友人――がそれぞれの場合において手足の動きを引き起こす。角のあたりに古い友人が現れ、その人は彼を見て認識し、結果として腕が上がって挨拶をする。なぜその古い友人の出現がこの腕の動きの原因でないのだろうか？　単純な反射には刺激と反応の間に単一のシナプス結合[5]しかないかもしれない。なぜ、我々がその反応を行動として分類するときにしているように、その内的出来事を原因として指定し、直接それに先立つ外的刺激についてそうしないのだろうか？　だがもし外的刺激が身体運動の真の原因として同定されるならば、(ここにおける説明においては) そのとき我々はなにもしていない、ということになる。

身体運動の因果的産出のためのより現実的な（だがそれでも過度に単純化されたものだが）図は、図1－2のようになるだろう。運動M（そして、それゆえ離れた結果N）は様々な内的（C）、外的（E）状況に依存している。例えばMは前湾姿勢――メス猫が発情期にオスにアプローチされたとき取る（固い、背が下向きに弧を描く）姿勢であるとしよう。E_1はアプローチしているオス、C_1はアプローチしているオスによって生み出されるそのメスの視覚野の出来事としよう。メス猫はこの姿勢を常にとるわけではない（ペットの持ち主はこれについて訝しがるかもしれないが）――例えば、オスを見る時だけである。C_2とC_3はMの産出のために必要な他の様々なホルモンおよび神経学上の出来事である。例えばMはメスの血流中の高レベルのエストラジオール［発情ホルモンの一種］に依存している。このホルモンがなければ、メスはオスに対して受容的とはならないし、攻撃的にさえなるかもしれない。E_2とE_3はMの生起に影響する様々な外的物理的要因あるいは条件――その中で運動が起こる媒体、その生起を邪魔する障害、などである。もしその猫が耳まで水に浸かっていたら、あるいは温度が絶対ゼロ度に近かったら、いかに好都合な内的条件があってもMは生じそうにない。

では正確には何がMの原因として指定されるべきであろうか？ オスのアプローチあるいは近接であろうか？ 彼女のオスの知覚？ メスのホルモンの状態？ 彼女が耳まで水に（あるいはコンクリートに）浸かっていないという事実か？ 温度が通常の範囲にあるという事実か？ どの因果的要因が運動あるいは定位の真の原因として採られるべきかを言う原則的方法が存在しない限り、現在の分類体系はその猫が何かをしているかどうかについて言う原則的方法を提供しない。それは何が行動であり、何が行動でないかを区別する仕方を我々に与えない。

最後に、我々が事をまとめようとする前にさらにもう一つの厄介な問題がある。すでに途中で触れたが、あるシステムが（それが動物であろうと、植物であろうと、機械であろうと）することとその部分あるいはその構成要素がすることとを区別することについての問題がある。神経生理学者は我々の神経系の中の個々のニューロンの行動について語る。それらの行動と我々の行動とを区別するのには（非常に単純な有機体に関してはこれは問題となるかもしれないが）特に問題はないだろう。しかし、より大きな部分に関しては疑問があるかもしれない。シェリントン（Sherrington, 1906）は、犬の耳にとまっているハエがその耳によって（私［ドレッキ］の強調）反射的に振り落とされる仕方を記述する。これは何かその耳がすることであろうか、それとも犬がすることであろうか？　あるいは恐らく両方？　我々はパーキンソン病の人の病理学的震えを人間の行動とするか、それとも例えば手の行動とするか？　我々の眼は周期的な痙攣運動（サッカード）をする。これは何か我々の眼がすることか、あるいは我々がすることか？　もし人間でなく心臓が血液を循環させているのだとされるなら、なぜ人間でなく肺が、吸ったり吐いたりしているのだとされないのだろうか？　多くのトカゲや蛇は捕食者の注意を逸らすためにしっぽをピクピク動かす。体の他の部分と非常にもろい繋がりしか持たないしっぽを進化させてきた者もいる——攻撃されるとそのしっぽは取れて、のたうち続け、トカゲが逃げる間捕食者の注意を保ち続けるのである（Greene, 1973）。誰が、あるいは何が、この行動をしていると認められるべきであろうか？

私は、いかにあるものの原因をそれの依存する多くの出来事や条件の中から同定するかについて、特に独創的なことを言うことができるわけではない。この選択がしばしば記述する者の目的や意図に答えるものであることはかなり明白であるように思える。ある人がある事故の原因（例えば濡れた舗道）として記述するものを、他の人は——真の原因は自動車のスピード、または運転手の不注意であって――単なる一つの寄与的条件と考えるかもしれない。キャシーは太りすぎである。この状態の原因は彼女のカロリー摂取（彼女が食べ過ぎるという事実）だろうか、それとも彼女の減少したカロリー消費（彼女が十分運動しないという事実）だろうか？　どちらが原因であるかは、言い訳をしているのがキャシーか、非難をしている他の人かによって違ってくるだろう。これは単に、原因として選ばれるものはしばしば、記述や説明をしている者にとってなんらかの理由で第一の関心とされる、その結果が依存する（それなしでは結果は生じなかったであろう）出来事あるいは条件である、と言っているにすぎない。因果的条件は世界の側に、我々の目的や意図とは独立にあるかもしれないが、何かが真の原因であるという身分は、見る者の目の中にあるように思われる。

幸いにも、原因を明確化すること（それが実際に明確化であるとして）におけるこの恣意性はあまり問題とはならない。少なくとも私にとっては問題ではない。私の目的にとって、重要な点はこれである。もし何かがSの行動として分類されるならば、Sの特定の運動、変化、条件はSの中で起こっている出来事の結果として分類されている、ということである。Sの中で起こっている何かは、どのような理由であれ、特別の顕著な点、関心、関連性の寄与的原因contributory causeとして選び出されている――その行動と結び付けられているどんな外的運動、変化、条件であれ、それの真の原因として。そしてこの内的出来事がこの運動、変化、条件を引き起こしているということ（それが引き起こす運動、変化、条件でなく）は、Sの行動と同一視されている。ある出来事の原因の同定において存在するどんな恣意性や文脈感応性も行動の同定において再び現れてくる。例えばそれは、何かがSに起こった（例えば誰かが彼を殴り倒した）のか彼が何かをした（例えば倒れた、卒倒した）のかについての意見の食い違いにおいて再発する。それはまた、何かをしたのはSなのか（耳からハエを振り落としたのか）Sのある部分（耳）がこれをしたのか、に関する食い違いにおいても再発する。[15]

私はこれらの論争の審判をすることに哲学的興味を持っているわけではない。私は何が行動であり、何が行動でないかについての特定の問いに結論を下そうとすることに興味はない。私の興味の中心は、人が何かを行動として同定するとき、そして同定するならば、その何かは何として同定されているのか、にある。あるものが行動として分類されるべきかどうかは恣意的かもしれないが、一度そう分類されたならば、それが先の節で記述された類の因果的過程である、ということはまったく恣意的ではない。プロジェクトは、いかに行動が説明されるべきか、特に、いかにそれが理由によって説明されるか、されうるか、を理解することである。この目的のためには、すべてのXについてXはりんごかオレンジかについて我々が合意していることは本質的ではない――我々が、もしそれがりんごならXは何でなければならないか、について合意していれば十分なのである。

ものごとをいかに分類すべきかについては常に明らかであるわけではない。我々は、クライドはここからそこへと動いた（行動）と言うべきであろうか、彼は動かされた（彼になされた何か）と言うべきであろうか？　どう言うべきかについての我々の不確かさは、運動の原因を同定することについての不確かさの反映である。乗り物がマジソンからシカゴに行くまでクライドがその乗り物の中で動かないで座っているとしよう。クライドのマジソンからシカゴまでの動きは、我々がクライドをマジソンからシカゴまで行っている、旅行している、運転している、と記述するとき明らかにそうであるように、クライドの行動、クライドのしていることと分類されるだろうか？　あるいはそれは、彼がマジソンからシカゴまで連れられて、運ばれて、運送されていると言うことで含意されるように、彼に起こっている何かなのであろうか？　我々がいかにクライドの動きを分類しようとも、ほとんどの目的にとってそれはあまり違いをなさない。これは、何かの真の原因を特定することがいつもそうであるように、記述をしている者の興味や目的に依存する。乗り物の運動はもちろん、クライドの動きの直接の原因である。我々は、それにもかかわらず、もし我々がクライドの内部にその乗り物の運動の原因（彼がアクセルペダルを踏み続けている）か、または彼が動きを共有している乗り物に乗っているon、の中にいるin、ことの原因（彼がチケットを買い乗車した）を見出しうるならば、これを何かクライドがしていることと分類できる。前者の場合彼はシカゴまで運転しているdrivingのであり、後者の場合彼はシカゴまでバスを使っているtakingのである。どちらの場合も彼は何かをしている。この場合我々は、彼がシカゴまで行っていることの原因を彼の中にあると考え、乗り物を、釘を打つためのハンマーやドアを開けるための鍵のような、彼がこれをすることを可能にさせる道具と考える。もしクライドが殴られて意識を失っており、荷物車に投げ入れられていたならば、彼はシカゴへ行く途中であるかもしれないが、これは彼がしている何かとはならないだろう。この理由により、私は地球という惑星の乗客ではあっても、私が不断に太陽の軌道を周回していることは、私に起こることであり私のすることではないのである。私は足をアクセルに乗せていないし、チケットを買わなかったし、降りることもできない。

　我々の反射の分類はこの原則を例証する。それらの非自発的本性にもかかわらず、そして我々が時にある反応を何らかの身体的部分（膝を軽く叩いた時の脚の反応）の行動として分類するという事実にもかかわらず、我々はしばしば反射を行動として分類する。我々がそうするのは、刺激に対する反応は、完全に信用できるとはいえ、一押しされたときの身体のニュートン的反応（そこでは加速度が、加えられた力と正比例する）とは非常に異なるからである。反射的行動は形、方向、量的大きさの変化を示す。もし犬の背中を軽く触れれば、犬の脚は回転運動を活発に繰り返す。神経学者は深部の腱（膝の痙攣）反射の増大や、内側から（運動皮質によって）統制されているこの反応の強度のバリエーション、について語る。シェリントン（Sherrington, 1906：5）が述べるように、その反応において費やされるエネルギーは誘発刺激によって与えられるエネルギーをはるかに超えるという意味で、刺激は有機体に「解発力 releasing force」として振舞う。そうした反応はスイッチをつけただけで掃除機が働き始め、空気と埃を吸い込むのを、あるいはコンピュータがキーを押した後、膨大な量のテキストを体系的な仕方で変換するのを思い出させる。明らかに、自分自身の動力源に頼る内的過程が、インプットをアウトプットに変換しながら働いている。内的過程が明らかに働いているので、我々の関心と目的に依存して、それらはアウトプットを引き起こしていると認めることができる。それゆえその活動は内的過程の結果として分類することができる――その犬が掻いているのであり、その掃除機が空気と埃を吸っているのであり、そのコンピュータが脚注の番号を付け替えているのである。接触あるいは光から反射的に退避する単純な有機体（植物、単細胞動物）でさえ、もしその反応が内的過程への依存を示すなら、何かをしていると認められる、あるいは認められうる。恐らく人の押された時の反応とは異なり、反応におけるわずかな遅れがその反応が内的メカニズムに依存していることを示すのに十分となろう。内的出来事はそのとき運動と因果的に関わっている。因果的に関わっているゆえに、それら［内的出来事］は、我々の関心と目的によって、運動の原因と考えることができる。我々はそれゆえ、そのシステムに行動を、何かをしていると、認めることができる。

似た理由から、日焼けをすることも、単にエイミーに起こった不幸なこととしてでなく、何かエイミーがすることとして分類することができる。もし日焼けした肌の原因がその肌が焼けた人にあるならば、それを行動として分類することができる。もちろん太陽がエイミーの焼けた肌の直接の原因である。しかし、シカゴへの列車に乗り込むように、もしエイミーの内にある選択と決断が、因果的に彼女を、太陽（列車）が彼女にこうした結果を引き起こすことができる場所にいるようにさせたのなら、これらの内的要因は、その結果に対する功績――遠いがそれでも第一の功績――を認められうる。その成果が内的原因の結果として分類されうる限り、この結果の産出は行動として分類されうる。この点で、日焼けすることは、火のそばで手を温めるのと違いはない。火が手を温めるのだが、内的要因が因果的に手を、火がそれを温める場所へともっていくのである。それゆえ結局はあなたが何かをしている、ということになる――火のそばであなたは手を温めるのだ。

このことは、そうしたものごとが行動として分類されねばならない、ということではなく、単にされうる、ということである。エイミーがたとえ関連する意図を持っていなかったとしても、彼女の日焼けすることは不注意なあるいは無責任な一つの行動として見なしうる。それを行動とみなすことは、すでに論じたように、その結果（日焼けした肌）を内的出来事と条件の結果と分類することである。さらにはそれは、このようにして引き起こされた結果（M）について語ることをやめ、それを引き起こした過程（C→M）について語り始めることである。しかしながら、しばしばものごとをこのように分類する理由は何もない。たいていの標準的状況においては、それをエイミーが泳ぐことで、in しだこと（魚を怖がらせることや髪を濡らすことのように）としてではなく、泳いでいる間に while エイミーに起こったこととして分類するのがもっとも自然であろう。もう一時間泳いでいようという彼女の決定は彼女の肌が焼けることとの寄与的原因であったが、それはそこで病気に感染することになる場所、もしくはトラックに轢かれることになる場所、を訪れようという過去の決定のように、せいぜい寄与的原因として扱われるだけで、その結果の第一原因としては扱われないだろう。(16)

6　行動の諸相

動物や人間の（植物や機械は言うまでもなく）行動の膨大な多様性と相違を示唆する努力において、私はスペクトル全体を代表するような例を与えようとしてきた。だが、動物や人間の行動として通用する多くのものごとは、より基本的な行動の構造化された連鎖である、ということは、たとえ記録のためだけであっても、強調するに値する。買い物をしたり、車で仕事に行ったり、新聞を読んだりといった日常の人間活動は、より単純な行動の構成要素へとほとんど果てしなく分解することができる。そして、もちろん動物は動物で豊かに織り込まれた行動――ビーバーがダムを作ること、オスのバッタがメスを誘うこと、鮭が産卵するために川上に戻ってくること、などの――を持つ。もし分解の倍率を十分大きくすれば、鉛筆を拾い上げるなどの見た目は単純な人間の動作でさえ、それぞれが独自の制御構造をもつ行動の構成要素（手を伸ばす、摑む）を示すようにすることができる（Jeannerod,

1981)。

私は、理由が行動の説明に現れる仕方を考察する時に、この重要な点へと立ち返るだろう。私は当面は、我々が自分たちのしていることとして記述するものごとの大半が、この内的複雑さを示すのだということを認めるだけにする。なぜ我々がこうしたことをするのかの説明にそれがどのようにして影響を与えるか、は後に明らかになってくる。

私は、解説の都合から、行動を常にある種の運動を含むものとして語ってきた。運動はしばしば生じるものの、それは明らかに必要ではない。卵をかえすことは、まったく立派な鳥の（動きを必要としない）行動の一形態である。ある鳥がこの期間に動くという事実、そしてその生理学を前提すれば、動くのを避けることができないという事実は、無関係である。論点は、そのような動きが卵をかえすために論理的に要請されていないということである。直立して立つこと（私の母がそうするようううさく言ったこと）、警戒すること、休むこと、座ること、寝ること、隠れること、冬眠すること、耐えること、待つこと、見守ること、聞くこと、そして顔を赤らめること、はすべて身体運動を（事実としては常に含もうと）必ずしも含まないが、我々のすることである。実は結局のところ、何らかの眼の運動なしには何かを、静止した対象でさえ、注視する watch ことはできない。周期的眼球運動（サッカード）なしには、網膜の上の「固定された像」によって生み出される特異な失明が生じ、何も見えない（それゆえ、何も注視できない）。再び、これは無関係である。それは単にものごとを注視するために我々が使うメカニズムについての事実にすぎない。もしかしたら、宇宙人はまったく異なる視覚受容器を持っており、眼を動かさずにものごとを注視するかもしれない。

運動は行動にとって必要でないと認めることは、我々が何かを変えなければならないということではない。我々は単に図1‐1と図1‐2のMは身体運動以外のものごとをも表しうることに留意するだけである。それは色の、温度の、圧力の変化かもしれない。それらの変化は分子レベルにおいては運動を要求するかもしれないが、それは我々が通常動物の動きとして考えるものではない。Mは運動の不在さえ表すことができる。非‐運動もまたその原因を持ち、そしてその原因が内的なものであるとき、その人はじっと立っている、息を止めている、待っている、休んでいる、指をさしている、ねらいを定めている、注視している、隠れている、あるいは何かそのようなことをしているのである。他方もし、非‐運動の第一原因が外的なものであれば、そのときどんな行動も生じていない。もしブラッキーがコンクリートに埋め込まれたら、彼の腕や脚は内的でなく外的な原因によって動かないようにされている。

この理由により、CがMを引き起こしていないこととCがMの不成立を引き起こしていることとを区別することは重要である。後者が行動であるのは外的条件、この場合運動の不在、が内的な原因を持つからである。電気ショックへの反応で「凍り付いている」動物、捕食者に捕らえられて死んだふりをしている鶏やフクロネズミ、姿勢を保つ（すなわち変えるのでなく）ためあるいは銃を構えるために脊椎動物の中で生じている不断の筋肉調節、はすべて内的メカニズムが因果的に身体を動かないようにさせている例である。鶏の「死んだふり」行動についてのギャラップ（Gallup, 1974）の仕事を引きながらガリステル（Gallistel, 1980: 304）が言うには、「いくら強調しても強調しすぎることがないのは、死んだふりが行動であるということである！……それは捕獲に反応して全運動システムの強力な脱力化［すなわち因果的に身体を弱々しくさせる――ドレッキ］を含む］。そうした行動は、上述の行動のように、そこにおける内的過程とメカニズムは運動を引き起こさないものの、上述の行動とは異なり運動の不在の能動的維持者とは見なされない状態（麻痺や昏睡、恍惚、死など）、と対比されるべきものである。したがって、これら後者の不動形態は行動と見なされない。どちらの場合も運動は生じないが、明らかに主動筋と拮抗筋のバランスの取れた神経支配とこれらの筋肉の神経支配のまったくの不在との間には大変な違いがある。この対比と同じものを我々は、過度に加熱したときに一時的にモーターを止めるための自動的メカニズムを持つ機械に見出せる。もしその機械が二度とスイッチを入れられないならば、モーターは回らない。何も起こらない。それは何もしない。他方もし、モーターがオーバーヒートしたゆえに、モーターが仕事を再開するに十分なほど冷えるまで止められたゆえに、何も生じていないならば、そのときその機械は何かをしていると適切に記述される――モーターが冷えるのを待っているのである。

私がこれまで無視してきた行動のもう一つの特徴がある。それを論じることは、行動に対する私の扱いをこれまで特徴付けてきた不自然さをいくらか取り除くだろう。我々が見てきたように、行動はある内的原因によるある結果の産出である。しかしながらひとつの結果は多くのアスペクト、あるいは相 facets を持つ。例えば一つの運動は、方向、強さ、正確さ（意図された運動の場合）、そして速さを持つ。それはある時間と場所で起こる。ここで始まりそこで終わる。もしその運動がハチのダンスのように周期的パターンを持つならば、我々はその周波数、振幅、あるいは他の運動との位相関係に関心を持つかもしれない。もしその運動がキーをつつくことであれば、我々はそのつつきの力、あるいはその潜伏期間（刺激の提示開始後つつきが生じるまでどれだけ時間がかかったか）に関心を持つかもしれない。もしその運動がガチョウの頭の運動（例えば卵を転がして巣に戻している）であれば、我々はこの運動の異なる構成要素を説明したいと思うかもしれない。これらが我々が行動の異なる相と呼ぶものであるが、ある重要な意味において、それら諸相はすべて本当は異なる行動である、と言える。それらがすべて本当は異なる行動であるのは、それぞれの相が異なる内的原因を持ちうる、そしてしばしば実際に持つからである。それゆえ、Mのそれぞれ異なる相に対し異なるC→M過程が存在している。例えば私が車のハンドルを強く引いて動かすことは、因果的に私の車を動かしは**し**ないし、ましてや時速六三マイルで動かしたりしない。むしろそれは因果的に六三マイルの運動を**あ**の方向へと向ける。私がアクセルを踏み込んでいることがそのスピードの原因であり、汚れたキャブレターが断続的休止の、そして路面の穴がその運動の歯をがたがた鳴らす垂直成分の原因である。車の運動を単一の説明を要する単一の実体として扱うのは馬鹿げている。その運動には、その運動の識別可能な要素や相と同じくらい多くの説明がある、あるいはあるかもしれない。[17]

我々は行動をあるものが他のものを引き起こすことと同一視しているので、内的に生み出された結果のそれぞれのアスペクトに対し、少なくとも潜在的には、異なる行動があることになる。あるいは、もしこれら異なる行動のアスペクトを異なる行動と考えるのが好きでないならば、目下の課題が説明であるとき、どんな［特定の］行動についても説明すべき様々に異なるものごとがあるかもしれない、ということを少なくとも認めねばならない。息をすることは一つのことである――深く息をすること、ある人の耳の中に息を吹きかけること、そしてその人がやめてと頼む時に息を吹きかけること、はすべて異なることであり、それゆえ、すべて異なる説明を持つ。ある犬は反射的に掻くだろうが、あそこでなくここを掻くのであり、目的と理由を持ってそうするのである。

あるチンパンジーがここからそこへバナナを取るために行く。そのバナナへとまっすぐ妨害のない道があろうとも、若い動物はしばしば食べ物に達するためにより遠回りなルートを取る。ほとんどの脊椎動物がそうであるように、彼らは開かれた場所に慎重で、垂直な構造物のそばから離れない道を好む（Menzel, 1978: 380）。なぜその動物がここからそこへと行ったかについての説明となぜそれがそこに行くためにその特定の道を通ったかについての説明があるかもしれないが、これらは同じ説明とはならないだろう。同じであるべき理由はない。これらは異なる行動、少なくとも同じ行動の識別可能な複数のアスペクト（私が相と呼んでいるもの）である。なぜ内的出来事Cが性質Aを持つ運動を生み出したかを説明することは、なぜCが性質Bを持つ運動を生み出したのかを説明することとは同じではない。たとえCとその運動両方が「これらの説明において」同じであるとしても。

まさにこの理由から――すなわちそれらがかなり異なる説明であるかもしれないことから――我々はいつ鳥が渡りを始めるか（これは本能的であろう）といつ（そしてそれゆえどこで）彼らが渡りをやめるか（これは、少なくとも大人の鳥に関しては、学ばれるものだろう）[18]、を区別したいし、今の排便（非自発的）とここでの排便（自発的）とを（Grier, 1984: 166）、そしてどれだけ長くねずみがなめるのか（学習によって修正可能である）とどれだけ早くねずみがなめるか（遺伝的要因により相対的に固定されている）とを（Rachlin, 1976: 113）区別したい。これはまた、なぜ我々が話すことと大声で話すこととを区別したいのか（Goldman, 1970）の理由でもある。

私の目的のためには、行動のこれら異なる諸相を単に単一の行動の異なる構成要素と考えるのか、異なる行動と考えるのかは特に重要ではない。重要なのは、我々が、少なくとも潜在的には、説明されるべき異なるものごとがあることを認めることである。というのも、この事実を正しく認識しない限り、行動の説明における理由の役割、私が以下の章でより明確にしたいと願っている役割、は不明瞭なままに留まるであろうからである。行動科学者はほとんどの、恐らくすべての、行動は多くの要素の混合物であると指摘するのを好む。生得‐獲得 nature-nurture の古い二分法はあまりに単純である。行動は遺伝的影響と環境的影響との間のダイナミックな相互作用の産物である。生得的で本能的なものは学習され獲得されるものと解けないほど絡み合っており（Gould and Marler, 1987）、マッール（Mazur, 1986: 36）が述べるように、これが時にそうであるのは多くの学習された行動が生得的行動の派生物、拡張、変異であるからである。さらには、遺伝的に決定された行動パターンを引き出すのに、そして時に形成するのに、概して経験が必要である。単一の遺伝子の支配下にある行動（例えば働きバチの巣室のふたを取る行動）でさえ病気になったさなぎが入っている巣室の知覚によって誘発されている――そしてそれゆえに部分的に決定されている――のである（Rothenbuler, 1964）。したがって、その行動が遺伝的説明を持つか認知的説明を持つかはその行動のどの相が説明されているかに依存する――いつそれがなされるのか、どこで、いかになされるのか。

行動のこれら異なる相を切り分けるのはいつも簡単（あるいは可能）ではないかもしれない。例えばねずみは餌を捜しまわって手に入れるのに、勝ち‐移動 win-shift 戦略を取るよう遺伝的に傾向付けられているようである（Olton, 1978）。もしある場所で食べ物を見つけたならば、彼らは通常今度は他の場所で探し続ける。八つの分かれ道を持つ放射状の迷路で訓練されたねずみは、この戦略を適用することをすぐに学ぶが、それを適用するためには彼らは迷路のどの道をすでに訪れたかを覚えなければならない。あるねずみが一つの道を選ぶことは、したがって、系統発生的および個体発生的決定要因の特異な混合物なのである。迷路の異なる道へと移動することは、生得的戦略によって部分的に説明され、そしてこの戦略を実行可能にする認知的要因、迷路のある道を違うと同定すること、によって部分的に説明される。動物行動のこれら異なる要素を切り分けようとするよりは、両手を挙げて、「すべての反応は刺激あるいは刺激を与える対象だけでなく、全体の環境的文脈、解剖学的構造やそれらの機能的能力、生理学的（生化学的、生物物理学的）条件、その段階までの発達史、によっても決定されている」(Kuo, 1970: 189) と認めてしまう誘惑に時に駆られる。

にもかかわらず、これらの要因の一方あるいは他方が支配的な行動というものがある。あるいは、独立に注目するために、より大きなひとまとまりの行動の中のある単一の相を切り離せる行動がある。結局理由――ある生き物が知っていること、欲すること（それが何かを知ったり欲したりするとしての話だが）――は確かにそれがしていることのすべてのアスペクトを説明するわけではない。しかしどうして理由が動物や人間のすることのアスペクトのいくつかを説明してはならないことがあろうか？私の猫があなたの犬から走り去る時、我々がこの行動のいくらかをその猫がその周囲の状況について知っていることによって説明できてはならない理由はない。結局、その犬はここにおり木はここにある――その猫のこの事実についての知識はなぜそれがある特定の方向へ逃げるかに関連しているに違いない。その猫の遺伝子とホルモンは我々がそれの逃走のこのアスペクトを説明する助けにはならないだろう。それらがなぜ猫は犬を恐れ、なぜ彼らはそうした状況で走り出す傾向があるのか、を説明するのをいかによく助けるとしても。

第二章　過程としての行動

行動は内的原因による外的結果の産出と同一視されてきた。典型的な場合、これらの外的結果は、身体運動か、因果的にもう少し離れた身体運動の結果、のどちらかである。どちらの場合においても、行動は内的原因でも外的結果でもない。それはあるものが別のものを生み出すこと――ある過程であり、産物ではない。

過程‐産物のあいまいさは、混乱の原因として過大評価されている。ほとんどの過程はそれらと対応する産物と容易に区別される。本を書くこと、ケーキを焼くこと、部屋を掃除することは、本、ケーキ、きれいな部屋、と混同されそうにない。その産物がある出来事、状態、条件であるとき――特に同じ語（例えば腐食 decay）が過程と産物両方に使われるとき――は混同の機会は増えるだろうが、その違いは一般に十分明白であるのに変わりはない。ギリシャ語を学ぶこと、すなわちある過程、はその産物、すなわち結果としてのギリシャ語の知識と明らかに異なる。あなたの対戦相手を混乱させることはあなたの対戦相手の混乱と容易に区別される〔混乱したあなたの対戦相手と違うことは言うまでもない〕。しかし我々が先の章で見たように、その産物が身体運動である時、その運動の産出〔行動〕はその産物〔運動〕と容易に混同される。

この章で私は行動についてのこの捉え方を敷衍し、それを過程として見ることの含意を描き出したいと思う。それはこうして捉えられた行動がいかに理由による説明にうまく従うかを示す後の試みへ備えるためである。

1　過程

光合成、消化、〔植物の〕受粉、〔細胞の〕有糸分裂、自然選択、そして腐食はすべて過程であり、その産出が問題の過程であるような産物、結果、あるいは成果を持つ。その過程は産物が生み出されるまでは不完全であり、それは旅が目的地に着くまでは不完全であるのと同様である。あなたがシカゴに着くまでは、あなたはシカゴに行っていない。例えば消化とは、身体による食物の吸収にとって本質的な、ある特定の化学的－機械的状態へと食物が至る過程である。消化過程の産物とはこの吸収可能な状態にある食物である。消化はそれ自体では因果的に食物をこの状態にする出来事、状態、条件ではない。それはむしろ、そこにおいて食物がこの状態へともたらされる過程であり、この産物を部分として持つものである。この産物が生み出されるまで、この部分が存在するようになるまで、消化は起こっていない。出来事の連なりは図２－１に示されるようなものになる。

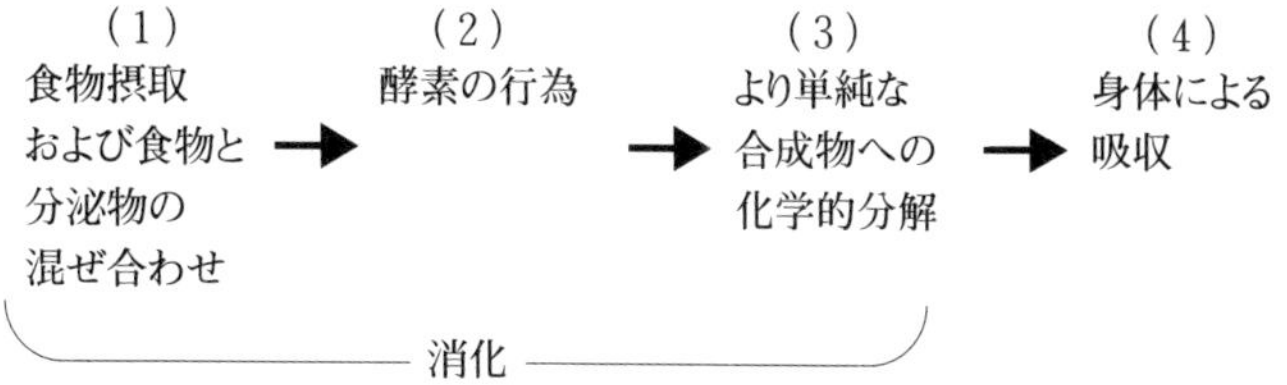

図2－1

消化そのものはこの因果的鎖の中の単なる輪の一つではない。それはこの因果的鎖のひとつの分節、その中で（3）が——典型的には（少なくとも哺乳類においては）（1）と（2）のような出来事によって——引き起こされる過程、を形成する。消化は、食物がより単純な合成物へと分解される前に始まるが、食物がこの状態へともたらされる前に起こる何かではない。それは（3）を部分として含む過程であり、この産物が存在するようになるまで（論理的に）存在できない何かである。それゆえそれは、（3）を引き起こす何かではない。（3）の原因は（1）または（2）である。

食物を身体によって吸収させる原因は（3）、すなわちより単純な合成物への化学的分解である。（3）は（4）の原因であるので、我々は（3）をその産物として持つ過程、すなわち消化そのもの、を（4）の原因として語ることができる（そして実際そう語る）。ある過程を、その産物、この場合（3）を先端として、あるいは最前面として持つより大きな（時間的）実体として考えよ。ちょうど我々が、ある対象がその部分や表面がすること（例えば色を変える、光を反射する）をしていると語るように、我々は過程がその先端や最前面のすることや引き起こすことを、している、引き起こしていると語る。

例えば浸食はその産物であるやせた、あるいは浸食された土壌が引き起こ糖や澱粉は、植物の成長に必要だからである。

すことを、それが何であれ——ひょろ長いとうもろこし、とぼしい収穫——引き起こす。同じ理由から、我々は光合成を植物の成長を可能にする過程であると語る。というのも、この過程の産物である糖や澱粉は、植物の成長に必要だからである。

私が今使っている意味での過程とは、単に時間的に延長した実体、単なる出来事の連続的継起や連鎖ではない。ゲームはそれほど包括的でない出来事——得点すること、パスすること、かごに入れること、動くこと、ファンブルすること、ペナルティーを取られること、などなど——から成る出来事である。しかしゲームは、ここでの意味では、過程ではない。同じことは戦争、儀式、出産、死、演劇、などにも言える。最も単純な運動でさえ時間的に異なる諸段階 phases——もしゼノンが正しかったなら、無限の段階——を持つ。過程とは何か別のものである。あるいは何かそれ以上のものである。過程とは最終的条件、状況、対象——私がこれまでそう呼んできたもの、そう呼び続けるであろうもの、すなわちその産物——を引き起こすこと、もたらすこと、生み出すことである。その産物は過程の一部分であり、それゆえ過程はその産物が生み出されるまで完結していない。鋼鉄を精製することは、因果的に不純物を銑鉄〔鉄鉱石から直接に製造された鉄〕から取り除くような何か、ではない。それはむしろ、そこにおいてそれらの不純物が取り除かれる過程である。それらの不純物が取り除かれるまで、その鋼鉄は精製されてはいない——その過程はまだ起こっていない。（その発明者であるヘンリー・ベッセマー卿の名をとって名づけられた）ベッセマー製鋼法とは、鋼鉄を精製する特定の仕方である。溶かした鋼鉄の中に圧縮した空気を通し、酸化した夾雑物を取り除くことで不純物は取り除かれる。ベッセマー製鋼法は、明らかに精製された鋼鉄ではない。それはこの過程の産物である。それはまたそれによって鋼鉄が精製される個々の出来事（例えば溶かした鋼鉄の中に圧縮した空気を通すこと）でもない。それらは精製された鋼鉄をその産物として持つ過程の中のステップである。そうでなく、ベッセマー製鋼法は、この結果をそれらの特定のステップによって引き起こすことである。

過程は、それを構成する複数の出来事と、結婚が結婚したカップルに対して立つ関係と似た仕方で関係している。ふたりの人は、もし彼らが互いに対して適切な婚姻関係に立つときに、そしてそのときにのみ、結婚しているが、結婚を互いに対してそのような関係に立つ二人の人と同一視するのは誤りである。結婚は法的に解消されうる——人間は、結婚した人も含め、解消できない。結婚は、互いに婚姻関係に立つ二人の人間よりは、より複雑な実体である。それは彼らが互いにこの関係に立っていることであり、彼らが結婚している、ということである。

そして過程に関しても同様である。過程は互いに特定の因果的関係にあるような出来事の連鎖ではない。それはそれら［出来事］が互いにこれらの関係に立っている——一つの出来事（あるいは二つ以上の出来事）がもう一つの出来事を生み出している、引き起こしている——ことである。その因果的関係は、結婚における婚姻関係がそうであるのと同様、過程の部分、我々が過程について語るときに語っているものの部分、である。

行動とは過程であるので、私がここで今過程について言ったこと、そして実際第一章で言われたことは行動についても言える。過程とその結果の区別、行動とそれを部分的に構成する運動、結果、条件との違い、に特に注意が促された。行動を過程として考えることは、私が思うに、これらの違いを心に留めておくのに役立つ方法であり、このことゆえに私はこの章でこの点について特に論じてきたのである。

しかしながら、この重要なコントラストを不明確にする行動についての語り方がある。アウトプットという語が適例である。機能主義者に好まれているこの語は、行動を何かシステムから出てくるもののように聞こえさせることで、混乱を呼ぶ。

例えばもし技術者がアウトプット——例えば電力増幅器［アンプ］のアウトプット——について考える仕方で行動について考え始めるならば、人間と動物（植物は言うまでもなく）の行動について人がそう考えるように導かれるかもしれない仕方について考えよ。人は不可避的に、行動をシステムによって放たれる、生み出される何か、自動販売機から転げ出てくるガムボールのように、そこから出てくるかもしれない何か、として考え始める。コンピュータの場合、行動は答えを与えることよりは与えられた答えのようになり、印刷することよりは印字された出力（プリントアウト）のようなものとなる。これはアンプなどがものごとをすることはない、ということではない。もちろんそれらはする。とりわけ、それらは電気的信号を増幅する。しかし、アンプが何をするかを、アンプの行動を、アンプから出てくるものとして、アンプが外に出す put out ものとして（そして他に何がアンプのアウトプットでありえよう？）考え始めるならば、人はアンプの行動を増幅された信号として（他に何があるだろうか？）考えるようになるだろう。それが結局はその装置から出てくるものなのである。もちろん、アンプをテストしたり評価したりする際に、技術者は自然にこのアウトプットに、そのアンプから出てくる信号に、興味を持つが、それはこの信号の状態がそのアンプが満足いく仕方で働いているかどうかの指標となるからである。もしこの信号が低すぎるなら、そのアンプは仕事をしていない、すなわちそれは（十分に）増幅しておらず、調整あるいは変更が行われねばならない。これらの調整と変更は、行動の修正の一形態である――それらはアンプがより良く「振舞い」、望まれたアウトプットを吐き出すよう、アンプの中で（あるいはアンプに対し）なされる。

このように行動とアウトプットとをごちゃまぜにすることは、アンプとその行動とを考えている限り大きな害とはならない――エンジニアは典型的にはアンプのアウトプットとこのアウトプットの原因となるアンプの中の諸条件にしか関心を持たない。しかしもしこのモデルを人間や動物の行動について考えるために使うならば、多大な害を与えかねない。行動の原因とは必然的にアウトプットの原因である、と容易に誤解されかねない。そして一旦この混同が起これば、なぜ我々が現に我々がするようなことをするのかについての因果的説明を、なぜ我々の身体がそのように動くのかについての因果的説明と同一視する以外の選択肢はなくなる。言い換えれば、行動の心理学的説明を運動筋肉活動の神経生物学的説明と混同してしまう、ということである。理由――我々がこれを思うこと、あれを欲すること――は説明上の仕事を失って、存在のどんな科学的に立派な基礎をも奪われてしまっていることになる。

次の節でそして後の章でより詳しく私が示したいことであるが、これは誤り――アウトプットと行動との不注意な混同によって容易になる誤り――である。行動を過程、アウトプットをその産物として持つ過程として考えることは、少なくとも、この誤りを避けるひとつの有用な方法である。

2　行動の原因と結果

クライドが塩を取ろうとして偶然彼のワイングラスをひっくり返したとしよう。グラスはカーペットに落ち、割れ、醜い赤いしみを残した。クライドは多くのことをしたことになる――腕を動かし、ワイングラスをひっくり返し、それを割り、ワインをこぼし、カーペットを台無しにした。彼はこれらすべてのことを――第一のものは意図的に、他のものはうっかり――した。これらをクライドのしたこととして語るとき、我々はこれらの多様な出来事と条件の原因をクライドの中に位置づけている。それぞれの場合に結果は異なる――腕の運動、グラスが倒れること、それが壊れること、ワインがこぼれること、カーペットが汚れること――、そしてしたがって行動、すなわちこれら異なる出来事や条件をその産物として持つ過程、は異なる。しかし、因果的起源、クライドの中のある出来事あるいは条件、は同じである。

　クライドが彼の腕を動かしグラスを倒した。そのグラスをひっくり返したのは彼の腕の動きであるので、我々は、彼が彼の腕によってグラスを倒したと言う。これらの事実は、確かに事実ではあるが、誤って解釈されてはならない。クライドが腕を動かすこと、というこの一片の行動は、彼の腕を因果的に動かしたりはしない。またこの一片の運動がもう一片の運動、クライドがグラスを倒すこと、を引き起こすこともない。過程（腕を動かすこと）はその産物（腕が動くこと）を引き起こさないし、そこにそれが埋め込まれているより大きな過程（グラスを倒すこと）を引き起こすこともない。

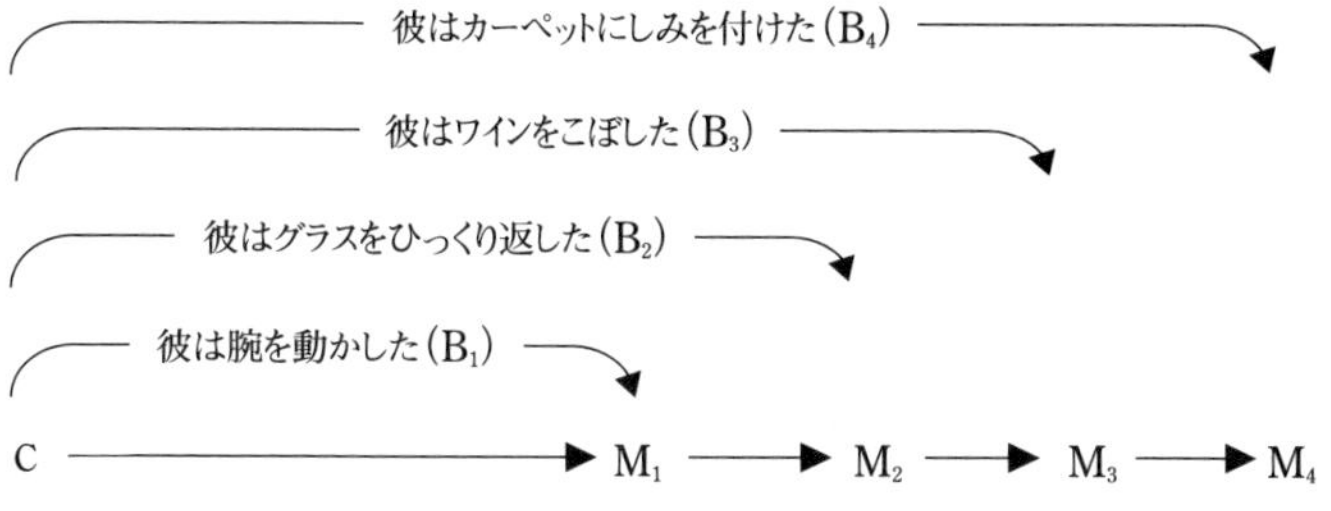

彼はカーペットにしみを付けた（B4）
彼はワインをこぼした（B3）
彼はグラスをひっくり返した（B2）
彼は腕を動かした（B1）
C
M1
M2
M3
M4

図2－2

これらの重要な点を明確にするために、図2－2、クライド内の出来事Cに始まり、M_1（クライドの腕の動き）、そしてM_2（グラスをひっくり返す）とM_3（ワインがこぼれること）を通って進み、M_4（カーペットが汚れること）で終わる因果的連鎖の図を考察せよ。それぞれの行動はチャイニーズボックスのように、それに続く物の中に――B_1はB_2の中に、B_2はB_3の中に、などといった具合に――入れ子状に入っている。B_1（クライドが腕を動かすこと）はB_2（彼がグラスを倒すこと）を引き起こしはしない。代わりに、B_1はまったく文字通りの意味で、B_2の中にある。またクライドがグラスをひっくり返すこと（B_2）がグラスがひっくり返ること（M_2）を引き起こしもしない。M_2はこの行為の一部であり、その結果ではない。人を殺すことはその人が死ぬことを引き起こしはしない。それは死を引き起こすことa causingであり、死の原因a causeではない。毒（あるいは何であれそのようなもの）が死の原因である。

　全体（その過程）がその部分（産物）を引き起こさないというだけでなく、部分も全体を引き起こさない。タルバーグ（Thalberg, 1977 : 74）の言うように、全体としての行為はその成分である複数の出来事の一つからは帰結しえない。内的出来事C（これをなんらかの心的出来事――例えば意志作用あるいは意図――として考えるかどうかとは無関係である）は行為（$C \to M_i$）の原因ではない。それはその行動の産物である運動あるいは結果（M_i）の原因である。これは信念や欲求が行動の説明に登場しない、ということを否定するものではない。まったく逆である。我々が以下に見るように、我々が信じ、欲しているもの、我々がこれを信じ、あれを欲するという事実は、なぜM_iが起こるのかでなく（というのもM_iは行動ではないから）なぜCがM_iを引き起こすのかを説明することによって、我々の行動を説明するのである。

クライドがグラスをひっくり返した（B_2）と言うことを真にするものはCがM_2（グラスがひっくり返ること）を引き起こしたということである。クライドがこれを腕を動かすこと（B_1）によってなしたと言うことを真にするのは彼が腕を動かした（CがM_1を引き起こした）ということおよびM_1がM_2を引き起こしたということである。M_1がM_2を引き起こしたので、我々はその行動がM_1をその産物として持つということ——クライドが腕を動かすこと——をM_2の原因として語る。ゆえに、クライドは腕を動かすことによってグラスをひっくり返したのである。

行動について語ることは、ある因果の鎖——この場合、CからM_4へと延びる鎖——の重なり合う諸部分を切り取る一つの仕方である。誰がそれをしたかを言うことは、その過程の起源、Cがどの辺にあるか、を位置づける一つの仕方である。何がなされたかを言うことは、その産物——Cがどうにか引き起こした結果あるいは条件——の本性を記述する。例えばクライドがカーペットにしみを付けた、と言うことは、クライドにとって内的なあるCが（特定されないままの手段によって）しみの付いたカーペットを引き起こしたと言うことである。いかにこれがなされたかを言うことは、この因果の鎖の中に媒介的輪を特定する——彼はワインをひっくり返すことによってカーペットを汚した——一つの仕方である。

例えばゴールドマン（Goldman, 1970）のような哲学者は、ある人があることを別のあることをすることによってなしたと言うときに我々は二つの行動の間の因果的関係を表現しているのではない、ということをずっと以前から認識してきた。我々は、代わりに、行動と何らかのさらなる結果、条件、あるいは出来事との間の因果的関係を記述しているのである。クライドがワイングラスを倒すことは、彼がカーペットを汚すことを引き起こさない。むしろ、それはカーペットが汚れることを引き起こすのである。[1] 図2－2が明らかにするように、クライドがワイングラスをひっくり返すことは彼がカーペットを汚すことの原因ではなく部分である――ちょうど彼が腕を動かすこと（B_1）が他のすべての行動（B_2、B_3、およびB_4）の原因でなく部分であるように。クライドが腕を動かすことが引き起こすのは、これら他の行動の産物であるような出来事、条件、結果（M_2、M_3、およびM_4）である。

行動を過程として、あるものごとが他のものごとを引き起こすこととして考えるとき、行動は、その産物の引き起こすものなら何でも引き起こすのだと考えることができる。もし私が腕を動かし、私の腕の運動がハエを怖がらせるなら、そのとき私は腕を動かすことによってハエを怖がらせる。そしてもし私の腕の運動が宇宙の崩壊を引き起こすならば、そのとき私は腕を動かすことによって宇宙を崩壊させる。ここまでは十分明らかであるように思われる。しかし行動の原因についてはどうだろうか？　もし行動とはそこにおいてあるものごとが他のものごとを引き起こす過程であるならば、行動の原因はあるものごとが他のものごとを引き起こすことの原因でなければならない。これは意味をなすだろうか？　例えばCがM_1を引き起こすこと、もしくはCがM_3を引き起こすことを何かが引き起こしたと言うのは意味をなすだろうか？

我々は、あるものごとが別のものごとを引き起こすことの原因についてあけすけに、明示的な仕方ではあまり語らないが、ときどきはそうする。そして我々はしばしば、暗黙のうちに、そのような因果的配列について語る。例えば、私はあるものごとを、それが他のものごとを引き起こすよう準備する――私は電流の流れが（それが起こるとき）あるものごと（ベルが鳴る）でなく別のあるものごと（明かりが点く）を引き起こすよう、あそこではなくここの配線をはんだ付けする。そのとき私が（あるいはその方が好きなら、私の活動が）、あるものごとが別のものごとを引き起こすことの原因であるように思える。人はオーブンに入れたときパンが膨れるように――オーブンの熱がパンの膨らむことを引き起こすように――イースト菌をパン生地に入れる。人は、主ぜんまいによって生み出されたトルク［回転力］が車輪を回す（すなわちそれが動くことを引き起こす）ようにベアリングにオイルをさす。これらの場合の各々について、そして他の膨大なそれらに似た場合において、Cタイプの出来事はEタイプの出来事を、ある特定の制限された諸条件においてもしくは特別な条件集合が成立するときにおいてのみ、引き起こす、あるいはもたらす。これらを背景条件と呼ぼう。もし正しい背景条件が成立しないならば、CはEを引き起こさないだろう。ボタンをどんなに押そうとも、ワイヤーが繫がっていない限り、ベルは鳴らない。一度ワイヤーが繫がれば、ボタンを押すことはベルが鳴ることを引き起こす。適切に繫がったワイヤーは、そのとき、あるものごと（ボタンを押すこと）が別のものごと（ベルが鳴ること）を引き起こすための一つの背景条件である。そしてこれらの背景条件の成立を引き起こすもの――ワイヤーが適切に繫がることを引き起こすもの――はあるものごとが別のものごとを引き起こすことの原因となろう。

もちろん背景条件は、そう考えたい哲学者（例えばKim, 1976参照）もいるように、CがEを引き起こすことの原因としてでなく、Eの原因の一部として考えることもできる。この見方によれば、正しく繋がれたワイヤーは、押されたボタンがベルの鳴るのを引き起こすことを引き起こすのではない――むしろそれらは、ボタンが押されるのと一緒に、ベルが鳴ることを引き起こすのである。Bを、Cが起こったときにEのために必要なすべての背景条件を表すとするならば、Eの原因は、CプラスBである。

私はある出来事の本当の原因――あるいは哲学者がかってそう表現していたように、哲学的原因――は何かについて議論することに意義を見出せない。これはせいぜい用語上の問題であるように思われる。我々はものごとを我々の好むように切り分けることができる。実は日常のものごとにおいては、我々は、出来事の原因を結果が生じることに関連する諸条件の総体として見ることは、もしあるとしてもほとんど、ない。代わりに、我々はこの総体のある顕著な部分を選び出し、それを原因として指名する。残りの諸条件は、その中で原因が結果を生み出す条件として、背景へと追いやられる。これらの背景条件は、典型的には、しばらくの間変化することなく持続してきた諸条件である。ゆえに、原因は、なんらかの変化であるゆえに、背景の地を背にした図として現れる。私のコンピュータのキーボードにあるバックスペース・キーを叩くことは、カーソルを左へと動かす。運動の原因は、バックスペース・キーへの圧力であり、この出来事およびそのコンピュータの完全な機械的電気的条件ではない。もちろんもし我々がコンピュータの配線を変え、プラグを抜き、ソフトウェアを変え、接触を腐食させるなどすれば、そのときバックスペース・キーを叩くことはもはやカーソルを動かさない。確かにそうだろう。しかしながら、これが示すのは、バックスペース・キーを叩くことがカーソルを動かさない、ということではなく、それが常に動かすわけではない、ということである。そうするのは特定の条件においてのみ、すなわち背景条件が正しいときのみである。

背景条件についてのこの理解の仕方を前提すれば、我々は、Bそのもの、あるいはBのある顕在的部分、あるいは何であれそこにおいてCがEを引き起こすようなこれらの諸条件を引き起こすもの、のいずれかが、CがEを引き起こすことの原因であると言うことができる。オーブンの熱はパン生地の中にイースト菌が入っていなければパンを膨らませないので、我々は、イースト菌がパン生地の中に入っていること、あるいは（もし我々がより離れた原因に関心を持つのならば）私がパン生地にイースト菌を入れることが、オーブンに入れたときにパンが膨らむことの原因である、と言うことができる。コンピュータや関連するソフトウェアの設計者および製造者はバックスペース・キーによって制御されたカーソルの動きの原因である（の中に数えられる）。彼らはバックスペース・キーへの圧力がカーソルを左へ動かすようにした張本人である。

もしこれが正しいならば、サーモスタットの設計者、製造者、設置者は、部屋が寒くなりすぎたときに暖房が入ることの原因である（として数えられる）。彼らは背景条件の適切な配置（配線、目盛り測定、暖房炉への電気的接続など）によってバイメタル bimetal strip〔熱膨張係数の異なる二種類の金属を貼り合わせた板〕を暖房炉のスイッチとし、それによって部屋の温度変化への反応としてのこのバイメタルの動きが暖房炉の点火をもたらす、引き起こす、ようにした張本人である。この意味で

（サーモスタット内の）CがM（暖房炉の点火）を引き起こすことを引き起こしたのは彼らの活動であるので、サーモスタットがこのように振舞うことを引き起こしたのは彼らの活動である。

もちろん我々がみな知っているように、そこにおいてあるものごと（バイメタルの動き）が別のものごと（暖房炉の点火）を引き起こす背景条件を構成するものは、サーモスタットの現在の電気的・機械的状態——それが暖房炉に接続されていること、電気が供給されていること、など——である。これらの背景条件は、製造者や設置者のそれに先立つ活動とは違い、それに対してそれらが背景を成しているような引き起こし the causings と同時である。このことゆえに、それに先立ちこれらの諸条件を引き起こした出来事でなく、それらの諸条件そのものを、あるものごとが他のものごとを引き起こすことの原因——サーモスタットの行動の原因——と呼ぶことができよう。サーモスタットが暖房炉と配線されていること、電気が供給されていること、などが、室温が低くなったときそれが暖房を入れる理由である。この見方によれば、Bを生み出した出来事でなくBが、CがEを引き起こすことの原因である。

もしAがBを引き起こしBがCを引き起こすならば、Cを引き起こすのは本当はAなのかBなのか、議論しても意味はない。それらは両方ともCの原因であり、どちらがCの真の原因であるかは説明上の関心に依存する。背景条件がそれ自体異常なあり方であるとき、あるいはもしそれらが特別な目的のためにまたは特別な仕方で引き起こされたものであるならば、あるいはそれらがほんの最近存在し始めたのならば、我々は典型的にはそれらの原因の方をCがEを引き起こすことの原因として注視する。Bでなく Bの原因が、CがEを引き起こすことの原因となる。もし例えば私がサーモスタットを車庫の扉開閉装置に配線し部屋が寒くなるといつも車庫の扉が開くようにしたならば、サーモスタットがこれをしていると言われて当惑した観察者が、なぜサーモスタットがこのように異常な仕方で振舞うのか尋ねたとしてももっともなことだろう。彼は、サーモスタットが車庫の開閉装置と配線されており、電気が供給されており、などなどと言われたとしても満足しないだろう。彼はそのことは知っている——あるいはサーモスタットの働き方について何か知っているならば、知っているべきである。それ以外にどうしたらそんなことができるだろう？　いや、彼が知りたいのは電気配線や現在の背景条件についての詳細ではなく、サーモスタットがこの奇妙な仕方で配線されていることは誰にあるいは何に責任があるのか（非難されるべきか？）である。サーモスタットで起こっている出来事、通常は暖房炉の点火を引き起こす出来事が、今や車庫の扉が開くことを引き起こすような現在の背景的諸条件を何が引き起こしたのだろうか？　この質問——現在の行動についての質問、なぜサーモスタットが車庫の扉を開いているのかについての質問——をするとき、私の当惑した客は本当は過去についての質問——このサーモスタットのスイッチが家の様々な（遂行）メカニズムと配線されている仕方を変える何が、ひょっとしたら昨日、あるいはそれ以前、起こったのか、についての質問をしているのである。そこにおいてC（サーモスタット内で起こっている出来事）がM_2（暖房炉の点火）でなくM_1（車庫の扉を開くこと）を引き起こすような現在の背景条件を、どんな過去の出来事が引き起こしたのだろうか？

　サーモスタットの例は示唆的となるよう意図されたものである。それは我々が時に植物や動物については適切であると思う類の因果的説明——時間的に離れた要因、遠くのおよび時に遠くない過去において働いている要因による因果的説明——を思わせる。我々は本能的行動を例えばその種の進化史によって説明し、獲得された行動を時にその個体の過去の学習経験によって説明する。我々がそのような説明においてこれらの先立つ出来事に注意を向けるのは、現在の背景条件が現在あるようにあること、すなわちそこにおいてあるものごとが別のものごとを引き起こすような諸条件であること、とこれらの先立つ出来事とが関連していると考えられているからである。我々は、これらの説明について次の節でより詳しく見ることにするが、さしあたりは以下のことを指摘するに留める。すなわち、過去への訴え、先立つ植物や動物が繁栄しより効果的に子孫をばらまくことを可能にしたような類の出来事（本能的行動の適応による説明）、あるいは個体がより効果的に自分の必要を満たすことを可能にしたような経験や学習に、訴えることは行動を説明する特異なあるいは異常な方法であるわけではない。我々は時に人工物の振舞いをも同じ仕方で説明する。

過程は、あるものごとが別のものごとを引き起こすことと同一視されてきたため、私はここまで過程の原因は（1）あるものごとが別のものごとを引き起こすことを可能にする背景条件であるか、（2）どんなものであれこれらの背景条件を引き起こしたようなそれに先立つ出来事または条件であるか、のどちらかであると想定してきた。サーモスタットが車庫の扉を開ける（または暖房をつける）ことを引き起こすものは、それが車庫の扉開閉装置（または暖房炉）と配線されているという事実、あるいは私、またはある電気技師がそれをそのように配線したという事実、のどちらかである。しかし我々は時に、過程の原因をその過程を起動する triggers 出来事として語る。もし我々が当の過程をCがMを引き起こすことであると考えるならば、その原因は、原因についてのこの第二の考え方においては、なんであれCを引き起こすような出来事である。ゆえに例えばもし刺激SがCを生み出し、そしてもしCが今度はMを引き起こすならば、そのときSは、その過程を構成する一連の出来事を起動することによって、その過程を生じさせる。原因についてのこの第二の考え方においては、サーモスタットが車庫の扉を開くこと（または暖房を入れること）を引き起こしたものは、室温の低下である。室温の低下は、サーモスタットの中で特定の出来事、すなわち車庫の扉が開く（暖房炉が発火する）ことを（次に）引き起こす出来事、を引き起こすことによって、サーモスタットの行動である過程（CがMを引き起こすこと）――サーモスタットが車庫の扉を開くこと（暖房を入れること）――を起動した。

過程の原因についてのこれら二つの異なる考え方のおのおのは、それ相当に、完璧に正当なものである。[2] ある過程の原因を探すとき、我々は時に、起動する出来事――Mを引き起こしたところのCを引き起こしたもの――を探している。他の時は、我々はその過程を形作った shaped あるいは構築した structured 単一のもしくは複数の出来事――Cが何か他のものごとでなくMを引き起こすことを引き起こしたもの――を探している。第一のタイプの原因、起動する原因 triggering cause［以下起動原因］は、その過程が今生じることを引き起こす。第二のタイプの原因、構築する原因 structuring cause［以下構築原因］は、それが今起こるこの過程、Mをその産物として持つ過程、であることに対して［因果的］責任がある。この違い、私が他のところ（Dretske, 1972）で対照的用語 contrastive terms によって記述した違いは、説明上の文脈において十分馴染みのものである。一方でなぜクライドがそのとき立ち上がったのかを説明することと、他方でなぜ彼のそのときしたことが立ち上がることであったのか（なぜ彼はそのとき立ち上がったのか）を説明することの間には、明確な違いがある。彼がそのとき立ち上がったのはそれが部屋に女王が入ってきた、あるいは彼が女王の入って来るのを見た時であったからである。彼がそのとき立ち上がったのは、尊敬の意思表示としてである。過程の起動原因（Mを引き起こすCの原因）に言及することと私がその構築原因と呼んできたもの（CがMを引き起こすことの原因）の間の違いは、この違いを反映している。(3)

この違いは、なぜ人は何がある過程を引き起こしたのかを知らずにその過程を構成するそれぞれの出来事を何が引き起こしたのかについて知りうるのか、を説明するのに役立つ。人は何がCを引き起こしたか（なんらかの起動する刺激S）を知り、何がMを引き起こしたのか（すなわちC）を知り、そしてそれでもCがMを引き起こしたことの原因についてあれこれ思い悩むことができる。この場合、起動原因をすでに知っている以上、人は明らかにその過程の構築原因――そこにおいてCが（他ののごとでなく）Mを引き起こすような諸条件を引き起こしたもの――を探しているのである。

ある動物が別の動物を見つけ、逃げ出すことについて考えよ。その第二の動物の接近（これを刺激Sとしよう）は特定の出来事（C）が第一の動物の中枢神経系において生じること――それがSを見る――を引き起こす。関連する動機上の諸要因と共に、その動物内のこれら知覚上の出来事は特定の運動M――その動物は走り去る――を引き起こす。極めて過度に単純化すれば、SはCを引き起こし、Cは今度はMを引き起こす。これくらいは因果的観察から推論できるかもしれない――その動物は侵入者を見たとき、そしてたぶん、見たゆえに、逃げたのである。しかしなぜ侵入者が見えたこと（C）が逃走（M）を引き起こしたのか？　なぜその動物は逃げ去ったのか？　侵入者は、実のところ、捕食者ではなかった。それはまったく危険なものではなかった。それは実は、馴染みの隣人であった。ではなぜCはMを引き起こしたのか？　この質問は、過程C→Mの起動原因でなく構築原因についての問いである。

　別の例を考えよう。ベルが鳴り、古典的な仕方で条件付けられた犬が、そう振舞うよう条件付けられた仕方で振舞う——唾液を出す。恐らく条件付け過程があれば、犬はベルを聞いたとき唾液を出さずにはいられない。その振舞いは、自発的なものではないものの、行動である。そして我々はその原因を探すことができる。ベルが鳴り（S）、これがある特定の聴覚経験（C）を犬の中に生み出す。犬はベルが鳴るのを聞く。これらの知覚上の出来事は、条件付けの結果として、犬の口に唾液が分泌されること（M）を引き起こす。そのとき何が、犬が唾液を出すことを引き起こしているのだろうか？　なるほどある意味では、ベルを鳴らすことが犬が唾液を出すことを引き起こす。少なくともそのベルが、犬がある特定の聴覚経験をすることを引き起こすことで、その犬の口に唾液が分泌されることが帰結するような過程を起動する。だがそうではあっても、そのことはなぜ犬がこのようなことをするのかを我々に教えない——単になぜ犬が今それをするかだけである。我々が知りたいのはなぜその犬が唾液を出しているかである。なぜそれは、例えばジャンプしないのか？　他の（異なる訓練を受けた）犬はベルを聞いたときにジャンプする。特に何もしない（まったく訓練されていない）犬もいるだろう。では何がその犬が唾液を出すことを引き起こすのだろう？　これは明らかに、その犬の行動の起動原因でなく構築原因を求めているのである。それはあるものごとが他のものごとを引き起こすことの原因、その聴覚経験が唾液腺からの分泌を引き起こすことの原因、を要求している。そしてまたもや、この問いへの答えは過去、学習理論家がその犬が訓練の間晒された随伴性contingen-cies（鳴っているベルと餌の到着との間の相関関係）として記述するもの、にあるように思われる。もし唾液を出すことが（単に犬に、あるいは犬の中で生じている分泌腺の出来事としてでなく）何か犬のすることとして考えられるなら――言い換えるなら、もしそれが行動として考えられるなら――そのときそれについての因果的説明は、その行動を引き出す刺激にではなく、その犬の過去の経験についての事実にある。

他方で、その犬の行動の原因、あるいはそれについての因果的説明、の要請が起動原因の要請であるということを想像するのは十分簡単である。耳が聞こえないが犬の過去の訓練について完全に知っている実験室助手が、なぜ犬が唾液を出しているか質問しているのを想像するだけでよい。この人は何か起動原因について教えられる必要がある。彼はベルが鳴っていること、そしてそれゆえに犬が唾液を出しているのだということを教えられる必要がある。

我々はこの起動原因と構築原因の区別について再び触れる。それはこの説明事業における理由の役割について考えるとき、特に重要である。しかし我々が理由へと注意を（ついに！）向ける、すなわち信念と欲求がいくつかの有機体のいくらかの行動の説明に登場する仕方へと注意を向ける前に、植物および機械の行動のより単純な要素と関連してここまで出てきたいくつかの論点について、例を使って説明しておく価値があるかもしれない。そのような行動は信念や欲求を含まないが、それでも動物の意図的行動の説明において効力を持つのと同じ区別のいくつかを、ある特に啓示的な仕方で示す。

3　植物と機械の行動の原因

もう一度、木が冬に葉を落とすことと、その葉が冬に木から落ちることとの違いについて考えよ。第一のものは何か木がすること、一つの木の行動である。第二のものは、この過程の産物、それが起こるまで木はその葉を落としたことにならない出来事あるいは条件、である。植物学者は特定の広葉樹において毎年秋に生じている化学的過程、葉から葉緑素を抜き出すことで葉と小枝の間の機械的結合を弱める過程、について知り尽くしているかもしれない。そのような出来事が風と重力と共に葉が散ることを引き起こすということは明らかなことかもしれない。もし植物学者がこれらすべてについて知っているならば、彼または彼女はそのとき、毎年この時期何が葉を散らせるのか、どんな内的出来事の連鎖がこの秋のアウトプット（M）へと導くのか、を我々に教えることができる。

木のアウトプット（M）についての化学的説明、その作用が葉が散ることを引き起こすような機構の記述は、なぜ木が葉を散らせるのかについての説明でなく、いかに葉を散らせるのかについての説明である。Mの内的原因を特定するとき、我々はCがMを引き起こすことの、起動原因であれ構築原因であれ、原因を与えるのではない。したがって、我々はなぜMが生じたか（なぜ葉が散るのか）について知ってはいても、なぜCあるいはC→Mが生じたのか（なぜ木が葉を散らせるのか）については知らないかもしれない。通常、そうした行動の起動原因はその構築原因が知られるはるか前に明らかとなる。木は冬が近づいていているので葉を散らす。我々はその正確な起動［原因］についてはよく知らないかもしれない。それは外的きっかけ、何か低くなった平均気温や短くなった日照時間のようなものであろうか？　それとも代わりに何らかの内的生物学的時計が季節の変化を告げるのだろうか？　あるいは何らかの組み合わせ――ひょっとしたら外的きっかけが内的時計を調整するのであろうか？　それが正確には何であれ、それは何か冬の到来と適度によく関連付けられており、特定の内的化学的変化を引き起こすことで落葉過程、すなわち最後にM、つまり落葉に達する過程を開始する何か、でなければならない。これは一年周期の過程であるので、我々は単純な帰納的根拠から、構築的原因についての明確な概念を持たなくても、起動原因については十分確信を持てる――寒冷な気候が続くことが、明らかに、Mをその産物とする過程を起動するのである。しかしなぜ木は寒冷な気候に対してこのように「反応する」のだろうか？　そもそも、針葉樹も季節の変化に対して同様に敏感であるが、それらは冬の到来に対して同様の仕方で反応しない。それらは違う振舞いをする。ではなぜ落葉樹はこのように振舞うのだろうか？　これは明らかに、落葉をその産物として持つ過程の構築原因を求めている。

人間または動物行動に常に説明があるわけではないように、この種の植物の行動に常に説明があるとは限らないだろう。少なくとも、関連する構造を持つような説明が時にないことがある。結局のところ受容可能な説明がある他の行動の副産物にすぎないような行動がある。なぜクライドはグラスを倒したのか？　理由はない。説明もない。それは偶然であり、彼が塩に手を伸ばすときにしたことである。我々は、彼がなぜグラスを倒したのかを理由（彼の目的と欲求）によって説明できなくとも、彼がなぜ彼が腕を動かしたのかは説明できるだろう――塩を取ろうとして。このことはもちろん、彼がなぜグラスをひっくり返したのかを我々が説明できないということではない。

なぜ尾の白い鹿は、捕食者に遭遇して不安を覚えたとき、尾を持ち上げるのだろうか？　一つの仮説（Alcock, 1984: 320）はこの行動が捕食者を遠ざけるどんな機能も持たない、というものである——それは単に危険を感じた動物が逃走に備えるときに起こる生理学的変化の偶然的結果にすぎないかもしれない。すなわちそのような行動は、実際に捕食者を遠ざける、それゆえこの意味において進化論的説明を持つ他の行動（逃走）にとって付随的なものであるかもしれない。葉を散らすときの木の行動はたぶんこのような（積極的な適応上の機能を持つ）ものでないだろうが、落葉《らくよう》と関連しているが落葉にとっては付随的な incidental ものにすぎず、木の落葉行動と同じ仕方では説明できないような他の行動があるかもしれない。例えば、木が秋に色を変化させることには何の適応的意味もないとしよう。それは、ありうる話であるが、落葉の副産物として生じるとしよう。秋の葉の色の変化はそのとき、ひとつの付随的行動、木が葉を散らすことにとって付随的な行動、ということになる。これは、人がワイングラスをひっくり返すことが、その人が塩に手を伸ばすことにとって付随的であるそのあり方、そして鹿がその尾を上げることがその逃走にとって付随的である（またはかもしれない）そのあり方と同じものである。我々はなぜクライドが塩に手を伸ばしたかをクライドの目的によって説明できるが、我々は、塩に手を伸ばしたときにしたこと（グラスを倒すこと）を彼がなぜしたのか、を彼の目的によって説明することはできない。我々はなぜ木が葉を散らすかを落葉によって得られる適応的優越性によって説明できるが、木が葉を散らすときにすること（色を変えること）をなぜするのか、を適応的優越性によっては説明できない。そして我々は恐らく、適応上の機能によって、なぜ鹿が捕食者から逃げるのかを、彼らが逃げるときにすること（尾を上げること）をなぜするのかを適応上の機能によって説明できなくとも、説明できる。

他方、植物の色の変化には完璧に真っ当な説明、木が葉を散らすことに対して我々が与えることのできるような類の説明、を持つものがある。いくつかの植物（例えばスカーレット・ジリア Scarlet Gilia［ヒメハナシノブ属に属する花］）は、その開花シーズンが進むにつれて色を変える。なぜそれらはこうするのだろうか？　カエデの落葉の場合のように、なぜ植物がこのように振舞うかを理解するためには、この変化の適応的価値に目を向けねばならない。スカーレット・ジリアの場合は、少なくともページとウィザム（Paige and Whitham, 1985）によるもっともらしい推測によれば、その価値はその植物の受粉媒介者を引き付ける力にある。開花シーズンの初期においては、ハチドリが主な受粉媒介者であり、ハチドリは赤い花により引き付けられる。その後のシーズンにおいては、ハチドリは移動し、より白い花を好むスズメガが主要な受粉媒介者となる。その花は状況のこの季節的変動を活用する「ために」色を変化させる。その花は色を変えることでより多くの実を結ぶのであり、それゆえにそれはそうするのである。もし我々が、これが本当にスカーレット・ジリアの行動の説明であると仮定すれば、そしてもし我々が、カエデの色の変化には対応する説明はない（それはむしろその木が葉を散らすことに付随するものである）と想定するならば、我々は、人間と動物における意図的行動と非意図的行動の差異——それに対して行為者の理由（塩に意図的に手を伸ばすこと）による説明があるような行動（手を伸ばすこと）とそれに対してそのような説明がない行動（ワイングラスを偶然に倒すこと）の差異——の植物世界版を持つことになる。

人と違い、木は欲求、恐れ、信念を持たないため、それらは葉をクライドが塩に手を伸ばすことに対して持つような、あるいはモード［人の名前］が本を書くことに対して持つような理由から、葉を散らすわけではない。もしこの行動に対する説明が木の側にあるならば、その説明は進化論的植物学から来ることになるはずである。その種の歴史における何かがなぜそのような過程が今日の植物において生じるのかを説明するだろう。それは寒期における落葉の適応的価値と何らかの関わりを持つだろう。寒く乾燥した気候において葉を散らす木には保湿と関わる特定の利益が与えられる。そのことゆえにそれらの木は葉を散らすのである。これはもちろんなぜ特定の木が葉を散らすのかについての因果的説明ではない。裏庭のカエデは湿気を保つ目的や希望、意図を持って葉を散らすわけではない。木は目的、希望、意図を持たず、それゆえそれらは有益な結果を達成するために何かをすることはない。それらは、代わりに、それらが化学的・機械的に構成されているその仕方ゆえに葉を散らすのであり、それらが化学的・機械的に現にそうであるように（大部分）構成されているのは、そこからそれらが芽を出した種子を供給した木からそれらが受け継いだ遺伝子のためである。すなわち、木が現にそうしているように振舞うのは、それらがこのように振舞うゆえに享受するかもしれない（将来の）利益のためでなく、（相続可能な程度に）似た仕方で振舞っていたことで利益を引き出した祖先から受け取った遺伝子のためである。ある木の行動の説明は、ある幼児が乳首に吸いつき、吹きかけられた空気に対しまたたきするときのその幼児の行動の説明と同じ（種類の）ものである。我々が後に（第四章）より十全に見るように、進化論的（あるいは系統発生的）行動の説明は、それが植物の行動であれ動物の行動であれ、今日の植物および動物の行動に対する構築原因を与えるものとしてではなく、このように振舞うよう構築された植物および動物がなぜ今日存在するのかについての因果的説明としての方が、最もよく理解されるだろう。

私がこれら植物の例と類比（そして読者に保証するが、それらは類比としてのみ意図されている）に言及するのは、植物が心理学的に興味深い仕方で振舞うとか、進化論的説明に言及することで、人間あるいは動物の行動の理解は常に遺伝的要因を含むと示唆するためではない。そのいくらかは疑いなくそうであろう。恐らく多くはそうである。幾人かの動物行動学者 ethologists、すなわち行動の生物学に関心を持つ行動科学者は、人間と動物の行動すべてがそうであると考えているようである。だがこれは私が後の章で再び触れる、経験的問題である。私の現在の論点は、むしろ植物行動の原因を探究することは、人間や動物行動の原因の探究と同様、典型的にはアウトプット（Ｍ）の原因とはかなり異なるものの探究である、ということである。我々は確かに、時に起動原因、その過程を動かし始める、それゆえその過程の産物であるＭを引き起こすのを助ける外的出来事または条件に関心を持つ。しかし我々がより頻繁に関心を持つのは構築原因――例えばその過程がいったん動き始めたら取る方向を説明するもの、他の何かでなくまさしくＭを生み出すのはなぜかを説明するもの――である。この種の質問に対する答えのためには、その質問が答えを持つとき、我々はしばしば、植物と動物両方の場合において、その植物や動物の属する種の進化史に目を向けるべきである。その種の歴史において、Ｍをその産物として持つ過程がその中で生じた動物が、なぜ有利であったのかの説明が見つかるだろう。

葉が木から落ちることはねずみの足の動きに似ている。木が葉を散らすとき、その葉は散る。ねずみが足を動かすとき、その足は動く。葉は、時に嵐の時にそうであるように、木が葉を散らさずとも木から落ちうる。それはちょうどねずみの足が、ねずみが足を動かさずとも動かされうることと同じである。我々は何が木から葉を落とさせるか（M）、何がこれを生じさせるかを、なぜ木が葉を散らせるかを理解することなしに、理解することができる——たとえ木が葉を散らせるゆえに葉が散るのであっても。そして同じ理由から、我々はなぜねずみの足が動くのか、何がその足の動きを引き起こすのかを、なぜそのねずみが足を動かすのかを理解することなしに、理解することができる——たとえその足はねずみが動かすゆえに動くのであっても。我々は神経生理学について十分に知ることで、正確にねずみの中枢神経系で生じているどんな出来事がその足を動かすのかを、以下のことを知らずとも、知ることができる。すなわち、これらの脳の出来事が、何らかの他の結果——それどころか（運動アウトプットに対する）どんな結果も持たなかったかもしれないが——でなくこの結果を持つようにしたものは何か、について。

植物と異なり、機械は進化しない。したがって我々はそれらの行動について系統発生的説明を与えることはできない。そして一部の動物が（一時的に）そうであるのとは異なり、機械はそれらがすることに対して目的を持たない。したがって我々は、それらがそうすることの理由による説明を与えることはできない。それにもかかわらず、機械はものごとをするのであり、そしてそれらがすることは、植物や動物がすることと同様、それらがこれらのことをするときに生み出すアウトプットから区別されねばならない。それゆえ、機械の場合においてさえ、行動（C→M）の原因の探究は、アウトプット（M）の原因の探究から区別されねばならない。我々は何がアウトプットを引き起こすかを、何がその行動を引き起こすかについて知らないでも、知ることができる。

機械は人工物であり、我々が特定の目的を持って設計し、組み立て、設置する。我々がここで配線をはんだ付けし、あそこで駆動軸をつなげ、出力段階に抵抗器を取り付け、傾きを調整し、電気を供給するのは、機械が誰かがそばを通ったとき扉を開ける、搬送周波数のドリフトを補正する、積荷が増えたとき自動的にシフトダウンするようにするため、である。もし植物の場合に自然選択が、状況が要請するとき、何らかの内的過程が必要な外的変化を生み出すようにするのなら、この役割を人工物の場合において演じるのは我々である。もしMがある特別な状況下において必要とされるもの（＝我々が必要とするまたは欲するもの）であるならば、そのとき、もし我々が十分に利口であるならば、これらの状況が成立するときある適切に位置づけられた人工物の中にMを生み出すようなCが存在するよう取り計らうのは我々である。この意味で、我々がなぜその機械が現にすることをするのかについての説明である。我々がそれを設計する、製造する、設置する仕方によって、我々がその機械が我々のして欲しいことをするのを引き起こす――すなわち我々がその機械の中のあるCが望まれた状況においてMを引き起こすことを引き起こす――のである。

この一般的規則には、例外があるかもしれない。サーモスタットの例を考えよ。それは室温が低すぎるようになると、暖房を入れ、室温が望まれた（サーモスタットでなくあなたに望まれた）レベルに達するとそれを再び止める。この装置が他にできることはあまりない。確かにそれは極めて興味深い領域の行動ではないだろうが、論点を述べるためには十分である。

では今、室温が二〇度［原文は（華氏）六八度］まで下がり、サーモスタットがその退屈で予測可

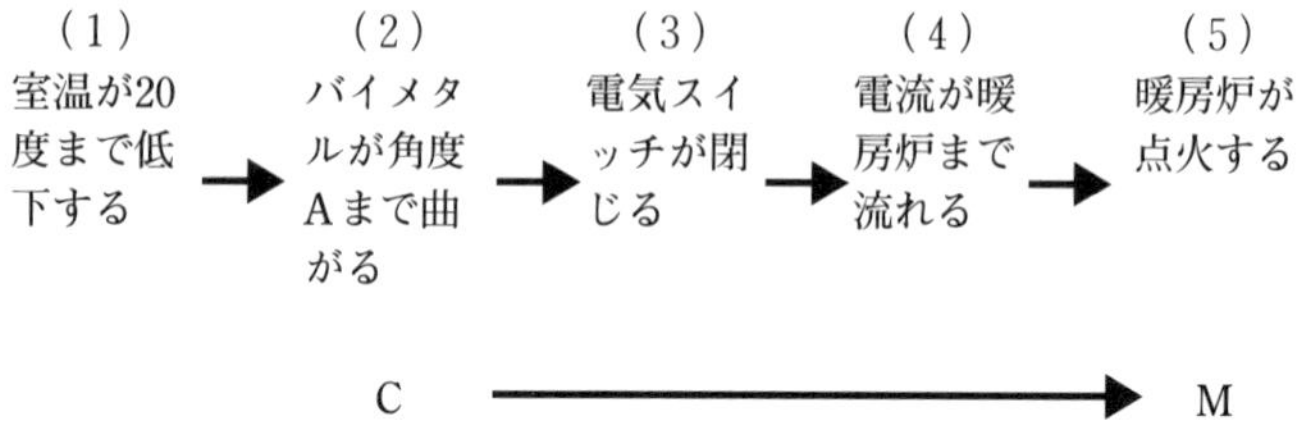

図2－3

能な仕方で、暖房を入れることで反応するとしよう。ものごとをこのように記述するとき我々は、暖房炉の点火はサーモスタットの中の（あるいはひょっとしたらサーモスタットの）ある状態、条件、または出来事によって引き起こされたのだと暗に意味していることに注意せよ。そのサーモスタットは暖房を入れた。これは何かそれがしたことであり、それゆえもしサーモスタットの何らかの内的状態または出来事Cが暖房炉の点火を引き起こすなら、サーモスタットの行動と分類されるべきものである。ものごとが正常に働いているとき、まさにこのようにものごとは起こる。部屋の温度がゆっくりと下がることは、サーモスタット内のバイメタルがゆっくりと折れ曲がることを引き起こす（このバイメタルの曲がり具合は、実は信頼度の高い温度計、室温の正確な表象である）。最初の（望まれた）温度設定が二〇度であるとすれば、そのバイメタルが二〇度に対応する点まで曲がるとき、それは電気回路を閉じる。電流が暖房炉へ送られ、暖房炉は点火する。その因果的連鎖は図2－3に図示されている。もうお馴染みとなったはずの記号を使えば、私は（2）を、それがMを生み出すことがサーモスタットの行動、それが暖房を入れること、を構成するような内的出来事として指定した。これはもちろん幾分恣意的である——我々は同じくらい容易に（3）＝Cとすることもできただろう。要点は、もし何らかの出来事が、それが（2）であろうと（3）であろうと、サーモスタットの中でM、つまり暖房炉が点火することを引き起こすならば、我々はサーモスタットの行動について語っているということである。

この見方によれば、室温の低下はC、すなわち（3）と（4）を通してMを引き起こすあの内的出来事、の原因である。我々の先の用語に従えば、これは室温の低下がサーモスタットの行動の起動原因であるということを意味する。我々がサーモスタットを、室温が二〇度（望まれた設定）以下に落ちたゆえに暖房を入れたと記述するとき、我々はこの類の原因を頭に置いている。しかしながら、我々が見てきたように、我々はときに行動の構築原因に、つまりCが何か他のことでなく暖房炉の点火を生み出すことを引き起こしたのは何かに関心を持つ。そしてこの因果的問いに対する答えはその装置を設置し配線した者たちの活動にある。我々が、サーモスタットが（寒すぎるようになると）暖房を入れることを、それを暖房炉に配線し電気を供給することで、引き起こした。我々が、（2）が他の何かでなく（または何も生み出さないのでもなく）（5）を生み出すようにその装置を設計し、製造し、設置した者である。違った仕方で配線することにより、我々は同じくらい容易に、バイメタルが曲がること（2）が、皿洗い機が始動すること、あるいは車庫の扉が開くこと、を引き起こすようにすることもできた。その場合サーモスタットは部屋が寒くなると違った仕方で振舞うだろう。それは皿洗い機を始動するか、車庫の扉を開くかするだろう。しかし我々はこのようにその装置を配線しはしなかった。そうすることは、明らかに、我々の目的には適わなかったであろう。我々は室温の自動統制が欲しかったのであり、ゆえに我々は（2）が（5）を引き起こすようにした。またしても、構造的質問への回答、それゆえ行動の原因についての問いへの回答は過去、何か他の行動でなくこの

ではない。

行動が今起こっているという事実に対して因果的に責任のある出来事または活動、にあるが、それらの出来事または活動はこの行動が何か他のときでなく今起こっていることに因果的に責任があるわけではない。

サーモスタットは室温が二〇度に落ちたゆえに暖房を入れたと言うことは、女王が部屋に入ってきたゆえに公爵は立ち上がったと言うのに似ている。ある対象が、それが公爵のような人であろうとサーモスタットのような器具であろうと、その外的取り囲みについてのある（同時的な）事実ゆえに何かをした、と言うことは、その行為の起動原因を与えることである。公爵の場合、女王の入室は公爵の中に、女王が部屋に入ってきたという信念——もし正しく働いているならば、女王の入室を表象する内的状態——を引き起こした。サーモスタットの場合、室温の低下はある内的状態——もし正常に働いているなら、部屋の温度を表象する状態——を引き起こす。どちらの場合においても、この表象はある運動制御系と結び付けられている。公爵の場合それは彼を立ち上がらせる。サーモスタットの場合、それは暖房を入れる。そしてどちらの場合においても、我々はこの行動の構築原因について——なぜその内的表象が何らかの他の結果でなくこの結果を持つのか、なぜ何らかの他の過程でなくこの過程が外的刺激によって起動されるのか——尋ねることができる。我々が行為者の理由による行動の説明を求めるとき、思うに我々は常に構築原因を探しているのである。

第三章　表象システム

ある行動は知的思考と目的の表現である。クライドはもう一本ビールが欲しくて、そして冷蔵庫に一本残っていると思っているゆえに、台所へ行く。それらが行動の原因であろうとなかろうと、クライドの理由――彼のビールへの欲求と彼のそれが冷蔵庫にあるという信念――は確かに彼の行動を説明すると考えられている。それらは我々になぜ彼が台所まで行ったかを教える。

これは行動（少なくとも我々が目的的であると考える行動）を説明する我々の日常の仕方である。それはあまりに馴染みのもので、あまりに我々すべてにとってまったく常識的なものであるので、どうしてこのタイプの説明に問題がありうるのかを見て取るのは難しい。

それにもかかわらず、この馴染みの説明パターンがいかにして生きている有機体についての新興の神経科学的描像と折り合う――あるいは並び立つ――ことができるのかを理解するのには、ある問題がある。我々のすること、少なくとも我々の身体のすることは神経生理学者によってますます詳細に記述されている神経的過程とメカニズムにこれほど完全に依存する、それゆえ決定されているように見えるのに、いかにして思考および目的は我々のすることを決定する、いや決定できるのだろうか？もし神経生理学者がある人の行動を説明するのに思考、目的、意図、欲求、希望、恐れなどに訴えないのならば、我々がその人の行動を説明するためにそのような概念に訴えることには（無知以外）どのような言い訳があるだろうか？

我々はこの見かけの衝突をよりよく理解するための第一のステップをすでに踏み出した。第一のステップは、ある人の行動となんであれこの行動を構成する身体的運動および変化との違いを理解することである。クライドが台所に行くことと彼を台所へ行かせる運動との違いの理解は、なぜ一方のことについての説明が他方のことについての説明でないのかを理解するのに本質的である。なぜクライドが台所に行ったのかを知ることはなぜ彼の脚が彼を台所まで連れて行くよう動いたのかを知ることではない――そして手足の運動の原因を、どのような生物学的細かさのレベルであれ、知ることは、なぜ彼が台所へ行ったのかを知ることではない。これらは異なる説明ゲームである。行為者の意図と信念による我々の馴染みの行動の説明の仕方は、筋肉活動の神経生物学的説明によっては、したがって運動アウトプットの機械的説明によっては、完結しない。それはむしろ、何かまったく異なるもの――アウトプットでなく行動――を説明しようという試みなのである。

しかしながら、踏み出されるべき第二のステップがある。まだ我々は、日常の説明、行為者の理由によって言い表された説明、がいかにして説明を行うのかについて何も知らない。行動が過程、すなわちあるものごとが別のものごとを引き起こすことと同一視されてきたゆえに、理由はあるものごとが別のものごとを引き起こすことの原因とされるのだろうか？　もしそうならば、この考えはいかにしてうまくいくというのだろうか、そして理由の何が理由にこの特異な効力を与えるのであろうか？

　これらの問いに答えるためには、この第二のステップを踏み出すためには、時間をかけて表象 representation という考えについて考察することが必要となる。というのも、通常行為の理由の主要な部分である信念（もう一つの主要な部分は欲求である）は、表象の特別な種類であるからである。信念はアウトプットの産出における因果的役割がその意味または内容によって――それら［表象］が表象するものを表象する仕方によって――決定されるような表象である。表象システムの一般的考えはこの章で考察される。信念についての特別な主題は第四章に取っておく。

1　表象の慣習的システム――タイプI

　表象システム representational system（RS）という語によって私は、あるものごとが他の対象、条件、大きさに関してどのようにあるかを表示する indicate ことをその機能とするシステムを意味することにしよう。もしRSの機能が、Oが例えば条件Aにあるのか Bにあるのかを表示することにあり、またRSがこの機能を（それが行使するときに）果たす仕方が（OがAであることを表示する）aか（OがBであることを表示する）bか、二つの可能な状態のどちらかにあることによってであるならば、そのときaおよびbはRSの表現要素であり（Oについて）それらが表象する represent ものは、それが（aの場合）Aであること、およびそれが（bの場合）Bであること、である。

含まれる機能の種類により、そしてシステムがこの機能をどうにか果たす仕方（それがなんとか表示する仕方）により、表象システムは様々な仕方で分類できる。以下は一つの可能な分類の仕方である。私の主要な関心は自然表象（タイプⅢのシステム）にあるが、そのようなシステムの特別な性質はそれら自然表象をそれらの（様々な程度に）慣習的な同類と比較、対照することによって最も良く理解される。したがって私は慣習的表象システムから始める。

このテーブルの上の十セント硬貨をオスカー・ロバートソン［アメリカのバスケットボールプレーヤー］、この（表を上にした）五セント硬貨をカリーム・アブドゥール－ヤバー［同じくアメリカのバスケットボールプレーヤー］、この（裏を上にした）五セント硬貨を敵のセンターとしよう。これらのポップコーンは他の選手であり、このグラスをバスケットとしよう。この状況設定により私は今や、コインとポップコーンをテーブルの上で動かしまわることで、これらの選手の位置と動きを表象することができる。私はこれらの対象を私がかつて目撃したあるバスケットボールのプレーを記述するために使うことができる。

もし記憶が確かでないならば、私はものごとを誤って表象していることになってしまうかもしれない。私は選手たちがあそこへ行ったのにポップコーンをここに動かすかもしれない。コインとポップコーンは一時的機能、（それらの位置と動きによって）特定の試合の特定の選手の相対的位置と動きを表示する機能、を与えられている。しかしこれらの要素、コインとポップコーンは明らかに、そうするようそれらに与えられた機能がすること――はるか昔に終わった試合の様々な選手の位置と動きを表示すること――をする内在的な力を持たない。それらの仕事をそれらがうまくこなしたとしても、その成功は私から、表象されている試合についての私の記憶、そしてその知識を選択された語法へと翻訳する私の技能から、派生している。そのポップコーンとコインが表示するのは、そしてこの意味でそれらが与えられた機能を果たすのは、私が、表象されている状況についての情報の信頼できる仲介者であり、表現手段の信頼できる善意の操作者である限りである。

そうであるならば、コインとポップコーンがその仕事をするのは、なんらかの他の表示システムが満足のいく仕方で働いている限りにおいてのみ、これらのサインの操作者の中に何か（この場合私の中の何か）当の時刻のバスケットコートにおいてものごとがどのようであったかを表示するものがある限りにおいてのみである。もし私がオスカーとカリームがボールでしたことについて無知であるならば、コインとポップコーンは与えられた機能を果たすことはできない――それらの様々な位置や運動によって、その日のコートで何が起こったかを表示することができない。これは単に、これらの対象が、それ自体としては、表象上死んでいる lifeless ということを認めることにすぎない。それらは単に、私の表象道具なのである。

タイプＩのシステムの要素は表象のどんな内在的 intrinsic 力――それらを生み出し使う我々から派生しないような力[1]――も持たない。それらの機能（それらが適切に配置されたとき表示するはずのもの）とその機能を果たす力（表示するのがそれらの機能であるところのものを成功裏に表示すること）は両方とも、もう一つの源泉、伝達目的を持つ人間主体、から引き出されたものである。多くの馴染みのＲＳはこのようなものである――地図、「列車の」ダイヤ、特定の道路標識（情報提供的な類の）、前もって取り決められた信号、楽譜、ジェスチャー、暗号、そして（少なくともある程度までは）自然言語。私はそのようなシステムの表象要素をシンボルと呼ぶ。シンボルは、明示的にであれ暗にであれ、表示機能、すなわち内在的にはそれら〔シンボル〕が果たすべき力をまったく持たないような機能、を付与されている。我々がそれらにその機能を与えるのであり、我々が（我々の目的に合致するとき）それらがこの機能に従って使われるようにするのである。そのような表象システムは、この意味で、二重に慣習的である――我々がそれらにするべき仕事を与え、そして我々がそれらのためにそれをするのである。

2　自然的サインと情報

ポップコーンとプロバスケット選手との関係と対照的に、我々は雪の上の足跡、鳥の鳴き声、指紋、雲の形などに、我々がそれらが表示していると考えるものを表すようにする必要はない。我々が好むと好まざるとに関わらず、これらの足跡、指紋、鳴き声、そして形は、それらの表示するものを、我々から、すなわち我々がいかにそれを探究のために用いるか、そして我々がその意味をそもそも認識するかどうかからさえ、まったく独立に表示している、とある意味で言える。これらは時に自然的サインと呼ばれるもの――その表示力を（シンボルの場合のように）我々から、表示するための我々の使用からでなく、それらがそれらの意味する諸条件と客観的に関連付けられているその仕方から、引き出している出来事や条件――である。

タイプⅡの表象の慣習的システムとそれらがタイプⅠのRSとどのように異なるかを理解するには、

シンボルとサインsignsとの違いを理解することが重要である。タイプIIのシステムにおいては、自然的サインは、その自然的意味、その非慣習的表示力を、表象上の、そして部分的に慣習上の、目的のために利用するように使われる。これはタイプIIのシステムを慣習的なものと自然なものとの興味深い混合物とする。タイプIIの表象システムの記述のための準備としてサインとその意味について何か有用なことを言うのがこの節の目標である。これは次にはこのプロジェクトにとって真に興味深い表象システム——表象の自然的システム——について論じるための道を整えることになろう。

普通の体重計の設計と製造には膨大な知的思考と目的とが注がれているものの、一度完成し使用のために置かれると、その働きには慣習的なもの、目的的なもの、知的なものはなにもない。この装置は、その製造者や使用者からの協力や助けなどなしに、それが表示するものを表示する。あなたがするのはそれに乗ることだけである。そのときそれはあなたに悪い知らせを教える。もちろん誰かが目盛り盤に数字を入れたのであり、特定の意図と目的を持ってそうしたのである。しかしこれは単に便宜的なものであり、（流行のジャーゴンを使えば）それをユーザー・フレンドリーにするものである。それはその道具が表示するものとなんら関わりを持たない。時計はその文字盤から数字が取り除かれても時を刻むことを止めない。時計の上の、あるいは体重計の上のシンボルは単に針の位置が何を意味するかを我々にわかりやすくするにすぎない。それらはこれらの針の位置が何を表示するかを変えない。

同様のことが他のどんな測定道具にも言える。ある道具が適切につながれて普通に機能している限り、それはその妥当性が創造者や使用者の目的や知識とはまったく独立な電気的および力学的法則に従った振舞いをする。さらには、これらの法則は、針の位置が体重、時間、圧力、そして速さと関連づけられているか、そして（もしそうなら）どのようにか、を決定することで、これら針の位置が体重、時間、圧力、速さについて何を表示するかを決定する。

すべての表示は誰かのため、あるいは誰かにとっての表示であると考える人もいる。計器の指す数値と自然に生じているサイン（例えば雪の上の足跡）はその人に対してあるいはその人のためにそれらが表示するような者がいなければ、何も表示しない。計器の指す数値は木が森の中で倒れるようなものである――もし音を聞く者が誰もそばにいないならば、音はない。もし体重計を覗き見る者がいなければ、それは誰の体重についても表示しない。雪の上の足跡、銃に残された指紋、そして融けている氷は、森の動物についても、銃に触った人についても、温度についても、誰かが足跡、指紋、融けゆく氷を観察し適切な推論をしない限り、何も表示しない。もし誰もウズラが、そしてウズラのみが、そのような足跡を残すと知らないならば、そのときは、この規則性にもかかわらず、その足跡は、その森にウズラがいる（あるいはいた）ということを表示しない。

この見解は単に、誰かにとって真でない限り、誰かがそれを知らない（または少なくとも信じない）限り、真なものなどなにもないという、より一般的で輪をかけてよりもっともらしくない考えの特別なバージョンにすぎないと思う。私はこの件について争うつもりはない。私は単に、以下のことを前提する。もし完全に信頼でき適切に機能しているボイラー圧力メーターを何か他のものと取り違え、それが壊れていると思い、完全に無視する、あるいはそれを決して見もしないとしても――言い換えればもしこのメーター表示がボイラーの圧力がどうであるかを誰にも表示しないとしても――それでもそれはボイラーの圧力がどうであるかを表示する。それはボイラーの圧力を誰かに対して表示するわけではない、ということにすぎない。そして同様の理由により、もし迷信から、誰もが毛虫の毛の色を寒い冬の兆候またはサインであると考えるならば、誰もが単に誤っているだけである。それが意味するのはそのようなことではない。何かをそうであると考えること、そうでないと考えること、どちらでもないと考えることは、そうであるようにすることでも、そうでないようにすることでも、どちらでもないようにすることでもない。そしてこのことは、物がどこにあるか、それが何をするかと同様、ものごとが何を表示するかについても成立する。

私はときおり「意味する」という動詞を「表示する」と同義語として使ってきた。説明しよう。ポール・グライス（Grice, 1957）は、彼が「意味 meaning」という語の自然的意味 a natural sense と呼ぶものを非自然的意味と区別した。「意味」の自然的意味は「表示する」の意味と実質的に同じものであり、私は通常その語をそのように使うことにする。木の切り株の二四本の輪、いわゆる年輪は、その木が二四歳であることを意味する（表示する）。ベルが鳴ること――ドアのベルが鳴ること――は誰かがドアに立っていることを意味する（表示する）。容易に葉痕［葉が落ちた後に残る茎のうえの傷痕］と同定できる小枝の上の傷は、葉がそこで育った、ということをこの自然的意味において意味する。グライスが述べるように、Pが成立していないなら、自然的意味においては何もPを意味しない。このことがそれを、Pが成立していないのに何か（例えばある言明）がPと意味できる非自然的意味から区別する。人はウズラがここにいた、ということをウズラが実際にはここにいなかったとしても言う、そして意味する、ことができる。しかし雪の上の足跡は、実際にここにウズラがいたのでない限り、ウズラがここにいたということを（「意味する」のこの自然的意味においては）意味できない。もしその足跡がキジによって残されたのであれば、そのときその足跡は、どれだけそれらが特徴的であるかしだいで、キジがここにいたということを意味する。しかしそれらは確かにウズラがここにいたということを意味しないし、あるボーイスカウトの少年が、それらがそうしたことを意味していると取るという事実は、それらがそうしたことを意味するようにさせることができない。

さらには、たとえPが成立しているとしても、表示子 indicator あるいはサインは、そのサインとPとの間に必要な依存性がない限り、Pが成立していると意味する（表示する）ことはない。たとえ雪の上の足跡が事実ウズラによって残されたのだとしても、その足跡はそうであることを意味または表示することもないかもしれない。もしキジもまた森の中にいて、まったく似たような足跡を残すのならば、そのときその足跡は、ウズラによってつけられたものであっても、それらをつけたのがウズラであることを表示しない。ある人の、後ろから、そしてかなり離れた場所から撮られた写真は、もし他の人でもその角度とその距離からは同じに見えるのであれば、それが誰の写真かを表示しない。

もしガソリンメーターが壊れている（例えば「半分」のところに張りついている）ならば、それはタンクのガソリンについて決して何も表示しない。たとえもしそのタンクが実際に半分だけ入っていたとして、そして運転手が、メーターが壊れていることに気づかないまま、（結局正しいのだが）タンクに半分入っていると信じてしまうとしても、針の位置は、タンクに半分入っているというサインではない――そのことを意味したり表示したりしない。壊れた時計は、もし正しいということが一日の正確な時刻を表示することを要請するならば、一日に二度だけといえども、正しいことは決してない。

「意味する」という語のこの使用をグライスが非自然的意味と呼ぶもの――言語と関連づけられる類の意味、（後に論じるように）それを（自然的に）意味することまたは表示することが何かその機能であるもの、により近いような類の意味――と混同する可能性があるとき、私は「意味」という語を「自然的」という語と繋げるか、それをその同義語である「表示する」と共に使うことにしよう。「表象する represent」という語は時に私が「表示する」および（自然的に）「意味する」を使っている仕方で使われる。私は表象の考えを何か本物の意味と近いもの、何かがPが成立していなくともPを意味しうるような類の意味（グライスの非自然的意味）のために取っておきたいので、私は「表象する」と「表示する」といった語を互換的には決して使わない。私のこれらの語の使い方では、誤表示というものはありえず、ただ誤表象があるのみである。

サインが何かを意味するあるいは表示する力は、サインがサインの表示するあるいは意味するものと関連付けられる仕方に由来する。トミーの顔中にある赤い斑点が、彼がはしかにかかっていることを意味するのは、単に彼がはしかにかかっているからではなく、はしかにかかっていなければ人はそのような斑点が出ないからである。ほとんどの場合、基底となる関係は因果的あるいは法則的性格を持つ。そのとき表示するものと表示されるものとの間には、法則的依存性、我々が通常仮定法 subjunctive 条件文によって表現する依存性――もしトミーがはしかにかかっていなかったなら、あんな赤い斑点が彼の顔中にあるなんてことはなかっただろう――がある。しかしながら時に、自然的サインとその意味の間の依存性は、少なくとも部分的には、他の源泉に由来する。ドアベルの鳴ることが、ある人がドアのところに立っているということを意味するようにさせるのは、部分的には、動物は餌を探し回っているときにドアのボタンを定期的に押したりはしない、という――思うにそれ自体は物理的法則ではない――事実である。もしリスが（ドアのボタンが木の実からできているといった理由で）その習慣を変えたなら、そのときドアベルが鳴ることはもはやそれが今意味しているものを意味しなくなるだろう。だがものごとが今あるとおりにある以上、我々は、そのベルは誰かがドアに立っていない限り鳴らないだろうと言うことができる。しかしこの仮定法的に表現された、ベルの鳴ることと誰かがドアにいることとの間の依存性は、偶然的なものではないものの、自然法則に基づくわけでもない。小動物がドアボタンを押すこと、あるいはランダムに落ちてくる隕石がドアボタンを押すこと、を妨げるような自然の法則など確かにない。物理学の法則に、電気の配線が時折ショートすること、すなわち誰もドアにいないのにベルが鳴るのを引き起こすかもしれないもの、を妨げるものが何もないのは確かである。だが通常、これらのものごとは生じない。少なくともそれらは私には決して起こったことはない。そしてこれはたまたまの偶然でも、風変わりな幸運でもない。それは（不正のない）硬貨をトスして表が長く続くようなものではない。二つの変項の間の偶然的相互連関は、いくら長引いたとしても、十分ではない。あるものごとが別のものごとについて何かを表示するためには、依存性は真正のものでなければならない。実際に何らかの法則的であれ何であれ、その相互連関の持続を説明する条件がなければならない。これは不正のない硬貨でたまたま表が続くことと誰かがドアの前に立っているときに偶然でもなんでもなく呼び鈴が鳴り続けることとの違い、私のベルが（だが硬貨のトスはそうでなく）、関連付けられた条件について何かを表示することを可能にする違いである。これはもちろん私の家、私の近所、私のドアベルの配線についての事実である。もしあなた

の家や近所は違うのなら、あなたのドアベルが鳴ることは何か他のものを意味するかもしれない。(2)

生物学的に興味深い多くの場合において、あるサイン——ある動物が例えば食べ物などを探し同定するのに頼りにするようななんらかの内的表示子——はこの種のローカルな妥当性しか持つことはない。すなわちそれは、その動物の自然な生息環境、あるいはその環境に近似した条件、においてしか信頼できる表示子ではない。例えばハエは、栄養上価値のない果糖とソルビトールなどの養分のあるなんらかの物質のどちらかを選ばせると、例外なく栄養上価値のない物質の方を選び、餓死する。驚くべきことだろうか？　それほどでもない。自然な条件下においては（Grier, 1984: 536）、受容器を刺激する物質は養分がある。そのとき自然な条件下、ハエの通常の生息環境においては、受容器の活性化は養分のある物質を表示する。さらに、受容器の活性化とその活性化を促すものの栄養上の価値との間の相互連関はなんら偶然的なものではない。ここにはそれを説明する何かがある。ハエはそのような受容器システムをそうした相互連関の存在しない環境においては発達させなかった（あるいは修正なしに保持しなかった）であろう。同様のことは私と私のドアベルについても言える。私は望まれた情報を伝えないような、それを表示するために設置された何か「来客の情報」を（例えば厄介なリスのため）表示しないようなドアベルシステムならば、そのままにしておかないだろう。私は、思うにハエも（世代を重ねるうちに）そうするだろうように、より正確な検出器を手に入れるだろう。

私は別の場所で（Dretske, 1981, 1983）、情報という見出しの下、客観的で心から独立な表示関係の考えについて何かより体系的なことを言おうとした。自然的意味の考えを、自然的サインとその意味との間の、表示子とそれが表示するものとの間の依存性の客観的関係にまでたどる上での短いコメントを除いては、私はここでその以前の分析を繰り返そうとはしない。だからといって詳しい内容を前提することもしない。現在までの目的にとっては、あるものごとが他のものごとについて何かを意味する、または表示することの基礎となる、何らかの客観的な、観察者から独立の事実あるいは諸事実、といった何かが自然の中に（単に自然を理解しようともがいている心の中にではなく）ある、という想定――願わくはまったくもっともらしい想定――で十分である。[3] 以下では私は時折、部分的には用語上の方便として、しかしまた部分的には表象システムと人間の認知の情報処理モデルとの深い関連性を明示するため、情報の観念へ言及する。情報について語ることは、表示あるいは自然的意味といった根本的に重要な関係について語るさらに第三の仕方である。したがって例えばもしS（サイン、信号）がaであることによってOがAであることを表示する、あるいは意味するならば、そのときS（あるいはより正確にはSがaであること）はOがAであるという情報を運ぶ。ある出来事または条件（我々がそれを信号と考えるかどうかは無関係である）が別の状況について表示するあるいは意味するものは、それが運ぶその別の状況についての情報である。

3　表象の慣習的システム――タイプⅡ

タイプⅡのシステムにおいては、自然的サインは表象要素としてシンボルの代わりをする。サインに与えられる仕事とは、それが（適切に配置されたなら）すでにできるようなことなのであるが。あるシステムが表象するものはその（表現豊かな）諸要素が表示あるいは意味するものではない、ということは覚えておくべきである。それはこれらの要素が表示あるいは意味する機能を持つものである。この点を心に留めておくのは重要である。というのもタイプIIのシステムにおいて使われる自然的サインは、典型的には非常に多くのものごとを表示するからである。だが通常はそれらはこれらの条件のうちただ一つの条件——我々が、どんな理由からであれ特別な関心を持ち、そして表示する機能を与えるようなある条件——のみを表象するために使われる。もし満タンのガソリンが、（ガソリンの重さゆえに）ガソリンタンクを車のフレームに固定するボルトの上に強い下方への力がかかっている、ということを意味するならば、そのときガソリンメーターはそれが満タンを表示するときはいつでもこれらのボルトへの大きな下方への力を表示する。加えて、電気的に動くガソリンメーターはタンクに残されたガソリンの量だけでなく、メーターとタンクを繋ぐ配線を流れる電流の量、針が取り付けられた電機子[1]に対する回転モーメント（トルク）の量、この電機子を取り囲む磁界の大きさ、を表示する。こうしたメーターの仕組みを前提すれば、メーターはこれらの関連する諸条件を表示することなしには（少なくともこれらの諸条件への同程度の依存性を示すことなしには）タンクのガソリンの量を表示すること（すなわちメーターの振舞いをタンクのガソリンの量へ依存させること）はできない。

それにもかかわらず、我々はこれらの表示された諸条件の一つをそのメーターが表象するものであると、すなわちこれらの関連付けられた諸条件の一つがそれがどんな種類のメーターであるかを定義すると、考える。それは車の電気配線上の二点間の潜在的差異を記録する検流計ではなく（ある意味ではまさにそうなのだが）、ガソリンメーターである、あるいはそう我々は言う。我々はタンクのガソリンの量に関心を持つのであって、(派生的な意味以外では) これらの関連した諸条件に関心を持たないので、我々はメーターにタンクのガソリンの量を表示する機能を付与する。我々はそれに、この情報を伝えるという仕事を与え、しかるべくそれを目盛り付けおよびラベル付けし、その過程で必然的に運ばれる付帯的な情報を無視する。ある道具あるいはメーターが表象するのはそれが表示するはずのもの、それが表示する機能を持つものであるゆえに、そして我々がこれらの機能を決定するゆえに、我々がそのメーターが表象するものを決定するのである。もし私がそのガソリンタンクをジャッキで押し上げて、車のフレームにタンクを固定させているボルトへの力を取り除くならば、そのガソリンメーターは、タンクのガソリンの量をそれでも表示し続けているとはいえ、もはやボルトへの力の量を表示しない。しかし、これらの異常な条件下においては、そのメーターは、それがタンクの中のガソリンの量を誤表象しうる、そして実際時にそうするようには、これらのボルトへの力を誤表象することはない。それがそうしないのは、そのメーターがものごとが正常に働いているときでさえこの力の大きさを (表示はしても) 表象しないからである。それの表象上の作用力——そしてそれゆえそれの表象的失敗、すなわち誤表象——は、それを表示するのがその機能であるところのものに限定されている。そしてそのメーターはボルトへの力を表示する機能を持たないため、それを表示し損なったときもこの力を誤表象することはない。なぜ我々がそうするのか想像するのは難しいものの、我々はメーターにこの機能を与えることもできただろう。もしそうするならば、そのとき、上で記述したような異常な条件下において、すなわち我々がタンクをジャッキで上げてこれらのボルトへの力を取り除いたとき、そのメーターはボルトへの力を誤表象するだろう。

こうした理由ゆえに、そのメーターが何を表象するかは部分的には慣習的なもの、部分的にはそれが何を表象すると我々が言うかしだいである。しかしながら、タイプIのシステムと対比すれば、この我々への、我々の興味や目的への依存性は、部分的なものでしかない。それが単に部分的である理由は、ある器具に与えられる表示機能は、その器具が表示できるもの、その多様な状態と条件が依存するもの、に限られているからである。あなたは直腸体温計に、ダウ・ジョーンズ平均株価を表示する仕事を与えることはできない[4]。その水銀の高さはこれらの経済的諸条件に依存しない。その水銀とその市場は独立に変動する。体温計をこのように使おうとすることは岩に皿を洗う仕事を与えるようなものである[5]。私の息子にこの仕事を（彼が決してしないとしても）与えることができるのは、岩と違って彼は皿を洗うことができるからである。我々が器具に付与する機能は同様にそれらの器具ができるもの、あるいはライト（Wright, 1973）が正しければ、（人工物の場合）我々がそれらができると考えるもの、に制限されている。これがタイプIIのシステムの機能を、タイプIのシステムの機能が制限されていない仕方で制限する。そのようなシステムを単に部分的に慣習的なものとするのはこの事実、および一度ある装置がそのような機能を与えられれば我々の助けなしに作動する、という事実である。

タイプIIのシステムの慣習的、関心相対的で、目的依存的な性格は、我々の関心と目的が変化するとき特に明らかである。高度計は我々がそれを地上で検査するため飛行機から取り外すまで高さを表象する。それは地上で取り外されたときにはアネロイド気圧計となり、高度でなく気圧――もちろんそれが常に表示していたものであるが、我々が飛行機を飛ばすときには（高度に依存する、それゆえ高度の正確な表示として働く限りにおいて以外は）関心を持っていなかったもの——を表象する。較正［カリブレーション］は、そこにおいて人の関心と目的が一時的に変化する過程である。較正をしている今は、人は針の位置をその器具が普通それを測るために使われている量の表示でなく、その器具の内的状態——例えばその電池が弱くなっていないか、補正、修繕、調整が必要かなど——の表示として使う。タイプⅡのＲＳに関しては、我々はただその器具の表につける別な数字の集合を考案するだけで（単にある大きさを測る目盛りだけでなく）表象されている大きさを変化させることができ、実際時にそうしている。我々がその器具を使う仕方の変化はその機能、そしてそれゆえそれが何を表象するか、を変えるのに十分なのである。

タイプⅠとタイプⅡの表象システムの間の違いについて考える一つの仕方は、タイプⅠのシステムにおいては機能がいわば第一に来る、ということである。表象要素は機能を与えられ、そのときもしうまくいけば、この機能と一致して使われる——すなわちこの機能と相対的にそれらの表象要素が表示するはずのものを表示するように使われる。私はまずその十セント硬貨に、その位置と動きに、オスカー・ロバートソンの位置と動きを表示する機能を与える。次に私はその硬貨をこの与えられた機能と一致するように操作する。私は、私の知識と操作能力によって、それが表示するよう私が機能を与えたものをそれが実際に表示するようにする。それゆえ、その硬貨の仕事だけでなくその仕事の硬貨による遂行もまた、その表象システムの創造者であり使用者である私から全面的に派生してきている。タイプⅠのＲＳはそのとき、テレビモニターがその背後にある機械類の情報処理能力のディスプレーであるのとほぼ同じように、そのＲＳの使用者の表象手腕の顕現あるいは表明［ディスプレー］

である。しかしながら、タイプⅡのシステムに関しては、事情は異なる。システムの要素の表象力が第一に来るのであり――それらの機能は二番目なのである。それらはそれらがすでにしていること、あるいはすでにしているのでないならば、一度適切に活用されればすでにできること、のうちの一つをする機能を獲得する、あるいは付与される。それらがその機能を果たす能力は、タイプⅠのシステムの場合のように我々に、すなわち要請される表示手腕をすでに持つユーザー・システム、に依存するわけではない。それゆえこれらの要素の表示子としての地位は、内在的なものである。外在的なもの、それゆえ未だ慣習的な、未だその使用者の関心や目的に相対的なものは、それらの諸要素がすでにできる多様なものごとのうち、どれをすることがそれらの機能であるかを決定することである。

4　表象の自然的システム

表象の自然的システムにおいては、タイプⅡのシステムの諸要素のように、その諸要素がどんな他のシステムの関心、目的、そして能力からも独立な表示力を持つだけでなく、タイプⅡのシステムと対照的に、これらのサインが何を表象するかを決定する機能もまたそのような外在的要因から独立である。表象の自然的システム、すなわちタイプⅢのシステムは、それら自身の内在的表示機能、すなわち表示子がその表示子をその一部として含むシステムによって育まれ使われる仕方から派生した機能を持つ。タイプⅠとⅡのシステムと対照的に、これらの機能は付与されるものではない。それらは他者が表示要素を使ったり見たりする仕方に依存しない。

内在的機能、タイプⅢのシステムを定義するタイプの機能、の可能性についてどのように考えようとも（議論の余地のある点であり間もなく立ち返るが）、私が自然的サインと呼んできたもの――世界の他の場所でものごとがどうあるかをなんらかの仕方で表示する出来事、条件、構造――は、すべての動物の生物学的遺産にとって本質的であることは明らかである。そのような内的表示がなければ、有機体はその環境の中で困難を乗り越えていくことはできない、すなわち捕食者を避け、食物を見つけ、つがいの相手を探し、生き残り繁殖するためにしなければならないことをすることができない。これがまさに感覚による知覚 sense perception とは何かについて言えることである。動物の感覚は（少なくとも外受容器と呼ばれるものは）、動物の内部で生じることが、外界で生じることに、何らかの表示と関連する仕方で依存するよう、自然が編み出した多様な方法にすぎない。もしあるメスのコオロギの脳の特定のニューロンの発火が同類のオスの特有の鳴き声を表示しなかったならば、パートナーを見つけようと努力しているそのメスを導くものは何もないだろう（Huber and Thorson, 1985）。ねずみの脳の中の配置 place、置き違え misplace、置き換え displace、といった神経単位（O'Keefe, 1976）、すなわちその動物が環境を動き回るのを導く諸単位とは、それぞれ場所の、場所の変化の、そしてある場所を通る動きの、内的表示にすぎない。蟻や蜂などの下等な有機体にさえ標準的に備わっている資質の一部である認知地図は、そういったものから成る（Gallistel, 1980）。

視覚皮質の神経細胞の発火は、光受容器の表面における特定のエネルギー勾配の存在と位置を表示することで、視覚的インプットにおける「へり edges」の場所および位置を表示し、それゆえ光が反射してくる環境の表面について何かを表示する。これらの細胞の活性化は、極めて多様な感覚システムの中における他の細胞による比較可能な活性化は言うまでもなく、我々が日常的にサインと考えるより馴染みの出来事——カエデの葉の紅葉、木の年輪、雪の上の足跡——がそうであるのに劣らず自然的サインまたは表示である。

我々は、様々な身体器官の生物学的機能について聞くことに慣れている。心臓、腎臓、下垂体分泌腺は機能——それらがこの意味でするはずであるものごと——を持つと言われる。これらの器官がこれらのものごとをするはずであるという事実、それらがこれらの機能を持つという事実は、我々が何をそれらがするはずであると考えるかとまったく独立である。生物学者はこれらの機能を発見したのであり、彼らはそれらを発明したのでも付与したのでもない。我々は、我々の間の合意によってこれらの器官の機能を、私が適切な告知をすることだけで私のバスケットの試合の中で硬貨やポップコーンが何を表すかを変えることができるようには、変えることはできない。同様のことは、感覚システム、すなわちそれによって外的、公共的出来事と内的、神経的過程との間の高度に敏感で絶え間ない依存性が保たれるような器官にも言えるように思われる。血を汲み上げるのが心臓の機能であるのと同じ意味で、天敵であるコウモリの場所と動きを検出するのがヤガ科の蛾の聴覚システムの機能であるかどうかについて、真剣な疑問が持ち上がることなどありうるだろうか？

海のバクテリアの中には、羅針盤の針のように機能する磁石、マグネトソームを持つものがあり、後者は（そして結果としてバクテリアは）地球の磁界と平行に並ぶ（Blackemore and Frankel, 1981）。磁力線は北半球においては（磁北へ向かって）下向きに傾いているので、北半球におけるバクテリアは、それらの内的マグネトソームによって方向付けられて、磁北へ向かって進む。これらの有機体は酸素のない場所でしか生きられないため、そして磁北へ向かう運動は北のバクテリアを酸素が豊富でそれゆえ有毒な表層水から遠ざけ、比較的酸素のない底の堆積物へと連れて行くため、ブラックモアとフランケルがそうするように、この原始的感覚システムの機能は良好な（すなわち嫌気性生物［酸素を嫌う生物］のための）環境のありかを表示することであると推測するのは不合理なことではない。[6]

哲学者は動物や植物の器官、過程、行動への機能の帰属をどうやれば最も良く分析できるかについて合意していないかもしれないが（例えば Nagel, 1961; Wright, 1973; Boorse, 1976; Cummins, 1975 を参照）、これらのものごとのいくつかが機能――バクテリアの磁気感覚や蛾の聴覚などの発見される（発明されたり付与されたりするのでなく）べき機能――を持つことは、常識的観点からだけでなく、生物学者や植物学者の（明示的な言明でないとしても）実践からもまた、明白であるように思われる。

しかしながらこれは、少なくとも哲学者の間では論争のある主題であり（例えば Dennett, 1987 参照）、私は哲学的テーゼに対する主張を常識にとって明白であるように思われるもの、あるいは生物学者によって当然のこととされているものによって基礎付けたいとは思わない。よって私は当面は生物学的事例を内在的機能のある程度（見る人の視点によって）もっともらしい例証――そのような機能を持つことにより表象の自然的システムとして認められる感覚システムのもっともらしい事例――として取る。我々が後に（第四章）見るように、タイプⅢの表象システムを支持する論拠は、かなり異なる種類の機能――種の進化からでなく、個体の発達から派生する機能――に基づくことになる。しかしながら、特定の表示システムが種の進化史の中でその成員［個体］の生物学的必要に奉仕するために発達してきた仕方について、例証の目的のためだけとしても、考えることは有用である。だが私のそのような事例の使用は解説上の便宜にすぎないということは理解されるべきである。タイプⅢのシステムに要求される類の機能が存在するという議論、それゆえタイプⅢのシステム、表象の自然的力を持つシステム、の存在を支持する議論は、まだ与えられていない。

5　志向性――誤表象(7)

哲学者は昔から、志向性を心的なもののしるしと見なしてきた。志向性の一つの重要な特性は誤表象する能力、（いわゆる命題的態度の場合）Pが成立していないときにPと言う、あるいは意味する力である。この節の目的は、いかにして表象システムが、いま特徴付けられたように、この能力を持ちそれゆえある心的なもののしるしを明示するかを記述することにある。志向性の他の二つの重要な特性は後に続く節において論じられる。

始める前に、以下のことを述べておくのは有意義であろう。タイプⅠとⅡのシステムは誤表象する力を含むその表象力を、志向的状態と態度（知識、目的、欲求など）の全範囲をすでに持つ（典型的には人間の）システムから引き出すゆえに、それらが志向的特徴を示すことは驚くべきことではない。我々が見るように、そのようなシステムが示す志向性の跡は、システムに性質を、特にそこからそれらが表象としての地位を引き出すような機能を与える心、すなわち我々の心の単なる反映にすぎない。しかしながらこのことはタイプⅢのシステムには当てはまらない。もしそのようなシステムがあれば、それらの志向性は我々の作るようなものではないだろう。それらはホーグランドが独自の original 志向性と呼び、サールが内在的 intrinsic 志向性と呼ぶものを持つだろう。

志向性の記述されるべき第一のアスペクトとは、いくつかのシステムの持つ、あるものごとがそうでないときにそうであると表象する能力——誤表象の力——である。このように否定的なものを強調すること、システムのものごとを誤って捉える能力——言わば長所の代わりにその欠点——に注意を促すこと、は奇妙に思われるかもしれない。だがこのアプローチは後ろ向きのものではまったくない。世界の他の場所でものごとがいかにあるのかを正しく表象する能力は、もちろん第一の価値を持つ能力であるが、この価値が表象を支持するのは当の表象がものごとを誤って捉えることが可能な類ののである限りである。表象のゲーム、世界の他の場所でいかにものごとがあるかについて「言う」ゲームにおいては、もしあなたがうそをつくことができないなら、真実を言うことは一つの徳目ではない。表示とは、私のこの語の使い方では、そしてグライスが自然的意味の考えを使ったように、表示子とそれに表示されるものとの間の決して成立し損なうことのないような関係を記述する。誤表示というものはありえないのである。もしガソリンタンクが空であれば、メーターは、その語のこの意味においては、満タンであると表示することができない。これは、誰かがメーターを、満タンを表示していると取ることはないだろう、ということではない。それは単に、メーターは、事実として、満タンを表示しないということである。この意味で表示子は表示し損なうことはないので、それらは興味深い能力——ものごとを誤って捉える能力——を持たない。それらはものごとを誤って捉えることはない。我々がサインを（時に）読み誤ることで、それらが表示していない何かを表示していると受け取ることで、ものごとを誤って捉えるのである。我々が求めているものは、システムの、ものごとを

Pが成立していようがいまいがPとして言う、意味する、表象する（あるいはまさに取る）力である。それが語の、信念の、思考の力――心の持つ力――なのであり、それゆえそれが、我々が表象システムの中に捜し求めている力なのである。我々がどのような語を使って興味深い関係（表象？　意味？）を記述しようと、その興味深い関係を定義するのを助けるのは誤表象する力、ものごとを誤って捉える、真実でないことを言う能力である。それゆえにシステムの誤表象の能力を強調するのは重要なのである。というのも、システムがこの能力を持つ場合にのみ、それは、そのものごとを正しく捉える力において、何か意味に近いものを持つからである。だからこそ誤表象する能力は志向性の重要なアスペクトなのであり、心の哲学と言語の哲学においてこれほど大きく取り扱われているのである。

この理由により、植物や動物の中で生じるものも含め、すべての表示子が表象なのではない、ということを覚えておくのは重要である。表示子が事実表示するものを表示することがその表示子の機能――自然的なものであろうと（タイプⅢのシステムにとって）そうでなかろうと（タイプⅡのシステムにとって）――であることが本質的である。半乾燥地帯に育つ木の年輪の幅は敏感な雨メーターであり、その輪に対応する年の降雨量の正確な表示である。しかしながらこのことは、これらの輪がそれぞれの年の降雨量を表象する、ということを意味しない。そうであるためには、それらの輪がその幅によってそれぞれの輪に対応する年の降雨量を表示することをその機能として持つことが必要である。(8)これは、控えめに言って、もっともらしくない――もちろん我々がその輪をタイプⅡのRSとして考えない限りは。我々、あるいは植物学者は、これらの輪を過去の気候条件について学ぶために使うかもしれない。これがある規則的、体系的な仕方で生じるならば、その輪はある器具もしくはメーターの諸性質のいくらかを（この仕方でそれらを使う人々に対し）身につけるかもしれない。これらの輪が植物学者の情報収集活動において過去の降雨についてのサインとして機能し始める限りにおいて、それらはそのうち、そして植物学者の共同体においては、表示機能を獲得し、それにより真の（タイプⅡの）表象としての地位を引き受けるかもしれない。少なくともそれらはこのようにそれらを使う植物学者にとってはそうである。しかしこれは明らかにタイプⅢのＲＳではない。その木には、例えば一四年前の降雨量を表示する何か、第一四番目の輪の幅があるものの、これを表示することがその輪の機能であると考えることはもっともらしくない。変動する輪の幅は単に変動する降雨の結果である。同様に動物の胃の膨張は、その動物の食べた食物の量の表示子であり、そして（恐らくそれゆえに）その環境において手に入る食物の量の表示子である。しかしこれは確かに膨張した胃袋の機能ではない。

この点は、もし我々がＲＳがいかにしてものごとを誤表象しうるかを理解しようとするなら重要である。誤表象の機能はタイプⅠのシステムにおいては簡単に理解できる。というのもここにおいてはその諸要素が誤表象する力は、我々がそれらに与えた（表示）機能に従ってそれらを操作する我々のやる気と技能に依存するからである。その硬貨とポップコーンが私のバスケットの試合において何を表すかについては私に責任がある以上、すなわち私がそれらにその表示機能を付与した以上、そしてこの機能に従ってそれらを操作することは私に責任がある以上、硬貨とポップコーンの配置は、私が（意図的であれ無知からであれ）それらに誤って表象させるものなら何であれ、誤って表象するようにさせることができる。それらによる誤表象とは、実際は私の誤表象なのである。

タイプⅡのシステムの誤表象は、それほど単純な話ではなく、またもやその生起は、最終的には誰であれまたは何であれそのシステムの表象作用力を決定する機能を与えるものへと辿ることができる。誤表示などというものはないため、すなわち自然的サインのシステムがものごとがそうではないのにそうであると意味するなどということはないため、自然的サインのシステムが何かを誤表象することができる唯一の仕方は、表象要素として奉仕するサインがそれらが表示するはずのものごとを表象し損なうときである。そしてそれらが表示するはずのものとは、我々が、我々自身の目的のために、そしてサインが特定の機会にその任務を成功裏に果たすこととは独立に、そうした仕事をそれらが持つと見なす（あるいはそれらに与える）もののことである。我々がいなければ失敗を測る基準、すなわちそのシステムがするはずなのにし損なう何か、もない。実際の失敗は我々の失敗ではないものの、それらを失敗とする基準（機能）は我々の基準である。ガラスのシリンダーに冷えたアルコールを入れることは、誰かがそのグラスを目盛り測定し、壁に掛け、それを温度計と呼ぶまでは、誤表象を生み出さない。

我々がタイプⅢのＲＳに達するときにのみ——システムが何を表示するはずであるかを定義する機能が内在的機能であるときにのみ——我々は、志向性の、単なる反映でないある源泉を見出す。ここにおいてのみ我々は、思考、信念、判断のモデルを務めるためのその表象上の作用力において、少なくともこの一点においては十分に自己完結した機能を持つ。

システムは、現在の状況においては、あるいはもはや、あるいはひょっとして決して、何かがＦであると表示することができなくとも、何かがＦであると表示する機能を獲得することができた。このことはタイプⅡのＲＳの場合には明らかであり、そこでは不注意な組み立てにより、ある装置がそうするよう設計されたことをし損なうことがありうる。我々がみな知っているように、真新しい機具が想定される仕方で動かないことがある。それらはそうすることがその機能であるようなことを決してしない。それらがすると想定されていることが表示することであるときは、そのような装置は一生誤表象し続ける運命にある。他のものは工場を出たときは良好な状態にあったのに、後に使い古され、そう表示するのがその機能であるところのものを表示する力をもはや維持できなくなる。さらに他のものは、使い古されはしないが、そう表示するよう設計されたものを表示する能力を減じるような状況で使われる。方位磁石は鉱山の縦坑においては働かないし、温度計は日光が当たってはあまり良くない。それらがすると想定されていることをするためには、そのような道具がそれらの仕事をできるときと場所で使われるよう注意する必要がある。

　同様のことがタイプⅢのＲＳについても言える。原始的な感覚能力が、ある種において進化するのは、それを持つ者に、ある重要な環境の条件についてそれが教えることのできることゆえであるとしよう。その例のために、以下のように想定しよう。すなわち、この表示子が発達した仕方、淘汰の力によって（必要な情報を伝達するその重大な役割ゆえに）有利に働いたその仕方のために、我々は、この表示子がＦを表示する機能を持つと言えるのだと。ある再生産過程の偶然から、この種のある個体（彼をインベルトと呼ぼう）がＦ検出器を欠陥のある（反対の、としよう）条件で受け継いだとしよう。哀れなインベルトは、彼の周囲の環境を常に誤表象するＲＳを持つ――それはものごとをそれがＦでないときにＦであると表象し、そうであるときにそうでないと表象する。[9] 彼が幸運にも何らかの人工的仕方で保護されるのでない限り――すなわち、Fの検出が決定的に重要であるような生息環境から彼が引き離されるのでない限り――インベルトはもはや生き残れないだろう。彼は工場から欠陥を持って生まれてきたのであり、まもなく廃棄される。他方、彼の親類たちは、良好な状態で工場から生まれてきたのであるが、単純に使い古されてしまうかもしれない。年寄りに近づくにつれ、彼らのRSは劣化し、いつどこにFがあるのかについて表示する彼らの能力はどんどん失われていく。彼らはその機能をもちろん保持しているが、その機能を果たす能力を失う。誤表象はますます頻繁になり、最後にはインベルトと運命を（不可避的に）共にするようになる。

そして最後に、タイプⅢのシステムにおいては、能力を失わせる状況において使われる器具――例えば鉱山の縦坑における方位磁石のように――との類似がある。以下のような生物学的検出器について考えて見よ。それは、その中で発達し、繁栄し、それを持つ者の生物学的必要に忠実に奉仕したような生息環境から引き離されるや、それがもはや表示すると想定されるものを表示できないような環境へと移される。我々は先に、酸素のない環境へ至るために磁北の内的検出器（マグネトソーム）に頼るバクテリアについて考察した。北のバクテリアを南半球に置いてみれば、それはすぐに誤った方向へと泳いでいって自滅するであろう。もし我々が、嫌気性生物に適した条件のありかを表示するのがこれらの内的検出器の機能であると考えるならば（そうする必要はないのだが――注6を参照）、そのとき――この場合致命的な帰結を伴って――誤表象が生じる。

カエルを、念入りに作り出された影が食べられる虫をシミュレートする実験室に入れてみよう。これらの異常な状況下においては、そのカエルの神経的検出器――もっともなことに「虫検出器」と呼ばれてきたものである――は虫の存在あるいは場所をもはや表示しない。それらがもはやこれを表示しない（それらがたとえ偶然本当に食べられる虫によって発火したとしても）のは、それらの活性化がもはや必要な仕方で食べられる虫の存在に依存しないからである。カエルをその実験室に連れて行くことはちょうど方位磁石を鉱山の縦坑へ持っていくようなものである――ものごとはもはや想定されているように働かなくなる。表示子は表示しなくなる。もし我々がそのとき食べられる虫の存在を表示するのがそのカエルの神経的検出器の機能であると考えるならば、その実験室において影は食べられる虫として誤表象されていることになる。そのカエルは誤信念の類似物を持つのである。[10] 時折食べられる虫が近くを飛ぶとき、そのカエルはそれを食べられる虫として正しく表象するが、これはまったくの運にすぎない。そのカエルは真なる信念、正しい表象、の類似物を持つかもしれないが、知識、すなわち信頼できる表象は持たない。方位磁石を鉱山の縦坑に持って行くことは、それが何を「言う」か（すなわちどの方向であろうとその針が指しているのが磁北であるということ）を変えないだろうが、それはそれが言うことの信頼性、そして（実に頻繁に）真理を、変えることになる。同様に、カエルをその実験室に連れて行くことは、それが何を「考える」かを変えないだろうが、それが正しく考える時の数を変えることになる。

これはすべて何を表示するのがある表示子の機能であるかという想定次第である。典型的な車のガソリンメーターはタンクの中のガソリンと水とを区別できないと気づいた者は、そのメーターの機能はガソリンがどれだけタンクに残っているかを示すことでなくタンクにどれだけ液体が残っているかを示すことであると主張するかもしれない。その液体がガソリンであるようにしておくのは我々の仕事、そのメーターを使う者の仕事である。もしこれが本当にそのメーターの機能が理解される仕方であるなら、そのときもちろんメーターはタンクに水があるとき何も誤表象しない。それはタンクに液体が半分入っていると正しく表象する。そして似た可能性がカエルにもある。カエルが食べ物を見つけるのに頼る神経による検出器の機能が単にカエルに小さな動く暗い点の位置を知らせることであるならば、そのときカエルは実験室で影に向かって舌を飛ばしながら飢え死にするのであっても、周りの環境を誤表象してはいない。というのもこの反応を引き起こしている内的表象は完全に正確だからである。それはそれが表示すると想定されているもの——小さな動く暗い点の存在と位置——を表示する。その影は小さな動く暗い点であり、それゆえ何も誤表象されてはいない。

誤表象は二つのものに依存する——表象されている世界の条件と世界が表象される仕方である。我々が見たように、後者はシステムが世界について何を表示するかによってではなく、それが世界について何を表示する機能を持つかによって決定される。そして機能のこの不確定性が残る限り、明確な意味で誤表象が生じると言うことはできない。確定的な機能がなければ、人は言わば常にRSの誤りを免除でき、そうしてそれが何を表示するはずであるかを変えることで、すなわち何を表示する機能をそれが持つのかを変えることで、誤表象の生起を消去することができる。この不確定性こそが、デネット（Dennett, 1987）が独自のあるいは内在的な志向性という考えに反対する彼の議論において劇的に表現しているものである。

これが示すのは、誤表象の生起は、あるシステムの表示機能が何であるかを言うなんらかの原則的な、非恣意的な仕方の存在に依存するということである。タイプⅠとⅡのシステムにおいては我々が機能の源泉であったため、特別な問題はなかった。我々は、言わば集団的に、我々の間で合意することによって、あるいはその装置が何をするはずであるかについての設計者および製造者の言葉を額面どおり受け取ることで、機能の不確定性を消去することができる。もし時計が宣伝通りにカレンダー時計であるならば、そのときそれは日付を表示するはずである。それは今日が月の四日目であると「言う」。だがそうではない。ゆえにそれは日付を誤表象している。問題解決。

タイプⅢのシステムにおいては問題はそう簡単に解決しない。それは内的表示子がある制御機構のために活用されたときにのみうまく解決できる。何が表示されているかにその良い成果が依存するような運動の産出において表示子を使うことによってのみ、この機能上の不確定性は乗り越えることができる、あるいは第四章でそう私は論じるであろう。

6　志向性——指示と意義

もしあるＲＳがｓはＦであることを表示する機能を持つならば、そのとき私は「ｓはＦである」という文によって表される命題をその表象の内容と呼ぶ。表象内容について人が尋ねることのできる質問が常に二つある。第一に、人はその指示——その表象がそれについてのものであるところの対象、人、条件——について尋ねることができる。第二に、人は表象されているものが表象される仕方について尋ねることができる。表象は、それが表象するものについて何を言う、あるいは表示する（またはし損なうとき、それは何を言う、あるいは表示するはずである）のだろうか？　第二の質問は私が表象内容の意義または意味と呼ぶものについての質問である。すべての表象内容は意義と指示、あるいは私が時にそう呼ぶように、トピックとコメント——それが何を言うか（コメント）と何についてそう言うのか（トピック）——の両方を持つ。これら表象システムの二つのアスペクトは志向性の付加的な「すでにある糸と寄り合わせるための」二本の糸を捉えている——志向的状態の「についての」[2]性aboutnessあるいは指示と（志向的状態が命題的内容を持つとき）その内容の文的表現の内包性である。

ネルソン・グッドマン（Goodman, 1976）は黒い馬の写真と彼が黒－馬写真と呼ぶものとを区別した。これは基本的に私のトピックとコメントという区別と同じものである。黒－馬写真はそれらの写真がそれらについてのものであるところの黒い馬を黒い馬として表象する。ある黒い馬が悪い照明の中わずかにピントのずれたカメラで非常に遠くから撮られるのを想像せよ。その馬は遠くからはボケた点に見える。これは黒い馬の写真であるが、ゴールドマンが黒－馬写真と呼ぶものではない。あなたの友人の黒い馬の写真を見るよう招かれたとき、あなたは黒い馬の写真だけでなく、黒－馬写真——その写真の意味するもの denotation、トピック、指示が黒い馬であることが特定可能であるような写真——を見るのを、あるいは黒い馬でなければ少なくとも馬あるいはなんらかの種類の動物、を見るのを期待する。

すべての表象が絵的なものであるとは限らない。多くの表象は、最適な条件下においてさえ、それらの表象する対象と似ているとは期待されていない。言語が適例であるが、タイプⅡのRSの場合においてさえ、ドアベルが鳴ることがドアボタンが押されること（あるいはドアで立っている人）と似ていないこと、またガソリンメーター（少なくとも古い型のもの）がガソリンの満タンに入ったタンクとは似ていないこと、は明らかである。そしてもし、ありそうなことに、ある狼の頭の中に、（そばの何百もの健康な動物は無視しながら）それが執拗に追っている傷ついたトナカイ［原文はカリブーCaribou、北米のトナカイ］のある神経的表象があるならば、そのトナカイの状態、位置、そして動きのこの表象は、写真やドキュメンタリーフィルムが似ているかもしれないようには、恐れおののいているトナカイには実は似ていない。だが写真は単に表象の種類の一つ、その指示対象についての情報が、自分の表象する項目と視覚的に似ている諸要素、によって運ばれるような表象にすぎない。しかしながら非絵画的表象も、同様の特質を示す。それは指示と意味、トピックとコメント、を持つ。私のガソリンメーターは空のガソリンタンクの表象だけでない――それはまた（ものごとが正常にいっているとき）空－タンク表象でもある。タンクが空であることは、そのトピックについてガソリンメーターが表示すること、それが運ぶ情報、それが成すコメントである。私のガソリンタンクはまた非常に錆びているが、メーターはそのトピックのこの特性についてコメントすることはない。

その狼の弱ったトナカイについての内的表象は、弱った－かつ－逃げようとしている－トナカイ表象かもしれないし、そうでないかもしれないが、それは確かに弱った、逃げようとしているトナカイについての表象である。その神経的機構がそれの表象するものをいかに表象するかは、ある程度推測の問題であり、その狼の脳における神経の活性化パターンがそのトナカイについて何を表示するか、および（我々は表象について語っているのだから）獲物について何を表示するのがこれらの感覚－認知諸要素の機能である（そのような機能があるとして）のか、を占うことである。その狼は本当にトナカイをトナカイとして表象しているのだろうか？　弱った足の悪いトナカイを弱った足の悪いものと、して？　もしその狼がトナカイをムース［北米のヘラジカ］と区別できないと（実際はそうでないのだが）判明すれば、第一の質問への答えは間違いなくノーである。ことによるとその狼はトナカイを単になんらかの大きな動物としてしか表象しないのかもしれない。あるいは単に食物として。しかし要点は、その狼が比較的無防備なトナカイを表象するなんらかの手段——実践上の狼的目的にとって、（比較的）無防備なトナカイ性と外延上等しいような生き物についてコメントする仕方——を持たない限り、比較的無防備なトナカイに対するその容赦ない的確な追跡は、人または対象の接近を信号で伝える（表示する）ものを内部に何も持たないのに完璧に仕事をこなす自動ドアのような、絶対的な謎である。その中に何かそれのすること——誰かが近づいたときにドアを開けること——をするために知らねばならないことをその自動ドアに「知らせる」何かがなければならない。

　動物（人間を含めて）が何を見、聞き、嗅ぎ、感じ、信じ、認識し、覚えているかについての我々の通常の記述は、表象のトピックとコメントとの区別を反映している。思うにこれが、ある認知システムがある種の表象システム、恐らくタイプⅢのシステムである、という考えを支えている。例えば我々は、クライドは（遠いとか、カモフラージュされていたとか、雷とか、あるいはクライドが眼鏡を忘れたという事実とかに関わるような様々な理由から）それがクライドにとって黒い馬のように見えなくとも、すなわちそれが（ある哲学者たちがそう表現するのを好むように）黒-馬の見えを提示していなくとも、遠くにいる黒い馬を見ることができる、と言う。クライドはそれが何かわからないが、彼が探していた褐色の牛かもしれないと考える。このように語りながら、そしてそれはありふれた語り方なのだが、我々はクライドの表象が何についての表象であるか（黒い馬）を記述し、どのように彼がそれを表象しているか（褐色の牛として）を言う。グッドマンの言葉では、クライドは黒い馬についての褐色‐牛表象を持つのである。他の時にはことによるとクライドがその黒い馬をいかに表象しているかについて語れることは、遠くにある何かとして、ということだけかもしれない。これがクライドの表象システムがそのトピックについてなしている唯一のコメントかもしれない。これは安い体重計が三・一七ポンドのロースを三ポンドと四ポンドの間のどこかの重さであるとして表象しているのとそう変わらない。それは完全に確定したトピックについての大雑把なコメントである。

クライドの黒い馬との知覚的関係を、ガソリンメーターのガソリンタンクとの関係と比べてみよ。ものごとがうまくいっているとき、そのメーターはタンクについての情報――それが満タンであるという情報――を運ぶ。この情報を運ぶということはそのメーターに与えられた機能であるので、それはタンクが満タンであると表象する。しかしながらそれは、どのタンクが満タンであるかの情報を運ばない。もちろん通常、自動車にはガソリンタンクが一つだけついている。そのメーターはそれと繋がっている。そのメーターがどのトピック（どのタンク）について言及しているのかコメントする理由はない。というのもコメントするようなトピックはたった一つしかないのであり、誰もがそれを知っているからである。しかしながら、そのメーターを異なるタンクに体系的にアクセスさせるようなあるメカニズムを備えた、いくつかの補助的なタンクがあったとしよう。あるいは我々が（例えば無線制御で）クライドのメーターを私のタンクに繋げるものとしよう。この場合、その表象は異なる指示対象、異なるトピック、ただし同じコメントを、持つことになるだろう。そのメーターはクライドのタンクが満タンであるということでなく、私のタンクが満タンであるということを「言う」だろう。

それが他でもないこのことを言っているという事実は、もちろんその表象そのものからは明らかではないだろう。しかし同様にクライドの黒い馬の表象からは、それが本当に黒い馬の表象であるということは明らかではない。このことを知るためには、人は、ちょうどメーターの場合のように、クライドが何と適切な仕方で結び付けられているかを知る必要がある。表象そのものを調べることでは、世界のどのような条件がそれを満たすのか、どのような条件が（それが成立するとき）その表象を正確な表象とするのか、を知ることはできない。このためには人は配線を見なければならない。クライドの場合、彼と黒い馬とを繋げる配線がないため、あなたは彼の表象がどのトピックの表象であるのかを実際に確立する繋がりを見なければならない。視覚の場合、その繋がりは極めて明確に、ほとんどの正常な場合において、何であれ（クライドの目に入ってくる）光がそこから反射してきているものである。[11]

メーターと計器の仕事は、それらが繋がっている項目（ガソリンタンク、回路、シャフトなど）についての情報を運ぶことであり、それらが繋がっているのがどの項目であるかについての情報を運ぶことではない。写真やほとんどの他の形式の表象についても同様である。ある種の知覚的信念——哲学者が *de re* 信念と呼ぶもの（例えば、あれは動いている）——は、それらが表象するのが何であるかについて、それらがコメントするのがどのトピックかについて、それらの指示について、メーターと同様しばしば何も語らない。クライドは遠くの黒い馬を見ることができ、それによって黒い馬についての情報（例えばそれが納屋の近くにいること）を得ることができるが、そのためにはそれが黒い馬であるという情報を得る——言い換えれば、それが何であるかを見る——必要はない。ガソリンメーターが私のタンクの中のガソリンのレベルを、私のタンクの中のガソリンの量として表象することなく表象するように、クライドは私の馬についての信念（あるいは、の表象）を、それが私の馬であると信じることなく（私の馬として、あるいは、ある馬としてさえ表象することなく）持つことができる。

きわめて多くの表象内容がこの *de re* タイプのものである。半分まで入っているガソリンタンクの表象、びっこをひいているあるいは弱っているある動物の表象、押されているドアボタンの表象、木に登っている猫の（あるいは一方が他方の上にいる、という関係にあるものとしての猫の、および木の）表象、がある。これらが *de re* 内容と呼ばれるのは、それについてコメントがなされているもの（*re*）が非表象手段で、すなわちそれがいかに表象されているかとは別に、決定されているからである。これがスー・エレンの写真、写真的表象であり、彼女の双子の姉、エレン・スーのそれでない、ということは、表象そのものからは、すなわち彼女が表象されている仕方からは明白でない――それどころか（彼女らが一卵性双生児であるとすれば）わかりようがない。それが誰の写真であるかを知るためには誰がカメラの前に立っていたかを知らねばならず、この事実はその写真自体からは（双子の姉がいるとして）知ることができない。もし［指示の］因果説が正しいとすれば（例えば Stampe, 1977 参照）、そうした表象の指示は因果関係によって決定される――スー・エレンがそうであったように、その表象の持つ諸性質（例えば顔料の印画紙上における色と分布）に対して因果的に責任があるような対象、条件、あるいは状況［が指示の関係項となる］。

ほとんどのタイプⅡの表象が *de re* の性格を持つものではあるが、比較的単純なシステムが *de dicto* 内容、すなわちいかにそれが表象されているかによって指示が決定されるような内容、を持つような簡単な例がある。その機能がベルトコンベアーの上に乗って通り過ぎるものを追跡し、それぞれの色と順番を登録するのが機能であるような検出器を想像せよ。それがデルタの色（赤）と順番（四番目）を登録しているときにおいては、このメカニズムは赤いものとして、および四番目に通り過ぎるものとしてのデルタ、の de re 表象を提供すると言える。その指示がデルタであるのは、それが今検出器のモニターしているラインの上にある（検出器と因果的に繫がっている）からであり、その意味あるいは意義が「赤で四番である」という表現によって与えられるのは、それが今スキャンしているものについて検出器が表示することであり、かつそう表示するのがその機能だからである。だがその後、その装置がもはやデルタについての事実を直接記録していないときにおいては、その赤いものとしての四番目のものの表象はその性格を変える。そのデルタへの指示、そのデルタの表象、は今や第四番目のものとしてのデルタの記述を通して生じる。この後の段階においては、デルタの色は、デルタがベルトコンベアーの四番目のものであった限りにおいてのみその表象の正しさの決定に関わってくる。もしそうでなければ、たとえデルタが検出器が（誤って）四番目のものとして登録したものであったとしても、デルタの色はその表象の正しさに無関係である。この（後の）表象が正しいものであるために赤くなければならないものは、デルタでなく第四番目のものなのである。その部屋に入る四番目の人がおかしな帽子をかぶっていたという私の一日後の信念と比べてみよ。もし私が、おかしな帽子をかぶっていたと私の信じる人が誰であるかを選び出すことのできる記述を他に何も記憶の中に留めていない（我々が想像した検出器のように）なら、この後の信念は、オリジナルの信念と違って、誰であれその部屋に四番目に入った人についての信念である。私はこの信念を真にする人をまったく見たことがなく、その人とまったく因果的に繋がっていないかもしれない。

この方向をさらに推し進め、ＲＳに投影能力、表示されるパターンを外挿あるいは内挿する手段[3]を与えることで、表象の指示をその表象に対して因果的に責任のある対象からさらに分離することができよう。このようなものは、確かな情報なしに「行為する必要」のある表象駆動型の制御システムにおいて明らかに有用となろう。再び以下のような機能を与えられた我々の検出器を想像せよ。それは複数のベルトコンベアーの上にあるものを同時にモニターし、それぞれの色と順番を記録し、この情報を基にある選別メカニズムの中で適当な調整を行う。それが腐った（赤くない）りんごを取り除くために酷使されている装置であると考えよ。一つのラインに「注意する」ためには他のラインを無視する必要があるので、その装置はそれが「観察」し損なったものたちについて「推測」せねばならない。あるいはそうでなければ、赤いりんごが十分に続くラインからはその検出器が継続的注意をそらすのを許すようなスイッチメカニズムを導入することができよう。ある「安全な」ラインは、そのラインの過去の安全性の記録により決定されるサンプリングの頻度に従って、断続的にサンプルが採られる。その検出器は芳しくない記録を持つラインを「注視」し、良いラインのりんごは大丈夫だと「推論」する。ものごとが順調に行っているならば、この装置は、それが決して調べなかったりんごたちについての表象を含む記録をプリントアウトする。この装置は因果的にまったく関係していない対象についての何かを表示する機能を持つのである。

自然が動物に同様の認知能力を与えているのを想像するのは難しくない。ドナルド・グリフィン（Griffin, 1984）は、Ｊ・Ｌ・グールド（Gould, 1979, 1982）の仕事に基づいて、ミツバチが類似の外挿を行う仕方を記述している。ミツバチは巣の入り口に砂糖水の皿を与えられた。その皿は次に少し離れたところへ移され、蜂たちはそれを見つけることができた。これは繰り返され、飼育者が巣から一〇〇あるいは二〇〇メートル以上離れた時には、蜂たちが前回置かれた場所を越えて次の停止場所となるであろう所（前回の場所から二〇から三〇メートル先）で待ち構えるようになった。蜂たちは、「このすばらしい新しい食料源が動くことや、それをもう一度見つけるためには家からさらに向こうへ飛ぶべきであることを悟ったようである」（206–207）とグリフィンは述べている。そのような外挿メカニズムの利点は明らかである。蜂の探索技術とは別に、次のAについての信念（それを予期、期待、恐れと呼ぼうが呼ぶまいが）を持たない動物は、次のAが危険であるような環境においては長く生き残らないだろう。

表象の指示あるいはトピックについてはもっと多くのことが言えるし、言うべきである。しかし今はその意義あるいは意味、いかにそれがそれの表象するものを表象しているか、そのトピックについてそれがなすコメント、に向かう時である。すべての表象システムは、それらがどんなタイプに属するものであろうと、私が性質特定的 property specific と呼ぶものである。これで私が意味しているのは、あるシステムは、たとえ性質Fを持つすべてのものが性質Gを持つとしても、すべてのFがGであるとしても、何か（sと呼ぼう）を性質Gを持つものとして表象することなしに性質Fを持つものとして表象できる、ということである。もし述語表現「F」と「G」とが共外延的 coextensional（同じものに対して正しく適用される）であったとしても、このことはあるRSが、それがsをGであると表象するまさにそれゆえにsをFと表象する（あるいは逆であっても）であろうということを保証しない。これらの外延的に等値な表現は、かなり異なる表象内容に表現を与える。これは表象システムについての非常に重要な事実である。それはそれらの内容に志向的システムに特有のキメの細かさを与える。それはそれらの内容の言語的表現を外延的なものでなく内包的なものとする。多くの哲学者が心的なものの本質とみなすのはこの特質、およびシステムの誤表象する能力とその要素の指示あるいは「について」性である。

表象内容がこの特異なキメの細かさを示すのは、性質FとGが密接に関連しているため、何であれそれ（あるいは何らかの関連するもの）がGであると表示することなしにFであると表示できないときでさえ、一方を表示することが装置の機能でなくとも他方を表示することがその機能でありうるからである。[12] 何ものもxが色を持つと表示することなしにxが赤いと表示することはできないが、対象が色を持つと表示することがその機能でなくともそれらの対象の色を表示する（例えばそれらが赤いといった）ことはその装置の機能でありうる。

諸性質に対する機能の特定性は、これらの性質が、一方が表示されることなしに他方が表示されることがないような仕方で（例えば論理的あるいは法則的関係によって）関係付けられているときでさえ、付与される機能、すなわち我々が道具や検出器に与える機能を使って容易に説明することができる。というのもここでは機能の付与は、ある性質でない別の性質に対する我々の特別な関心を反映しているだけであるからである。もし我々が、どんな理由であれ、ある多角形の、辺の数でなく角の数に関心を持つならば、我々はある検出装置（あるいは語）に、一方を表示する機能を与えることなく他方を表示する機能を与えることができる。たとえその検出装置（あるいは語）が、あるものが例えば三つの辺を持つということを表示することなしにはそれが三角形［三つの角を持つもの］であると首尾よく表示できないとしても。我々はあるものを、流れている電流の量を表示する機能を与えることなく電圧計（電圧の違いを表示する機能を持つ何か）とすることができる。たとえ抵抗が変化しないゆえにこれら二つの量がある法則的仕方で共に変化するのだとしても。

この現象はタイプⅠとタイプⅡのシステムに対しては説明しやすいが、それはタイプⅢのシステムにおいても容易に生じうる、あるいは生じるのを容易に想像できる。イルカは、彼らのプールの中に置かれた対象の形を五〇フィート離れたところから認識できると言われる。明らかにイルカの中には何か、疑いなくその敏感なソナー装置を含む何かがあり、それが水中の対象の形を表示している。しかしシリンダーをこの距離から間違いなく同定、検出、認識、あるいは識別（ここで適切だと思うどんな認知的動詞でも使えばよい）できるイルカに対し、すべてのシリンダーが（そしてそれらのみが）赤いからというだけで、赤い対象をその距離から同定、検出、認識、あるいは識別する能力を認めるべきではない。もしすべてのシリンダーが（そしてそれらのみが）赤いという事実が偶然的なものであれば、もちろん何かが、Xは赤いと表示することなくXはシリンダーであると表示しうる。このことは、以下の事実から帰結する。すなわち、ある表示子はXの色への依存性を示すことなくXの形への必要な依存性を示すことができる、という事実である。しかしたとえ我々が色と形の間の繫がりがより親密なものであると想定したとしても、我々は、これらの性質の動物の福利健康への異なる関わり方によって、物の色を表示することを機能として持たないがそれらの形を表示することを機能として持つ検出器を想像できるのである。[13]

7　要約

表象システムの諸要素は、内容あるいは意味、何を表示するのがその機能であるかによって定義される内容と意味とを持つ。この意味あるいは内容は、グライスが非自然的意味と呼んだものの一種である。これらの意味は真正の思考や信念の志向的性質の多くを示す。それゆえもしタイプⅢのシステムが存在し、これらがある動物の頭にあるとするならば、ある動物の頭において（1）その動物が直接知覚的接触を持ったことのない世界の諸部分さえ含む、この世界の様々な部分についての何か、（2）世界の諸部分について表象する能力、そして同じくらい重要な、誤表象する能力を持つ何か、および（3）それによって、我々が思考や信念を個別化する仕方と似た仕方で個別化される内容や意味（もちろんそれ自体は頭の中にない）を持つ何か、があることになる。

第四章　信念の説明上の役割

アームストロング（Armstrong, 1973）は、ラムジー（Ramsey, 1931）に従い、信念を我々がそれによって舵を取る地図として記述した。前章では、我々は表象の地図のような特徴――それらが自分の環境の内容と本性を表示する仕方、あるいは表示する機能を持つ仕方――を調べた。だが信念は単に地図であるばかりではない。それらはそれによって我々が舵を取る地図なのである。そしてもしこのメタファーが、私がそうだと考えるように、何らかの妥当性を持つならば、その地図を地図たらしめるもの――それがその土地についての情報を提供しそれを使って人が動くという事実――は、何らかの仕方で、舵を取る方向を決定するのを助けねばならない。もしある構造の意味論的特徴がアウトプットを形成する際にそれがなす仕事と関わらないならば、この構造は、表象であるとしても、信念ではない。信念の満足のいくモデルは、我々の信じていることが我々のすることを決定するのを助ける仕方を明らかにするはずである。

この章の仕事は、この説明を提供すること、アウトプットの決定における、それゆえ行動の説明におけるその役割がその表象内容あるいは意味の根底にある関係によって形作られるような表象が少なくともいくつかはある、ということを示すこと、である。そのような表象とは、思うに、信念である。

1　意味の因果的役割

内容を持つもの、あるいは意味を持つものは、その内容やその意味を持つことがその因果的力とまったく無関係でありながらも原因となりうる。ソプラノ歌手の高声域の哀願調の歌声はグラスを割るかもしれないが、その意味はそれがこの結果をもたらすことに対しては無関係である。グラスに対する結果は、もしそれが何も意味しなかったかあるいは何かまったく異なることを意味したとしても同じだろう。

そのソプラノ歌手の音響的アウトプットに当てはまることは、理由——我々がお互いの行動を説明するのに訴える、内容を持つ心的状態（信念、欲求、恐れ、後悔）——についても当てはまる。我々はデイヴィドソン（Davidson, 1963）に従い、理由とは原因である、と言うことができるが、問題はそれらが理由であるということがどのようにしてそれらの運動アウトプットへの効果へ寄与するのか、あるいはそれを説明するのを助けるのかを理解することである。もう何度も指摘されてきたことであるが、理由は我々をある仕方で行動させるものの、それらは、そう記述されている限りでは、それらが引き起こす行動を説明しないかもしれない（McGinn, 1979; Mackie, 1979; Honderich, 1982; Robinson, 1982; Sosa, 1984; Skillen, 1984; Follesdal, 1985; Stoutland, 1976, 1980; Tuomela, 1977)。マッギン (McGinn, 1979: 30) はこう表現している。「理由を挙げることは真に説明的である、というテーゼを擁護するためには、我々は理由が理由として記述された時にも説明できるということを示す必要がある」。理由が内容を持つという事実、それらが意味論的特徴を持つという事実、はそれらが生み出すこの種の結果と関連するものでなければならない。もし意味を持つ脳の構造が、ソプラノ歌手の音響的産出がグラスに作用する仕方で運動アウトプットに作用するのであれば、これらの神経系の構造の意味は因果的に不活性 inert である。たとえもしそれがそこにあっても、それは何もすることはない。もし心を持つことが頭にこの種の意味を持つことであるならば、人は心もまた持たないのかもしれない。

ホーグランド (Haugeland, 1985: 40) は、この問題は心身の相互作用についての古い問題の唯物論的な枠組みにおける再演にすぎない、と述べる。唯物論者は、思考は、他のすべてのものと同じように、単なる物理的対象——たぶん（思考の場合）神経系の状態あるいは構造——にすぎない、と主張することでこの困難から逃れようと考える。もちろんそれはそうかもしれないが、ではこれらの物理的構造の意味についてはどうだろうか？　それらは、対象の質量、電荷、および速度のように、それを持つことがこれらの神経系の構造が相互作用する仕方に違いを、因果的違いをもたらしうる諸性質のようなものなのであろうか？　もし意味すること、あるいは何かが意味を持つこと、がそれに期待されている類の仕事——もしそれが我々はなぜそうするのかを説明する助けとなるはずなのであれば——をすることであるならば、それは筋肉や腺を制御する電気的および化学的メカニズムの働きに影響を与えるものでなければならないように思われる。このことはどのようになされると考えられるのであろうか？　明らかに、これは、心的素材と物質との間の相互作用と同じくらいの謎である。

私の課題は、どうやってこの当惑を唯物論的形而上学の枠内で避けることができるか、を示すことである。私はもちろん、意味そのものが原因であると示そうとするのではない。意味が他のどのようなものであれ、それは確かに出来事のように時空の中にあり何かを生じさせる特定のものではない。それはむしろ、抽象的実体、赤さや三角形性のような普遍的性質の本性により近い何かである。意味そのものの因果的効力を示そうとすることは、人類、正義、あるいは三角形性の因果的効力を示そうとすることのようになるだろう。そうではなく、意味の因果的役割の可能性を探究する際に、人は意味そのものが原因である可能性でなく、あるものが意味を持つことが原因であることの、あるいは何かが意味を持つという事実がその当のものについて因果的に関連する事実である可能性、を探究しているのである。グラスに与える効果を考察する際に、その音が意味を持つことはその音についての因果的に関連する事実であろうか？　その音が意味を持つことがそれがなぜグラスを割ったかを説明する、あるいは説明するのを助けるだろうか？

我々は、以下のような過程がいくつかはある、ということを見るだろう。すなわち、そこにおいて真正の認知的構造が展開する過程――そこにおいてある要素の、それが属するシステムの全体としてのはたらきの中における因果的役割が、その表示性質 indicator properties によって、すなわちそれが情報を運ぶという事実によって、決定されるような過程――である。その要素はそれがあれを表示するゆえにこれをする。ある構造の意味とその因果的役割の間のこの繋がりは、直接的ではないものの、信念の説明上の役割の根底にある繋がりである、と私は論じる。信念とはその意味、すなわちその地図のような特性を、情報を実際に使うことによって獲得する表象的構造である。そこにおける情報とは、信念がそれの属するシステムの舵を取るにあたって、それを運ぶのをその機能とするような情報である[1]。

我々は、信念の説明上の役割、したがって、ある構造の意味論的性質の説明上の役割、を探しているのだということを忘れてはならない。もしあるシンボルの意味がそのシンボルの物理的諸性質と結び付けられるならば――もしシンボルの意味論が、フォーダー（Fodor, 1980）が表現するように、その構文論プラス・マイナスちょっと、において忠実に反映されているならば――そのとき意味は、説明上は関連性がなくとも予測上は有用であると判明するかもしれない。もし私がその高い音符がアリア［オペラの独唱曲］においてある特定の意味を持つ唯一の楽節であると知っているならば、私はそのグラスがある意味を持つある楽節が歌われた時に割れるだろうと予測できる。それらの語がこの意味を持つという事実は、しかしながら、なぜそのグラスが割れたのかを説明しはしない。むしろ、ある音がある意味を持つということがこの物理的結果を説明する他の何か（その音が十分な高さと大きさを持つこと）と同時に起こるということである。それどころかもし意味論的特徴が十分頻繁に正しい構文論的特徴と同時に生じるならば、有用な（予測のために有用な）一般化が意味論的語彙によって定式化できると判明するかもしれない。さらには我々の内的状態の因果的に関連する形式的諸性質の目録もしくは索引を作ることとさえ方法論上の目的のためには有用、ことによると本質的なことかもしれない（例えばLoar, 1981; Pylyshyn, 1984参照）。しかし、たとえそれが事実であると判明したとしても、このことは意味を関連する説明上の概念へと変換しはしない。もし信念や欲求がこの仕方で行動を説明するならば、そのとき我々が何を信じ欲するか（我々の信念や欲求の内容）は、我々がすることを予測するためにいかに有用であろうと、我々が現にすることとの説明の一部とはならないだろう。そのとき関連するようになるのは、これらの意味を持つものの物理的諸性質であり、それらがこれらの意味を持つという事実ではない。意味の説明上の役割のこの説明においては、意味は、それが現在音響効果の科学における説明に対して持つ関連性と同じくらいしか、人間および動物の行動の説明に対して関連性を持たない――すなわちまったく無関係である――ということになるであろう。

もちろんこれこそがまさに、心的過程のコンピュータ・シミュレーションが時に実際以上の何かに見える、コンピュータが自分の操作するシンボルによってすることが、時にこれらのシンボルの意味するものに依存するように見える理由である。異論を唱えることは可能であるが、コンピュータが操作するシンボルは意味を持つ、ということにしよう。そのときもし我々が、これらのシンボルを操作するためのプログラムであり、何らかの関連する仕方でそれらの意味の間の意味論的関係を保存するようなものを作るとしたら、これらのシンボルが意味するものはシンボルに対して何が起こるかに違いをもたらすように見えるだろう。言い換えれば、そのコンピュータが何をするか――それが何をモニターにディスプレーするか、それがプリンターに何をプリントしろと言うか、あるいは、我々がロボットを扱っているならば、それがどんなモーターと筒型コイルを作動させるか――が、それが処理している諸要素の意味によって説明できるように見えるだろう。言い換えれば、あたかもこれらのシンボルがコンピュータにとって何かを意味するように見えるだろう。そのロボットがそこへ行ったのは、それがこれを考え、あれを欲したからである。もちろんこれは錯覚である。それは良いプログラミングが助長しようと専心している錯覚である。その装置がなぜあなたの質問に答えて「はい」とプリントしたのかを説明するものは、そのコンピュータがこれを知っていた、あれを考えた、あれらの事実をそのデータベースに持っていた、これらの推論をした、あるいはそれどころか何が起こっていたかについて何か理解していた、という事実でもない。その機械の内部のはたらきについてのこれらの意味論的特徴づけは予測上有用かもしれないが、それはただ、意識的な設計によって、まったく異なる（しかし適切に関係付けられた）諸性質を持つことによってその機械のアウトプットを説明するような諸要素に、当の意味が付与されてきたからにすぎない。デネットの馴染みの用語を使えば、現代のコンピュータは志向的スタンス、すなわちその中で我々が思考と欲求とを帰属するスタンス、予測上有用なスタンス、をとるよう意識的にデザインされた機械である。[2] 誤りは、そのような機械に対してこのスタンスをとることで何かが説明されると考えることにある。

もしこれが意味に対してできる最善のことであれば――そして多くの哲学者が、様々な理由から、様々な程度でそうだと結論したのだが[3]（例えばLoar, 1981; Fodor, 1980, 1987a; Pylyshyn, 1984; Stich, 1983; Churchland, 1981; Dretske, 1981参照）――そのとき心理学における説明上の存在者として信念と欲求を支持する根拠は、音響効果の科学における意味の説明上の役割を支持する根拠とまったく同じくらいの強さしかないということになる。

しかしもっと良い何かができるのであり、それをすること――ある要素の意味の根底にある諸関係、それが別の状況について何か言うことを可能たらしめる諸関係、がそれを含むシステムの行動の説明に現れる仕方を記述すること——がこの章における私の目的である。我々に必要なのは、理由が理由であるゆえに、すなわち他の諸状況と意味論的に関連する関係に立つゆえに、行動——理由がこの内容を持つゆえに、合理化するのを助けるような行動——を因果的に説明する仕方の話である。

この目的の追求においては、中間の認知的過程あるいは主体を媒介して達成されたような結果は避けることが重要である。したがって例えば、私の自動車のガソリンタンクは私が正しい時と場所で特定の意味を持つ音を発するとき、すなわち「満タン、よろしく」と私が言うとき、ガソリンで満たされる。もし私がかなり異なる意味を持つ音を出すなら、タンクは満たされない。そしてもし、異なる時間と場所で、私が同じ（あるいは似た）意味を持つ完全に異なる音（例えば、"Benzina, per favour"「ガソリン、よろしく」という意味のイタリア語）を出すならば、同じ結果が達成される。それゆえ望まれた結果をもたらしているのは私が出す音でなくそれらの意味であるように見える。なぜ私のガソリンタンクが満たされたのかを説明する、あるいは説明するのを助けるのは、私が何を言うかであり、いかに私がそれを言うかではない。

我々はこのような結果を避けねばならないと私は言っている。このプロジェクトが目指すのは、何かが意味を持っているということがどのようにしてそれ自体である物理的結果——行動のほとんどの形態にとって求められる類の結果（例えば筋肉の収縮）——を持つことができるのかを理解すること、そしてこれを頭の中の利口な小人たちの助けを取り付けることなしに、ガソリンスタンドの店員のように、入ってくる信号の意味を理解する仮説的な認知的活動の中枢に訴えることなしに、理解することである。何か便利だが純粋に仮説的な意味‐理解者でなく、意味そのものが、その仕事をなさねばならない。やってくる刺激を理解する（＝の意味を知る）ことでそれらの物理的結果（例えば運動神経への）を達成する媒介者を導入することは、我々が解明しようとしているまさにその謎を我々の解答の中へと内挿することである。というのも意味－理解者について語ることは、それに対して意味が、そして意味の違いが、効果を持つような何か、について語ることだからである。意味－理解者はまさに問題なのであり、我々が解答の中で使えるようなものではない。

これまでの章における考察によって、我々はこの問題に前進への現実的な望みを持って立ち向かえる場所に来た。第一章と第二章の主要な結果は、行動、すなわち我々が信念や欲求などの内容を持つ存在者へ言及するときに説明しようとしているもの、は物理的な運動や変化ではなく、後者は行動の標準的な産物である、ということであった。我々が、因果的にであれそれ以外であれ、説明しようとしているものは、なぜ我々の手足が動くかではなくなぜ我々がそれらを動かすか、である。

したがって被説明項、すなわち説明されるべきものとは、なぜある過程が生じたのか、（構築する原因の場合）なぜ（他の結果でなく）Mがある内的なCによって生み出されているのか、である。さらに、第三章の結果を前提すれば、このCとMとの因果的関係は、もしそれがCの意味のようなものによって説明されようというのであれば、それはものごとが世界の他の場所でどのようにあるかをCが表示する、あるいは表示する機能を持つ、という事実によって説明されねばならないだろう。Fを表示するようなあるCにMを引き起こさせるだけでは十分ではない。我々は、それがFを表示する、という事実がCについての説明上関連する事実――なぜそれがMを引き起こすのかを説明する、あるいは説明するのを助けるCについての事実――であって欲しいのである。なされなければならないこ

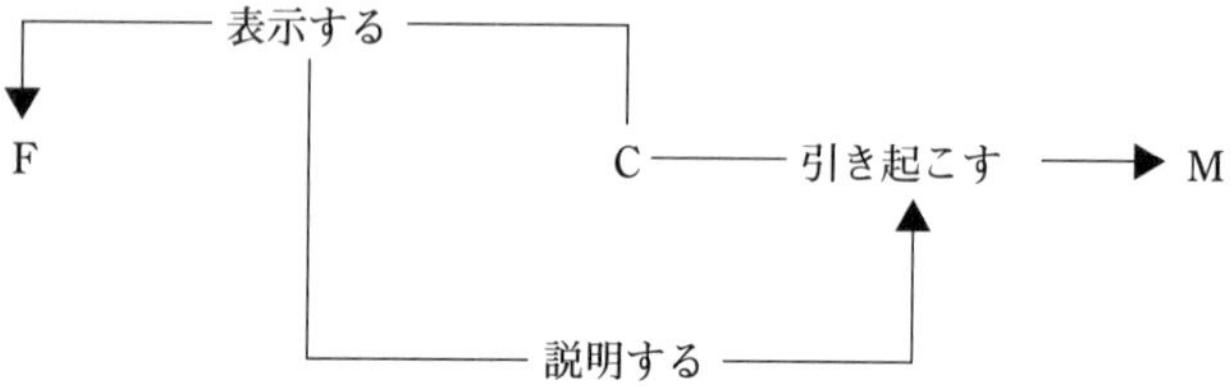

図4－1

とは、ある関係、すなわちCの意味論的特徴の根底にある関係の存在が、どのようにしてもう一つの別の関係、（CとMとの間の）当の行動全体を形成する因果的関係、の存在を説明できるかを示すことである。Cの表示する条件をFによって表すとすると、我々が示さなければならないことは図4－1のように図示することができる。

ひとたびCがMの原因として採用されたならば――そしてそれがFについて表示する内容ゆえにMの原因として採用されたのであれば――Cはそれによって Fを表示する機能を獲得する。したがって、CはFを表象することになる。Cはその自然的意味の成分[4]（それがFを表示するという事実）が説明上の関連性を獲得するまさにそのときその意味論を、真正な意味を、獲得するのである。まさにこれゆえに、信念はそれを使って我々が舵を取るような地図なのである。（Cのような）ある表示要素が表象となるのは、それが表示する内容の一部（それがFを表示するという事実）をそれ自身についての説明上関連する事実へと昇格させることによってである。信念は、その自然的意味が行動の説明においてなすべき仕事を与えられることによって非自然的意味の形態へと転換された表示子にすぎない。あなたが何を信じているかがあなたが何をするかと関連しているのは、信念がまさにアウトプットに対する制御を獲得し、したがってシステムの行動の説明と関連するようになった内的構造だからである。それら内的構造がシステムの行動の説明と関連するようになるのは、満足のいく仕方で働いているとき、それらが外的諸条件について表示する内容ゆえである。

そうであれば、我々がなさねばならないことは、図4－1に描かれた説明上の関係、CがFを表示することとCがMを引き起こすこととの間の関係、がある自然な仕方で起こりうるということを示すことである。ひとたびこれがなされれば、我々は、信念が行動の説明に登場するかもしれない仕方のモデル——そして、それゆえ理由が我々のすることを決定するのを助けうる仕方のモデル——を持つことになろう。この（「かもしれない」と「うる」という制限に反映された）つつましさが必要なのは、欲求および他の動機となる状態がこの説明上の描像に組み込まれる仕方についてまだ何も言われていないからである。我々が電話を取るのは、我々がそれが鳴っていると思うからだけでなく、電話が鳴ったときはそれに出たいからでもある。これは後の章のトピックである。

しかしながら、このギャップを抜きにしても、信念についての我々の話の妥当性について、より深い問題があるのは間違いない。たとえもしある内的表示子が表示機能を、それゆえ意味、あるいは内容を、それによってこの内容が行動の説明と関連するようになる過程の中で獲得できるということが示せるとしても、そのような単純で、ほとんど機械的な信念のモデルが日常の行為において理由が機能する仕方の現実的な描写となりうるのだろうか、と疑われるかもしれない。本当に我々の人間行動の通常の説明は、この種の組み立て玩具のような、プッシュプル式[1]の特質をそれらに対して持つと考えてよいのだろうか？　恐らくねずみや鳩にとっては、それでいいのかもしれない。しかしある人が毎週教会へ足を運ぶこと、親の犠牲、あるいは復讐の行いを説明する際に、我々は本当に内的表示子のはたらきについて語っているのであろうか？　何についての表示子だって？　救済？　神的存在？来世？　正義？

　この説明要求——その他のことについては自然主義的な心の説明に好意的な者たちの間でさえ非常に深刻でもっともな異議申し立て——には（どれほど成功しているかの判断は人に委ねるが）最後の章で向き合うことになろう。我々がこの章で目指しているものは、それほど野心的でないものである。すなわち、根本的な認知の基礎単位についての説明——それがどれほど過度に単純化され粗雑なものにならねばならないとしても——である。我々がこの章および次の章で目指しているものは、志向的システム、すなわちその行動が理由によって説明できるシステム、がそこから構築されるような諸要素である。どのようにしてこれらの根本的な諸要素が組み合わされて知性的な行動のより現実的な描写を与えうるかについては、後のために残しておく。

2　なぜ機械はあのように行動するのか

　図4-1に表された諸関係の構造を説明するためには、単純な人工物から始めるのが有用である。道具や機械は信念や欲求を持たないし、ましてや信じていることや欲していることゆえに何かをすることはないものの、それらはそれでも何かをする。そしてこの行動のいくらかは、少なくとも間接的には、我々が動物の行動の説明をする仕方と類比的な仕方で説明できる。これらの説明は、その装置を作る者、使う者の目的と信念を本質的に使用するため、そのような説明の存在によっては哲学的に

興味深いことは何も、目的と信念の究極的本性を理解するのを助けるようなものは何も、明らかにされない。それにもかかわらず、これらの説明と真に興味深い説明との間には、ある、意味深い類似性があるのであり、私がこうした人工物の事例から始めるのは、これらの類似性を強調するためである。

以前の章で、私はサーモスタットの行動を記述した。室温の低下はこの器具の中のバイメタルを因果的に曲がらせる。調整可能な接触の位置によっては、その曲がりゆく金属片は最後には電気回路を閉じる。電流が暖房炉へ流れ込み、点火が生じる。そのサーモスタットの行動、それが暖房を入れること、はサーモスタットの中で生じている出来事――この場合（他のサーモスタットでは違うかもしれないが）、温度に敏感な金属片の動きによりスイッチが入ること――による暖房炉の点火の引き起こしである。

なぜその装置が暖房を入れたかを尋ねるとき、我々はなぜこれらの内的出来事――その詳細はどのようなものであろうと――が暖房炉の点火を引き起こしたのかを尋ねている。第二章で見たように、室温の低下は、バイメタルを因果的に曲げ、そうすることで因果的に暖房炉を点火したものの、そしてそれはそれゆえこの過程の（そしてそれゆえこの過程――暖房炉の点火――の産物の）起動する原因として同定されるかもしれないが、この行動の構築する原因ではない。室温の低下はCを引き起こすが、後者こそが（その配線のされ方を前提すれば）Mを引き起こすのである。言わば、それはMをその成果として持つような過程を開始するのである。しかしそれは因果的にCにMを引き起こさせるものではない。それゆえそれは、なぜそのサーモスタットがこのように振舞うのか――なぜそれが、例えば車庫のドアを開くのでも皿洗い機を作動させるのでもなく、暖房を入れるのか――を理解する助けにはならない。

　しかしもし室温の低下がこの意味でサーモスタットの行動の原因（構築原因）でないのであれば、もしそれが因果的にサーモスタットに暖房を入れさせたのでなければ、何がしたというのだろう？我々がしたのである。バイメタルの動きが因果的に暖房炉を点火させたのは、それがそのように設計され、製造され、設置されたからである。我々が配置してこの温度に敏感な部品が、調整可能なはめ込み台の位置により、暖房炉までの電気回路を閉じ、それによって暖房炉が点火するようにしたのである。我々は、暖房炉の点火が何らかの体系的な仕方で室温に依存するようにしたかったのであり、ゆえに我々は適切な因果的不確定性——同時に温度計でもあるような切り替え装置、それが室温について表示する内容に依存して因果的に暖房炉を点火するような何か——を導入したのである。もし誰かもしくは何かが、CがMを引き起こすことに、そしてそれゆえそのサーモスタットがそう振舞うのに責任があるとすれば、それはそれを作った我々である。

　ゆえに（図4-1へ言及しながら）我々が因果的にCにMを引き起こさせたのである。しかしながら、我々がそれをしたのは、Cについてのある事実ゆえである。そのバイメタルが暖房炉のスイッチに利用された、すなわちMの原因にされたのは、それが特別な性質——その形が温度によって体系的に変化し、そしてそれゆえそれについて何かを表示する、という性質——を持つからである。この金属片に因果的役割が与えられ、この室温調節システムのはたらきにおける（言わば）制御義務が付与されるのは、それが特定の量について表示する内容ゆえである。究極的には、その金属片がそうしたことを引き起こすのは、それがそうしたことを表示するゆえなのである。[5]

すべき仕事をそのバイメタルが与えられるのは、すなわち暖房炉の電気的スイッチの一部にされるのは、それが室温について表示する内容ゆえである。そうであるゆえに、それはそれによって温度がどうであるかを表示する機能を獲得する。我々は、タイプⅡの表象システムを持つことになる。（室温についての）内的表示子が温度を表示する機能を獲得するのは、それがある制御回路、すなわち温度が下がりすぎた時に暖房を入れるという、その満足のいくはたらきが、温度を表示することにおけるこの部品の信頼に足る性能に依存するような制御回路、へと組み込まれることによってである。[6] 我々はここで（タイプⅡの）表象について、それゆえ誤表象について、語ることができるが、それはその装置の内的表示子が適切な機能――その器械へそれがすると想定されていることをするために知らねばならないことを教えるという機能――を付与されているからである。

このとき、ある派生的な意味において、Cが（言わば我々を通じて）このようなことを引き起こすということを説明するのは、Cがそのようなことを意味するという事実、すなわちそれが温度を表示するという事実である。そしてそれがそのようなことを意味するゆえにそのようなことを引き起こす、あるいは引き起こすようにされているということが、まさにその表示子にそのようなことを表示する機能を与えるものであり、かつそれゆえ表象の地位を授与するものなのである。内的表示子が真正な（派生的なものであれ）意味を獲得する――タイプⅡの表象内容を獲得する――のは、その自然的意味、それがFを表示するという事実に、アウトプットの産出におけるその因果的役割を決定させることによってである。図4－1の表現を使えば、状況は図4－2のように見える。（CとFの間の）表示関係は、それ――CがFを表示するという事実――がCとMとの間の因果関係を説明する限りにおいて、

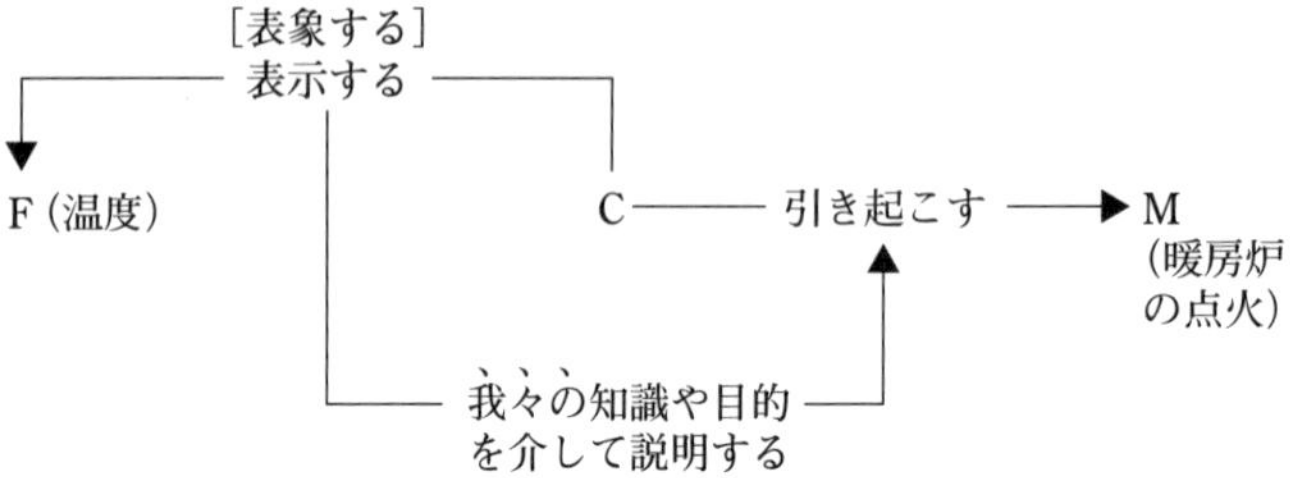

図４－２

表象関係となる。

　サーモスタットの行動についてのこの話は、志向的および目的論的概念が混入しており、それゆえ意味の因果的効力を理解するという我々の試みにおいて意味深い進展を示すものではない。図４－２が明らかにするように、Ｃの因果的効力は、ＣのＦへの依存性を認識し、ＭがＦに依存することを欲するゆえにＭの産出においてＣに因果的役割を与える主体（設計者、製造者、設置者）の媒介によって達成されている。この説明上の物語への我々の目的の侵入は、設計者が混乱している状況――Ｃが、必要とされる仕方でＦに依存せずそれゆえＦについて何も表示しないのに、それでもＦに依存すると考えられている状況――について考察すれば特に明らかである。もしこれが生じれば、Ｃにはまったく同じ因果的役割が与えられるだろう（あるいはかもしれない）ことに疑念の余地はない。そのような場合、ＣはＦを表示しないだろう。だがそれでも我々の誤った信念のため、ＣはＭを引き起こす（引き起こすようにされる）だろう。

　それにもかかわらず、サーモスタットの例、および様々な他の制御装置の例は示唆的である。それらは真正の意味の根底にある諸関係、すなわちタイプⅡとタイプⅢの表象がそこから形作られるような表示関係が、ある状態（C）が制御義務を獲得することについての説明、それゆえそれを含むシステム（Cがその部分であるようなシステム）の行動（CがMを引き起こすこと）の説明に登場するかもしれないある仕方を示唆する。

私がこの章の残りにおいて展開しようとしているのは、これらの示唆的手掛かりである。その考えは以下のようなものとなる。有機体の通常の発達の中で、特定の内的構造はそれらがその部分であるようなシステムの周縁の動きに対するコントロールを獲得する。さらに、制御義務についてのこの想定への説明、もしくはその説明の一部となるものは、その中においてこれらの運動が生じ、かつそれらの成功がそれに依存するような外的環境について（人工物の場合のように）誰かがこれらの構造が何を意味したり表示したりすると思うかではなく、それらが実際に何を意味したり表示したりするか、である。周縁の動きに対して（それらが表示する内容ゆえに）コントロールを獲得していく過程において、そのような構造は表示機能、それゆえものごとがいかにあるかについての誤表象の能力を獲得する。そのときこれは真正な意味の起源であり、また同時に、この意味が行動と関連させられる点についての報告である。

我々は、植物や動物において制御目的のために検出メカニズムが生み出される仕方を見ることにより、我々の望むものへと――我々（志向的主体）を説明上の描像から取り除くことへと――少し近づくことができる。これらの事例のいくつかにおいては、我々が人工物に対して演じるような役割を自然選択が演じる。主要な違いは、自然選択はシステムを文字通り設計することはない、ということである。人間主体が、ものができること（あるいは設計者ができると考えること）のゆえに部品を設置し制御機能を付与する、といったことと比較できるようなものはない。この理由により、制御メカニズムの進化上の発達は、それが志向的主体の助けなしに進行するゆえに、我々の究極的目的――図4-1に描かれた完全に自然化された説明上の関係についての説明――へともっと近づくことを約束するのである。これは我々がまさしく必要としているものではまだない、ということが判明するが、その足りない箇所は啓発的である。

3　本能的行動の説明

特定の行動パターン――一般に本能的、生得的、もしくは遺伝的に決定されていると考えられているもの――は、繰り返される状況に対してすばやく、確実に、そして決まりきった仕方で反応することの適応的優位性ゆえに幾多の世代を通して発達してきた内的起動メカニズムを含んでいると考えるのはもっともであるように思われる。もしMが常に、あるいはほとんど常に、条件Fにおいて有益であるとするならば、システムをFが生じたときにMを生み出すよう配線してしまわない手はないだろう。

我々はすでに植物の行動について語った。この行動のいくらかは内的表示子のはたらきに依存する。第二章で述べたように、ある木が寒く乾燥した気候が近づくと葉を落とすことは重要である。これが適切な時になされるためには、木の中にあって落葉（M）へと至る化学的活動を始めるもの（C）が何であろうとも、それ自身は季節の変化に敏感なメカニズム――恐らく何らかの生物学的時計、あるいは季節の変化に特徴的な漸次的な気温の勾配に反応する温度センサー、あるいは冬が近づくにつれ日照時間が短縮するのを伝える光受容体――である（あるいはそれと繋がっている）ことが本質的である。これこそが、休眠状態、葉の自然な脱落、および開花のような活動が、そこにおけるこれらの行動が植物にとって有益である外的諸条件と同期しうる、唯一の仕方である。

これと関連して、生物学者のレーヴン、エヴァート、カーティス（Raven, Evert, and Curtis, 1981: 529）が植物の情報上の要求を描写するのに耳を傾けるのは面白い。

> 通常の休眠期間の後、気温が穏やかとなる、あるいは水もしくは他の限定的要因が再び利用できるようになると、成長が再び始まる。しかしながら、休眠状態のつぼみあるいは胎芽は、特定の、しばしば実に正確な、環境的手掛かりによってしか「活性化」されない。この適応は植物にとって生存のために極めて重要なものである。例えば、春に植物の芽は伸び、花が形成され、種子が発芽する――だがいかにしてそれらは春を認識するのか［ドレッキの強調］？ もし暖かい気候のみで十分であれば、晩秋の小春日和の間にすべての植物は開花してすべての種子は成長を始め、冬の霜によって幾多の年月のうちに全滅することになるだろう。同じことは、どれであれ冬をしばしば中断させる暖かい期間についても言える。休眠中の種子や芽がこれらの一見した好条件に反応しないのは、休眠期間が終了する前にまず除去されるあるいは無効にされねばならない内生の抑制要因ゆえである。

そのような場合、春に因果的に芽を伸ばし、花を形成させ、種子を発芽させるものは何であれ、それが正しい時期に、その植物がそれの引き起こした活動（成長、発芽、など）から利益をうるときに、生じる傾向があったゆえに、この仕事のために選択されたものであると考えるのが妥当であるように思われる。言い換えれば、成長の、発芽の、開花の、そして落葉の化学的誘因 trigger［起動原因としての］[7]は、一年の中の、この活動が植物にとって最も有益であるような時期との多少なりとも信頼できる相関関係によって、幾多の世代を経てその仕事のために選択されてきたのである。ここにもまた我々は、少なくとも部分的にはその表示するものとしての性質によって説明されるような、アウトプットの産出におけるある構造の因果的役割を見出すことができる。

我々は先に、いかに捕食菌類が小さな昆虫やその他の虫を捕らえ、殺し、消費する（食べる？）のかを見た。これらの植物がその獲物をわなで捕らえるのに使うメカニズムは、動き（F）についての敏感な表示子（C）を具現している。これらの表示子は、ひとたび動きによって活性化されると、その獲物を「つかむ」もしくは「握る」リングのすばやい膨張（M）を引き起こす。より洗練された植物は、より識別能力の高いセンサーを持つ。例えばジゴクは、葉の半分の上に敏感な毛を備えている。その葉の上を昆虫が歩くと、これらの毛にかすり、葉が罠のように閉じるのを誘発する。葉の半分は圧縮されて閉じ、その昆虫を葉の内側の表面にある消化腺に押し付ける。この罠のメカニズムは非常に特化されており、生きている獲物と偶然葉の上に落ちてくる小石や小さな棒のような無生物の対象とを区別できるほどである。ここでもまた、葉の動き（M）は特定の種類の動き、通常なんらかの消化可能な獲物によって生み出されるような類の動き、が生じたことを知らせる内的状態（C）によって引き起こされる。そしてこの内的誘因が、それの表示する内容ゆえに、すなわち獲物をより効果的に捕らえるために知る必要のあること（すなわちその葉をいつ閉じるべきか）をそれがその植物に教えるゆえに、その仕事をするよう選択されたのだと考える十分な理由がある。

　ある植物の行動（それが葉を閉じること、虫を捕らえること、あるいは線虫を絞め殺すこと）を、内的表示子を活性化させることにより葉の動き、虫の包み込み、あるいは線虫の絞め殺しをもたらす出来事を記述することによって説明することは、単に植物の行動の起動原因――（Cによる）それについて内的に表示することが（恐らく自然選択によって）CにMを引き起こすよう導いた条件（F）――を記述する一つの仕方である。だがその植物の葉の上の昆虫の動きが葉を閉じる（M）ことに至る過程を起動するとしても、それはなぜその過程が他の結果でなくこの結果を持つのか、を説明しはしない。もし我々が植物の行動の構築原因、その植物がなぜこれをしたのかについての説明、が欲しいなら、我々はCのでなく、Mのでもなく、CがMを引き起こすことの原因を探さねばならない。そしてここにおいては、サーモスタットの場合と同様、我々は説明がCについてのある事実へと戻ってくるのを見出す。なぜ幾多の世代を通してCが選択された、設置された、あるいはMの原因となるようにされたか、を説明するのは、Cの表示子としての地位についての事実――それがある種の動き、通常（あるいはしばしば、もしくは十分頻繁に）消化可能な虫によって生み出される類の動き、の生起を記録するという事実――である。Mは条件Fにおいて（しかし他の状況においては一般的にはそうでない）生じるときその植物にとって有益であるため、Fについてのある表示がMを生み出す仕事を与えられる。葉の動きを制御する現在の役割を、サーモスタットのバイメタルについての対応する事実が、その設計者の目的を介し、暖房炉を統制するその因果的役割を説明するのと同じ仕方で自然選択によって説明するのは、Cについてのこの事実なのである。

植物について言えることは、動物についても言える。ヤガ科の蛾の聴覚システムは、明らかにその主要な捕食者であるコウモリを考慮に入れて設計されている。その蛾の耳は他の動物には聞こえる音声的刺激の多くについての情報を伝えない。例えば長い一様な音は、その受容器に何の反応も引き出さない。コウモリは、高周波の破裂音を出すのであり、その蛾の受容器はそれをピックアップして反応するよう「設計」されているのである。その蛾の耳は、主要な、そして最優先の重要性をもつある課題——その夜間の敵と結びついた手掛かりの検出——をもつ（Alcock, 1984: 133）。そしてその行動のレパートリーは同様に制限され単純である——それは弱い超音波（遠くにいるコウモリ）を避け、強い超音波（接近してくるコウモリ）に対し不規則に急速に低下したり、くるりと方向転換したり、渦巻き型に飛んだりする。

なぜその蛾の神経系はこのように発達したのだろうか？　なぜそれはこの種の神経の配線、すなわち蛾の位置を（やって来る音に相対的に）自動的に調整し、それゆえその動きの方向をその音の源泉と接触するのを避けるよう調整する配線を遺伝的に受け継いでいるのであろうか？　答えは明らかに、その蛾がコウモリを避けることができるようにするためである。その蛾の中枢神経系の比較的単純な配線図を調べれば、位置、それゆえ蛾の動きの方向（M）を調整する運動神経は、介在ニューロンのネットワークを通して、音の源泉（F）の場所（距離と方向）を表示する構造によって制御されているのが分かる。これらの事例（そしてこれらは動物界を通して運動制御システムに典型的に見られる事例である）について進化論が我々に教えることには、Cによる M の産出は、少なくとも部分的には、それが F を表示することの結果である。M が F を表示するものによって生み出されるのは、そのような配列が競争上の優位性をその所有者に与えるからである。もしあなたが条件 F において M に生じて欲しいが他の場合一般にはそうでないとして、そして F は、それ自体では M を生み出さないとしたら、最も良い戦略（それどころか唯一の戦略）は、F を表示するものを M の原因としてしまうことである。もしそれが、そのような表示子を持たないならば、与えればよい。これはエンジニアがサーモスタットのような制御システムを設計するときに辿る道筋である。それはまた自然が、植物や動物の設計において、それ自身の非目的的な仕方で辿る道筋でもある。

動物の本能的、生得的行動の制御システムの進化論的発達は、図 4－2 のように、内挿された主体を含まないものの、それでもそれはもう一つの理由から図 4－2 の説明上の要請を満たさない。クミンス（Cummins, 1975）が述べるように、自然選択（これが進化上の変化のための主要な圧力であると仮定して）はなぜ有機体が、そのために選択されてきたところの諸性質を持つのか、ということを、クライドが赤い頭を好むということがなぜクライドの現在のお気に入りのドリスが赤い髪をしているかを説明する以上には説明しない。それは、むしろ方向が逆である――彼女が赤い髪をしていることが、なぜクライドが彼女を選択したかを説明するのである。特定の蛾におけるニューロンの回路構成、すなわちそのおかげでコウモリの接近の内的サインが回避的な羽の運動を引き起こす繋がりは、他の表現型の構造と同様に、その蛾が先祖から受け継いだ遺伝子によって因果的に説明されなければならない。このことは、本性 nature と育ち nurture との間に、すなわち、行動の遺伝的決定要因と環境の決定要因との間にはっきりした区別があることを示唆するわけではないが、この蛾の制御回路構成の説明——なぜこのCがこのMを引き起こしているのか、なぜその蛾が今身をかわそうとしているのか、の説明——が、このCがこの蛾の環境について表示することと何の関係もない、ということは示唆する。その説明はその蛾の遺伝子にある。それらは（発達の通常の諸条件に近いものを前提すれば）、Cがその蛾の環境について実際にどんなことをたまたま表示していようとも、CがMを生み出すことを決定する。

エリオット・ソーバー（Sober, 1984a: 147–52）は、リチャード・レウォンティン（Lewontin, 1983）の区別を適用しながら、選択的説明と発達的説明とを対比する。なぜある部屋にいるすべての子供が三年生のレベルで勉強しているのかを説明する際に（ソーバーの例）、ある人はそれをなぜその部屋のおのおのの子供がこのレベルで勉強するのかを説明することで発達的に説明する。あるいはそれを三年生のレベルで勉強する子供たちのみがこの部屋にいることを許されている（選択されてその部屋へ入ることを許可された）と言うことで選択的に説明することもできる。後者の説明は、我々になぜサム、アーロン、メリサ、などが三年生のレベルで勉強するのかを教えない。実質上、それは我々になぜ彼らのすべてが三年生レベルで勉強するのかを教えるが、彼らの一人がなぜそのレベルで勉強するのかは教えない。ソーバーは、正しくも以下のことを指摘することでこの説明上の効果の違いを診断する。すなわち、その部屋のすべての子供たちがなぜ三年生のレベルで勉強するかについての選択的説明と発達的説明の間の違いは対比的な現象だということである（Dretske, 1973; Garfinkel, 1981）。実質上それは、なぜ（すべての）私の友達がマティーニを飲むのかを説明すること、すなわち私があなたに彼らについて何かを言うことを要求する説明と、なぜ私がマティーニ飲み（だけ）を友として持つかを説明すること、すなわち私があなたに私について何かを言うことを要求する説明、との間の違いである。

接近しているコウモリの内的表象に身をかわす動きを引き起こさせるような類の神経系をその蛾が現に持つのは、この類の神経の回路構成、すなわちそこにおいてＣの生起がＭを引き起こすような回路構成のための遺伝的指令を含む受精卵からそれが発達してきたからである。これは発達的説明であり、今日の蛾においてなぜタイプＣのトークンがタイプＭの運動を生み出すのか、についての因果的説明である。これらの遺伝的にコード化された指令が、これらの特別な特徴を持つ神経系を生み出す経路に沿って細胞の増殖や特化を方向付けながら、発達の生じる仕方を統制したのである。たとえもし、自然の最近のきまぐれで（選択圧がはたらく時間がないほど十分に最近であるとして）、現代の蛾の中のＣの生起が腹をすかせたコウモリでなく受容的なつがいの相手の到来を知らせるとしても、Ｃはそれでも Ｍを生み出す――それでも同じような身をかわす飛び方をするであろう。今日の蛾においてＣが何を表示するかはそれがどのような運動を生み出すのを助けるのかということの説明と無関係である。そしてＣのトークンがはるか遠くの祖先において空腹のコウモリの到来を表示したという事実は――少なくとも因果的（発達論的）には――なぜこのＣが（あるいはそれどころかなぜどんなＣも）Ｍを生み出すのかを説明しない。むしろ、それはなぜ今日、その中でＣがＭを引き起こすような蛾が支配的なのか、を（選択的に）説明する。

その蛾の行動は、単純な有機体の行動の多くがそうであるように、向性的である[2]。向性とは、整然とした動機付けられた行動に似た興味深い性質を持つ単純な機械的あるいは化学的フィードバック過程あるいはそのような過程の組み合わせである。植物や単純な動物における向性を初めて記述したジャック・ロエブ（Loeb, 1918）によれば、すべての向性のはたらきは、二つの原則で説明できる。すなわち、対称性と刺激感応性 sensitivity である。毛虫は春、卵から這い出て、木の枝の先まで登ってきて、新しい芽を食べる。この一見目的的な行動には、ロエブの二つの原則による単純な説明を与えることができる。ラチリン（Rachlin, 1976：125–126）は、それを以下のように記述する。

毛虫は光に対し感応性があり、頭に左右対称にそれぞれ一つずつある二つの目を持つ。同じ量の光が二つの目に来るとき、毛虫は直進する――しかし、一方がより多くの光を得るとき、その方の足はより遅く動く。結果としてその毛虫は光――それは自然界においては常に木の上において最も強い――の方へと向かう。よって、それらが動くときはいつでも木の上へ向かって進むのであり、最終的にはある枝の先へと至るのである。ロエブが彼の実験において木の根元に光を置いたところ、毛虫たちは上に登らず降りてきて、戻らずに餓死してしまうのであった。片方の目を見えないようにしたところ、毛虫たちは、一つの車輪が壊れた機械のおもちゃのように、円を描いて周り続けた。

光に感応的な表示子、それぞれが適切な効果器[3]の組へと繋がっている表示子の対称的な配置は、この行動のほとんどを説明することができる。植物は神経系を持たないものの、似たメカニズムがいくつかの「つたのような」植物のよじ登る行動を説明する助けとなる。そしてそうしたメカニズムはコウモリから逃れる蛾を導くのにおいても同様にはたらいている。

そのような向性的行動は幾分単純な機械的基礎を持つ。そしてこの行動の根底にある過程の青写真は遺伝的にコード化されている。その行動は本能的である——すなわち、学習によって変更することができない。しかし、そのような行動がこの研究における興味ある行動とならないのは、その説明の単純さゆえではない。この行動の説明にとって理由が無関係であるのは、当の運動について、ある化学的および機械的説明がその根底にある（恐らくすべての行動には、それと結びついた運動に対し、何らかの化学的および機械的説明がその根底に存在する）からではなく、表示子はこの運動の産出において関わっているものの、それらが表示するもの——それらがかくかくのことを表示する、という事実——はそれらがどのような運動を生み出すかに対して無関係である（そしてそうであった）がゆえである。もし、選択を通して内的表示子が生物学的機能、その動物の環境について何かを表示する機能、を（幾多の世代の間に）獲得したと我々が考えるならば、そのとき我々は、この内的構造は外的な事象を表象する（あるいは、場合によって、誤表象する）と言える。これは実際タイプⅢの表象である。だが、それは信念ではない。というのも、信念と認められるためには、それは、アウトプットの諸原因の一つとしての内的表象（地図）、我々が舵を取るのを助ける何か、であるだけでは十分でない。それが地図であるという事実が、それが外的諸条件について何かを言うという事実が、これらの諸条件の中で我々が舵を取る仕方の中に、関連する仕方で組み込まれているのでなければならない。それに加え、そして図4−1に従って、求められていることは、その構造の表示機能の性質がその因果的諸性質の説明に現れること、それの（外的事象について）言うことがそれの（アウトプットの産出において）することを説明するのを助けることである。それが反射、向性、および他の本能的行動の場合に欠けているものである。意味は、そこにあるとはいえ、アウトプットの産出には関連する仕方で従事していない。そのシステムがそのようなことをし、CがMを引き起こすのは、C（あるいは他のどんなものであれ）が外的諸条件について意味するものもしくは表示するものゆえにではない。Cは関連する種類の意味を持つものの、これはその中でそれ［C］が生じる動物にとってそれ［C］が持つ意味ではない。遺伝的に決定された行動がその行為者の理由によって説明できないのは、基本的にはそのことゆえにである。それらは行為でないのはそのことゆえにである。ある人が欲し、信じ、意図する内容（もしそれらをするとすれば）は、その人のすることにとって無関係である。

発達的説明と選択的説明の区別は、それゆえ、単に行動生物学者が近接要因と究極要因と呼ぶもの（Alcock, 1984: 3; Grier, 1984: 21）における違いではない。彼らが究極要因という語で意味しているもの（例えば行動の社会生物学的「説明」において見られる選択的説明）は、近接のであれ遠隔のであれ、個体の行動の因果的説明において現れてくる要因ではない。そうした場合、腹をすかせたコウモリが接近してくると意味し（表示し）、そして（この種類の蛾における進化論的発達のゆえに、と想定しよう）これを表示する機能をさえ持つ（としてみよう）内的状態Cは、確かに定位と適切な（回避的）類の羽の運動を実際に引き起こす。C（コウモリの接近を表示する何か）はM（コウモリ回避運動）を引き起こす。それにもかかわらず、Cがそのようなこと（F）を意味することは、なぜそれがこれ（M）をするのかを説明しはしない。この場合その内的状態はある意味論――それが（進化論的発達を前提すれば）表示すると想定される何か――を持つが、それがこれを表示する、あるいはこれを表示するとと想定されるという事実はなぜそれが現実にそのようなことをするのかの理解にとって無関係である。行動の選択的説明が生物個体の行動――なぜこの蛾が（あるいはそれどころかどんな蛾も）コウモリが接近しているときに急降下するのか――の説明でないのは、囚人の反社会的行動の選択的説明が、なぜレフティーが小切手を偽造し、ハリーが銀行を襲い、モウが車を盗むのかの説明でないのと同様である。我々が、小切手を偽造し、車を盗み、銀行を襲う人々を刑務所に入れるという事実は、なぜ刑務所の人々がこれらのことをするのかを説明しはしない。

4　情報に仕事をさせる――学習

ある要素の意味論的特徴がアウトプットの産出におけるその要素の因果的役割を決定するのを助ける真正の事例、（内的）地図が言うことがその地図がどのような（外的）結果を持つのかを説明する助けとなるような事例、を見つけるには、その制御構造が実際に内的諸条件と外的諸条件との間に存在する依存関係の種類によって形成されたようなシステムに目を向けねばならない。これらの事例を探すべき場所は、個々の学習が生じている場所、運動アウトプットの成功が依存するような状況への内的状態の関係の結果としてそれら内的状態が制御義務を獲得する、あるいはこのアウトプットへのそれらの効果を変更する場所である。

学習、あるいは学習として一般に認められているものの形態には、内的状態の意味（もしあるとして）とほとんど、あるいはまったく関わりのないものが多くある。もし学習が、時になされるように、経験によってもたらされた行動のどんな変化（あるいは行動のどんな有用な変化）とも同一視されるのであれば、そのとき慣れと鋭敏化は学習の原始的形態として認められることになるだろう。おおざっぱに言えば、慣れとは反復する刺激に対する反応の低下であり、鋭敏化とはそれに対する反応の増加である。そのような変化はしばしば比較的周縁的なメカニズムによって媒介されている。例えば、特定の刺激によって生み出された運動における変化は、全面的に受容器の疲労によるものであるかもしれない。もし、我々が舵を取るのを助けるような内的地図があるのならば、それらがこの種の変化から帰結する行動の説明において意義深い役割を演じていると判明することがまずないだろうことは、まったく明らかであるように思われる。(8)

行動を構成する因果的過程が内的表示子が表示するものについての事実によって実際に説明されるかもしれないと考えることが初めてもっともらしくなるのは、我々が、その成功がこれらの表示子の展開と使用に依存するような学習の形態にたどり着いたときである。そしてこのことは、我々が、そこにおいて表示関係の根底にある相関関係（時に随伴性と呼ばれるもの）が主要な役割を果たすような学習の種類に目を向けねばならないということを意味している。言い換えれば、我々は、もし図4－1に表されたような説明上の関係を見出したいならば、特定の形態の連合学習に目を向けねばならない。この種の学習においてのみ（ただし、そう判明するように、常にではないが）、行動がそこにおいて生じる諸条件について内的状態が表示するものゆえに我々はそれらの内的状態が制御機能を帯びるのを見出す。ここにおいてのみ、我々は、単に情報を運ぶ、もしくは情報を具現化する構造ではなく、情報が、行動を産出し制御する仕事を与えられているのを見出すのである。

以下のような馴染みの問題、その一般的形態を私が設計問題と呼ぶもの、について考察してみよ。我々は、条件Fが成立しているとき、そしてそのときにのみMをするシステムが欲しい。(9) いかにして我々はそれを構築するだろうか？　あるいは、もし我々がすでに存在するシステムについて語っているなら、いかにして我々はそれがこのように振舞うようにすることができるだろうか？

非常に一般的に言えば、設計問題への解答は常に同じである。それがエンジニアの意図的に作り上げたものであれ、進化論的発達の産物であれ、あるいは個体の学習の結果であれ、システムSは条件Fの存在あるいは不在に選択的に敏感なある種の内的メカニズムを実現している、そしてもしすでに実現していないのであれば与えられる、のでなければならない。それは、行動がそれと調和してはたらくような諸条件の存在を表示する、もしくは記録する何かを備えていなければならない。我々はすでに、これが人工物に関してはたらく仕方について見た。すなわちもしあなたが温度が下がりすぎたときに暖房を入れる装置が欲しいなら（設計問題の特定の事例）、この装置は温度表示子を与えられねばならない。我々はまた、いかにそれが本能的行動に関してはたらくかを述べた。すなわちもしあなたが幼い動物に、崖に遭遇したら立ち止まるあるいは方向を変えるよう望むなら、幼い動物たちはいずれ急激な（下方への）深さの勾配――「崖」表示子――へ敏感なメカニズムを与えられねばならない。もしあなたがひよこたちに鷹から隠れるよう望むなら（設計問題のまた別の事例）、あなたはそれらに内的な鷹表示子、あるいは少なくともポジティブな兆候があるときには潜伏を有益な反応とするような、鷹の接近と十分によく関連付けられた何か（例えば空の特定のシルエット）の表示子、を与えなければならない。学習についても同様のことが言える。もしあなたがあるねずみに、特定のトーンが聞こえたときそしてそのときにのみバーを押して欲しいなら、ある鳩に、光が赤いとき、そしてそのときにのみターゲットをつついて欲しいなら、あるいはある子供に、母親にそして母親だけに、「ママ」と言って欲しいなら、そのときそのねずみにはトーン表示子、その鳥には色表示子、そしてその子には母親表示子、が必要である。そのような表示子が存在するときにのみ、設計問題は解決することが可能である。そのシステムの中に条件Fがいつ存在するかを表示する何かがない限り、これらの条件においてMをするようなシステムを得ることはできない。

学習においては、これは単に、適切な感覚能力を持つシステムから始めねばならない、と言っているにすぎない。そのシステムは、条件FにおいてMをすることを学ぼうとするならば、条件Fが成立するという情報を得る手段を持たねばならない。そのねずみは、何らかの特徴的な仕方である特定のトーンに反応することを学ぼうとするなら、聞く能力、あるトーンを他のトーンと区別する能力、を持たねばならない。その鳩は、光が赤いときつつくことを学ぼうとするならば、見る能力、視覚的にある色を他の色から区別する能力、を持たねばならない。その子供は、母親がいるときに「ママ」と言うことを教えることができるようになる前に、母親を見る能力、あるいは少なくとも母親がいることを何らかの仕方で感じ取る能力、を持たねばならない。もし母親に双子の姉妹がおりその子を定期的に子守しているならば、この学習は損なわれる、あるいは類似性の度合いにより、不可能となる。その子の母親検出器はその双子の現前によって効果が消されるため、それ「学習」はより遅くなるだろう。もしその子の識別力が、母親と叔母とを区別できないようなものであれば、その子は指定された仕方で（すなわち、母親に対してのみ）「ママ」と言うことを学ぶことはできない。というのもその子はもはや母親表示子を持たないからである。それは音感のないねずみに中央ハ［ピアノの鍵盤のほぼ中央に位置するハ音］に対し反応するよう、あるいは色盲の鳥に赤いターゲットをつつくよう、教えようと試みるようなものになろう。

したがって設計問題の解決のための第一の要請は、そのシステムがF表示子を備えていることである。ひとたびこの要請がみたされるならば、残るなされるべきことはこの表示子を、条件Fの存在をその表示子がポジティブに記録するとき、そのときにのみ適切な動き（M）が生み出されるような仕方で効果器のメカニズムへと［それが適切に制御し利用できるよう］取り付けることだけである。これはエンジニアが正しい場所に配線をはんだ付けすることで成し遂げることである。これは自然が、本能的行動の場合、正しい場所（あるいは、正しい場所でないにしても少なくとも正しい場所のより近く――それを持つ者に生存競争における優位性を与えるような場所）にその配線が、はんだ付けでないにしても、すでに確保されているようなシステムを選択することで、成し遂げることである。そして最後に、これは特定の学習形態において、Mの産出に伴う帰結の種類によって成し遂げられるものである。

特定のアウトプットのタイミングの良い強化によって――このアウトプットが特定の諸条件において、そしてそのときにのみ、生じるようそれに報酬を与えることによって――これらの諸条件の内的表示子はこのアウトプットの原因として採用される。[10] それらが正確にどのようにしてこの過程によって採用されるのかは、完全な謎かもしれない（私にとっては謎である）。平行分散処理（PDP）ネットワークとは相互に結びついたノードのネットワークであり、そこにおいてノード同士の結びつきの強さが（「学習」の間）不断に重み付けされなおすことで最後には与えられたインプットが望まれたアウトプットをもたらすものであるが、それはこの採用過程に対する興味深く示唆的なモデルを提供する（Hinton and Anderson, 1981 ; McClelland and Rumelhart, 1985）。これらのモデルにおいては、内的表示子は、ネットワークのインプットノードの活性化パターンとなり、採用は（ノード間で適切に重み付けがされなおすことによって）効果器のメカニズム（M）の適切な活性化のための望ましいインプット（すなわちF表示子）を選択することによって進行する。しかし神経システムがこの芸当をどのようにして達成できるとしても、それがそれを多くの動物に対して、そして様々な異なる行動に対して、達成できるという事実は明白である。学習は、Fの内的表示子が効果器のメカニズムに対して適切な仕方で取り付けられない限り、生じえない。この学習は実際に起こるので、その採用は生じなければならない。これらの内的表示子は身体運動の産出においてすべき仕事を付与される——それらは手を（言わば）ハンドルに持っていく——それらが、これらの運動が有益なあるいは望ましい帰結を持つような諸条件について「言う」（表示するもしくは意味する）内容のゆえに。これらの表示子が制御義務のために採用されるのは、それらのもたらす情報のゆえであるので、この情報をもたらすことは、表示子の仕事内容の一部——それらが、ひとたび採用されれば、すると想定されることの一部——となる。

我々がバイメタルを、それが室温について表示する内容ゆえに暖房炉のスイッチへと組み込むことがこの要素に室温がどうであるかを表示する（タイプⅡの）機能を与えるように、学習の間生じている制御回路の再組織化は、それらが環境の諸条件について表示する内容のゆえに内的諸要素を「運動スイッチ」へと変換することで、これらの諸要素をスイッチへと変換したものが何であれ、それについて表示する（タイプⅢの）機能を、それらに与える。結果として、この種の学習は二つのことを成し遂げる。それは制御回路を再組織化して、表示子を命令の鎖の中へ組み込む。そしてそれはそのことを、これらの表示子がそうしたことを表示するがゆえに行う。この種の学習は情報を運ぶ構造を、それらが運ぶ情報のゆえに、制御義務のため結集する。この変換をもたらす際に、学習はこれらの表示子に機能を与え、それによって意味を与えるばかりでなく、表示子の意味するものによって——それを提供するのが今それらの機能であるような情報によって——それらの因果的役割を形作り、したがってそれらがその部分であるシステムの行動を形作る。そうした学習は、乗り物の舵を取る際にすべき仕事を地図に、地図として、与えると同時に、これらの地図を創造するのである。

我々が語っている類の学習は、オペラント学習、あるいは道具的学習の特別な形態、すなわち識別学習と時に呼ばれる類の学習である。[11] 人は、Fに対する特定の反応（もしくは条件Fにおける特定の反応）にある特別な仕方で報酬を与えることによってFを同定することを、あるいは少なくともFを他の諸条件から区別する（識別する）ことを学ぶ。学習理論一般についての文献は言うまでもなく、道具的条件付けについての文献は、膨大である。幸い、この資料すべてが現在の論点と関連するわけではない。我々に必要なのはたった二つの事実であり、その両方が（この領域における事実がそうであるように）比較的問題のないものである。

第一に、ソーンダイクの効果の法則があり、それは我々に、成功した行動は繰り返されがちであると教える（Rachlin, 1976: 228–235）。より専門的には、報酬（そうでなければ、ポジティブな強化）はそれを生み出す（あるいはそれと共に生じる）反応が同じ状況において再び生じる確率を高める。私の目的にとって（それは確かに他の目的にとっては重要であろうが）我々が報酬を刺激（例えば食べ物）もしくは反応（例えば食べ物を食べること）として考えるかどうかは特に重要ではない。人はそれらを特定の刺激（あるいは反応）が生物にもたらす喜び（要求あるいは緊張の縮小）としてさえ考えることができる。

我々がこの法則の正確な地位について明らかにすることもまた重要ではない。この法則の経験的意義については根深い（そしてしばしば正当な）疑いがある（例えばPostman, 1947; Meehl, 1950を見よ）。報酬あるいは強化子が何であるかについての何らかの独立の――すなわち、反応の確率へのその効果から独立の――明細が入手可能でない限り、その法則は経験的内容を欠いている。それは単なるトートロジーとなってしまう。すなわち、行動の確率を高める傾向のある結果は、その行動の確率を高める傾向がある。その報酬がそれの強める反応と正確にはどのように関係付けられなければならないか（時間的近接？　単なる相関関係？）、およびある反応‐強化ペアの「連合可能性」についての意見の食い違いもある（Garcia and Koelling, 1966）。後者の問題は、この法則の適用範囲についての疑問――それは本当にすべての状況において適用可能なのか――を呈する。たとえもしクッキーがある行動を強化するとしても、それらは確かに他のすべての行動に同様に効果的であるということにはならない。ある子供はクッキーをもらうために野菜を食べるかもしれないが、同じ報酬のために熱い石炭の上を歩くことは拒むだろう。最後に、プレマック（Premack, 1959, 1965）は強化概念の相対的な本性を説得的に論じている。すなわち、報酬と罰は、「価値」ヒエラルキーの中の出来事の間の関係によって決定されるのである。このヒエラルキーの中のどんな出来事も（より低い出来事がある限り）報酬になりうるし、どんな出来事も（より高いものがある限り）罰になりうる。決定的な関係は、ある出来事の他の出来事への密接な関連である。ある高い出来事がより低い出来事の生起に依存していれば、高い出来事は報酬の役割を果たし、低い出来事が強化されることとなる。ある低い出来事が高い出来事へ依存するならば、低い出来事は罰としてはたらき、高い出来事は罰を受けることとなる。

これらの論点のいくつかは確かに深刻で重要ではあるが、それらは私がこの法則を使おうと提案している仕方と直接には関わらない。重要なことは、何か（それをどう呼ぼうと）が、それが特定の刺激条件において遂行される行動と正しい関係（それが正確にはどのようなものであろうと）にあるときに、それらの条件においてその行動が繰り返される公算を高める傾向が（ある行動とある刺激条件に対し）ある、ということである。ある生物のある行動のある帰結について、そのような行動が似た条件において繰り返される見込みと因果的に関連するものがあるのである[12]。

第二に、我々には、そのような学習が学習者に対して特定の条件Fへの感応性を要求するという事実が必要である。報酬はMが条件Fにおいて生み出される確率を高める傾向がある。その報酬が教師によって与えられようと、自然によって与えられようと、報酬を特別な諸条件の存在へと（ある仕方で）依存させることは、それらの特別な諸条件における反応の確率を高める。したがって、もし学習が生じるならば、その動物の中にいつ条件Fが存在するかをそれに「教える」何かがなければならない。

これらの二つの事実を前提すれば、この単純な種類の学習が生じるとき、その強化された行動を構成するような結果（身体運動あるいは身体運動のより離れた帰結）は、次第に、それらの結果を産出するために刺激条件が正しいのはいつなのかを表示する内的表示子（C）の制御下に入っていく。Mの強化をFの存在に依存させることは、設計問題を解く一つのやり方である。それはFの内的表示子であるCをMの原因へと昇進させることによって（この種の学習能力を持つ生き物にとっての）設計問題を解く。Cは、Mの成功が依存する条件であるFについてそれが表示する内容ゆえに、Mの原因として採用される。この種の学習は、ある構造の因果的性質をその表示機能に従って形作る一つの仕方である。Cは言わばそれがFについて表示する内容ゆえにMの原因として選択されるのである。このことが行われない限り、設計問題は解決することができない。学習は起こりえない。動物は指定された仕方で行動するよう学ぶことはできない——それはそのアウトプット（M）を条件（F）と関連づけることを学べない——Fの内的表示子がMの原因、スイッチへと作りかえられない限りは。このことゆえに、この種の学習はMの原因としてFの表示子を採用するのである。

この過程の間に、CはMの原因となる。それがその手をハンドルへ持っていく（初めてでないとしても、少なくとも新しい仕方で[13]）のは、それがFについて表示する内容ゆえにである。Cはそれによって F の表象となる。この種の学習の後、その鳥は光が赤いと思う（正しかろうがそうでなかろうが）ゆえにターゲットをつつく。あるいは、鳥に信念を与えることに躊躇するなら、すなわち「信念」という語はより大きな表象のネットワークの中の要素へと取っておくべきであると思うなら、その鳥がターゲットをつつくのはそれが赤い光があると（正しかろうがそうでなかろうが）表象するからである。この説明上の関係、その鳥の行動が（少なくとも部分的には）それがその刺激を表象する仕方によって説明されるという事実は、当の行動である過程（C→M）を構築する際にこの内的表示子およびそれが表示する内容が演じた役割から派生してくる。Cはいまや M を引き起こす。しかしなぜそれが M を引き起こすのか、そしてそれゆえなぜその鳥がそのように振舞うのか、を説明するのは C が F を表示したという事実――C がいまやそれをする機能を持つ何かをしたという事実である。学習の前にもし、C が M を偶然引き起こした、あるいはもし C が偶然ポジティブに記録しているときに M が産出されたというだけであるならば、その鳥は光が赤いときにターゲットをつついたものの、光が赤いゆえにターゲットをつついたわけではない。その光が赤かったという事実はその鳥の（学習に先立つ）以前の行動を説明しない。というのも、学習前においては、たとえもし C が M を偶然引き起こしたとしても、C がその光が赤いということを表示したという事実はなぜそれが M を引き起こしたのかを説明しなかったからである。これはむしろ、C と M との間の偶然のもしくはランダムな繋がりである。その鳥はただつつきまわっていただけである。学習が生じた後初めてその光の色についての事実がその鳥の行動の説明に現れるのであり、そしてそうであるのは、学習の後ある内的要素が、その光の色について何かを表示するまさにそのゆえに M を産出するからである。

もし我々が条件 F のための内的表示子を欠くシステムを持つとしても、偶然、（例えば実験者の手による）時間的配置、もしくは生育環境を通して、F と関係付けられているある条件の内的表示子があるならば、設計問題の一時的解決へと至ることはできる。例えばその動物は F（食べ物の到着がそれに実際依存しているような条件）に対する検出器を持ってはいないが G に対する検出器は持つとせよ。もしその動物がすべての、ほとんどの、あるいは多くの G が F である状況に置かれたなら、G の内的表示子は自然とM（条件Fにおいて食べ物を報酬として与えられる動き）の原因として採用されることになるだろう。その動物はGを感じ取るときにMを産出することを学ぶだろう。そのG検出器はMの原因へと変換され、この変換の説明はそれがGを表示するという事実（そしてもちろん、どのような理由であれ、GがFと一時的に結びついているという事実）であるということになるだろう。Gの内的表象が発生するのは、外界の事情についてGの内的表示子が表示するその内容ゆえにそれがアウトプットの産出において仕事を与えられるからである。FとGの相関関係の程度により、これは設計問題に対する多少とも効果的な解決となる。その相関関係がより良くなればなるほど、その動物は条件FにおいてMをよりうまく産出するようになる（そしてそれゆえ何であれその反応を増進させる報酬をうまく得るようになる）。

FとGとの相関関係が（一時的なものであれ）完全であるならば、設計問題に対するこの解決は（その相関関係が続く限り）本来の解決、すなわちF表示子を持つシステムによる解決と識別不可能となる。しかしこれら二つのシステムから帰結する行動の説明は違ったものとなる。この事例を志向的語彙を使って記述すれば、第二の動物が条件FにおいてMを生み出すのはそれがFが存在すると思うからでなく、Gが存在すると思う（そしてもちろん条件GにおいてMをすることが食べ物をもたらすと思う――これについては第五章においてもっと論じる）からであると、我々は言う。第二の動物は食べ物を確保するのに一時的に有効な信念の集合を持つが、その効果はFとGとの外的な相関関係、その動物自身は（Fを表象する手段を持たないゆえ）表象する手段を持たない相関関係が続くことに依存している。これは識別学習の実験に置かれたねずみと鳩の状況である。いくぶん単純な刺激――識別するよう教えられている色や音のパターン——に対するそれらの内的な表示子は、研究者によって設定され管理された、これらの識別可能な刺激と報酬との間の一時的に密接な関係ゆえに動きの原因として徴用される。ひとたび訓練が終われば、その相関関係は停止され（あるいは逆転され）、その動物の（条件GにおいてMをすることが食べ物をもたらすという）「予期」は裏切られる。

もしFとGの間の相関関係が、動物の自然の生息環境においてはしばしばそうであるように、適度に堅固であれば、より単純でより手軽なG表示子を利用して設計問題を解く方が、より複雑なF表示子に資源を無駄に使うよりは、より経済的であるかもしれない。エンジニアはそれを機械の設計において行い、自然はそれを感覚システムと行動の本能的パターンの設計において行い、そして個人は、複雑な状況を切り抜けていくための認知的な経験則を、学習を通して開発する中でそれを行う。自然の場合、我々はティンバーゲン（Tinbergen, 1952）の研究から、トゲウオがティンバーゲンが「サイン刺激」と呼ぶものに頼っていることを知っている。その魚はいくぶん粗い表示子（例えば明るい赤の底面、といった）を使ってお互いを認識する。オスは明るい赤の底面をオスの侵入者を認識するために使い、メスはそれを興味を持つオスを同定するために使う。その魚は様々な似た配色の対象に対して同様に反応する。例えば色のついた木片はオスにおいて攻撃的な行動を引き出し、メスにおいては性的な興味を引き出す。しかしその魚の自然界の生育環境においてはその相関関係で十分なのである。全般的に見れば、トゲウオのみがこの配色を持つ。そうであれば、仲間を赤い底面を持つ対象として表象することが十分よく仕事を果たすのに、仲間を仲間として（すなわちトゲウオとして）表象するためのより高価な受容器のハードウェアをどうして開発しよう？　個体の学習においても、そうであるべきであるが、同じような努力の節約が明らかに見られる。設計問題は、その解決のために手元にある資源がなんであれ、それによって解決される。もしMの原因へと変換するF表示子がなければ、次善の解決策がある。もしGがMの実用的なスイッチとなるほど十分なFとの相関関係を示すならば、G表示子が徴用されることになる。どれほどであれば「十分」であるかは、Fが存在しないときにMを生み出すエネルギーとMを生み出すことの帰結に依存する。

　動物の中には、自分の制御過程を世界の経験によって変更する柔軟さ、感受性、傾向性、を示すものがいる。我々が系統発生のはしごを登れば、ある動物の行動はその遺伝子によって主に形成されるのではなく、はるかにより大きく、それが生きる環境を支配する随伴性によって形作られているのだということを我々は見出す。スタッドン（Staddon, 1983: 395）は以下のように書いている。

> ほとんどの動物は小さくそして長くは生きない。ノミ、蟻、線虫、および似た地味な生き物たちが地球上のほとんどの動物相［ある地域に生息する各種動物の全体］を構成している。ある小さな、短命の生き物は多くの学習能力を進化させる理由をほとんど持たない。それは小さいゆえに、必要となる複雑な神経の装置のほとんどを持つことはできないし、短命であるゆえ、学ぶものを利用する時間はほとんどない。生命は、新しいことを学ぶのに時間とエネルギーを費やすことと、すでに知っているものごとを利用することとの間のトレード・オフである。ある動物の寿命が長くなればなるほど、そしてそのニッチ[4]が多様化すればするほど、学習に時間を費やすことはより価値あることとなる……。それゆえ学習がほとんどの動物の生活において幾分小さな役割しか演じていないこと

は驚きではない……。学習は他の理由のゆえに興味深い――それは我々が知的と呼ぶ行動のほとんどに関係しており、人の行動にとって中心的なものだからである。

知的な行動にとって、人の行動にとって、それほど学習が中心的であることの理由は、学習が、そこにおいて内的表示子（そして次の章で見るように、様々な動機上の諸要因もまた）がアウトプットへと取り付けられ、それゆえそれらの表示子がその部分であるような行動の説明と――表象として、理由として――関連するようになるような過程であるということである。情報を運ぶ諸要素がそれらの運ぶ情報ゆえにすべき仕事を得るのは、それゆえそれらの内容によって行動の説明における役割を獲得するのは、学習過程においてである。

この種の学習の間にMの原因として採用される内的表示子Cが、どんな外形、形態、あるいは物理的実現でも取りえたであろうことは明らかなはずである。Mに影響を与えうる（そしてそれゆえMの原因として採用されうる）ような構造である限り、Cについて重要なことはその神経生理学的特徴でも、その形態、あるいは外形でもなく、それがMの有益な帰結が依存する外的事情（F）と特定の関係に立つという事実である。その新しく獲得された因果的力、それゆえそれがその部分であるようなシステムの行動が改められたこと、を説明するのはCがどんな情報を運ぶかであり、それがどのようにその情報を運ぶかではない。Cがシステムにそのシステムの知る必要のあることを教えたゆえに、このシステムの制御回路は変更された――Cは命令義務を授けられた（あるいは少なくとも命令機能を持つメカニズムにアクセスできるようになった）――のである。諜報活動の仕事においては、情報提供者はかれらの知ること、あるいは調べうることゆえに雇われる。彼らの話し方、外見、身なりが彼らの情報収集と伝達機能の妨げとならない限り、彼らがその仕事をどのようにするかの詳細は無関係である。同じことがある動物の行動－誘導システムについても言える。これらの内的諸要素の行動へのインパクトを説明するのはそれらの意味論的性質であり、構文論的性質ではない。そして基本的にこの理由ゆえに心の構文論的理論（Stich, 1983）は満足のいくものにならないのである。(14)

我々が第五章でより十全に見るように、この種の学習の結果として、Cの機能はMを生み出すことである、あるいはFが成立するときにMを生み出すことである、と言うのは誤りとなろう。この種の学習がCに与えるものは表示機能、いつFが存在するかを表示する機能、である。Cの機能はMを生み出すことではない。Mの産出はCのみ、特定のポジティブな認知的状態のみ、でなく正しい動機的あるいは動能的 conative 諸条件にも依存している。その動物はCをMの原因へと昇格させたものがどんな報酬であれ強化であれ、それに対する欲求をもっていなければならない。もしあるねずみが空腹でなければ、識別刺激の現れに対して振舞うように訓練された仕方では振舞わないであろう。もしそれが空腹でなければ、CはMを引き起こさないであろう。そのねずみはバーを押さないであろう。それゆえCの機能はMを引き起こすことではなく、もし正しい動機的状態があるならば、他の条件が同じであるとして、Mをもたらすような諸条件の存在を表示することである。この点でCの機能はサーモスタットにおけるバイメタルの機能と有効に比較できよう。この金属片の機能は暖房を入れることではない。暖房が入れられるかどうかは二つの要因に依存する——温度（それについての情報をその金属片の曲がり具合が供給する）および調整可能な接触物の位置（我々がどのような温度であって欲しいかを表象する）である。これゆえにその金属片は暖房炉のスイッチの部分でしかないのである。その義務は純粋に認知的なものである。

しかしこれでさえ強すぎる。Cの効果は、単に何を我々がここで有機体の動機的状態と呼ぶかに依存しているのではない。サーモスタットはあまりに単純な類比でありCが他の認知的構造と相互作用するかもしれない仕方を捉えていない。たとえもし我々が、動因や欲求は学習の間存在していたものと同じであると想定しても、ひとたびCが表示機能を獲得すれば、他の表示状態が何をはっきりと示しているかしだいで、そして他のどんな種類の連合学習がCとこれら他の構造の間で生じていたかもしれないのかしだいで、Cは運動アウトプットへかなり異なる効果を（すなわち、学習の間それが持っていた効果とかなり異なるものを）生み出すかもしれない。例えばFとGとの堅固な組み合わせ（そしてそれゆえFの内的表示子とGとの堅固な組み合わせ）、あるいはMと結びついた（報酬から罰への）帰結の種類における変化は、C（Fの内的表示子）の生み出す運動（あるいは運動の不在）の種類における変化を引き起こすかもしれない。本来の学習状況が行ったのは、CにMを生み出す仕事を与えることではなく、代わりにMおよび他のどんな運動であれそのときたまたま望まれていたような結果を確保するようなもの、の産出と関連する情報 intelligence を供給する仕事を与えることであった。Cは、Cがより大きくより複雑な制御システムへと統合されるにつれ、その情報を与えられる使用が変化するときでさえこの情報‐供給の仕事を維持する。

私は、非常に単純な生き物の場合、この学習過程の産物——右で記述された表象構造——を信念と呼ぶかどうかにはあまり関心がない。多分これは早すぎる。多分、右で示唆されたように、そして何人かの哲学者が論じたように（C. Wright, 1986; Davidson, 1987; Evans, 1981 参照）、信念の帰属は信念の体系――そこにおいて諸要素がお互いに相互作用して新しい信念を（推論を通して）生み出すばかりでなく、欲求、感情、意図および態度と相互作用して行動の新しい形態をもたらすような、表象の多様体――を要求する。もし海の巻貝がここで記述されたような種類の連合学習をする能力を持つならば（そしてそれらはそれの幾分原始的なバージョンをすることができるようである）[15]、そのとき確かに、このタイプの学習は真正な信念の源泉とするにはあまりに程度の低いものであると言う人がいるだろう。巻貝は心を持たない。それらの行動が、それらが信じることや欲することによって説明されることはない。犬、猫、チンパンジーはそれらがすることのいくつかに対しては理由を持つかもしれないが、虫や巻貝はそうではない。

我々は単純な表象が相互作用してより複雑な表象構造を発生させる仕方を第六章で探究し、欲求がこの説明図式の中に現れる仕方を第五章で探究する。もし志向的な語彙――欲求、信念、知識、そして意図についての言語――を特定の最小限のレベルの組成、特定の不可欠な量の表象の複雑性、を示す生き物のために取っておくことを人はより心地良く感じると判明するのであれば、それも結構である。言っているように、私は取るに足らぬ哲学的重要性しかない用語上の境界論争と私に思われるものにあまり関心を持っていない。重要な事実は、あるいはそう私には思えるのだが、この単純なレベルにおいてさえ、我々が以下のような有機体を見出すことができるということである。すなわち、環境の中を導いてくれるようそれらの有機体が頼る内的表示子のシステム（これ自身はあまり特別なものではない――それはほとんどすべての生物学的レベルにおいて生じている）を持つだけでなく、以下のような内的表象、すなわちそれらの地位や機能を、それらがその有機体に案内の必要な環境について教える内容ゆえに、ガイドとして獲得する（それゆえそれらの手をハンドルへ置く）ような内的表象をも持つ有機体である。そのとき、このレベルにおいてさえ、我々は以下のような内的構造、すなわち行動の説明へのそれらの関連性が、行動の成功が依存するような諸条件についてそれらが何を言う（意味する、表示する）かに存するような内的構造、を持つ。そのとき、このレベルにおいてさえ、我々は以下のような内的構造、すなわち何かを意味するだけでなく、その中でそれが生じるような有機体に対して何かを意味するような内的構造、を持つのである。

もしこれらの構造が生起させるような行動がそれでも単純すぎ型にはまったものであるため知的であると認められないならば、そしてもし、それゆえそのような行動の内的な決定要因が理由として分類されるべきでないならば、何らかの他の名前を見つけなければならない。恐らく我々はこれらの単純で比較的孤立した表象を原始的信念として、そしてそれらがもたらす行動を（何らかの仕方で）目的に導かれたものとして考えることができるが、目的を意図したものとしては考えることができない（この区別については第五章でもっと論じる）。原始的信念は、表象諸要素のより大きな一群の中に統合されることで、あるいはどんな他の飾り物であれ、真正な信念に要求されるものを獲得することによって、信念となるかもしれない。だが、それらを我々が何と呼ぼうとも、ここで記述された個々の要素は真正な信念の本質的性質を示している──それらは命題的内容を持ち、そしてそれらがこの内容を持つということが、なぜそれらがその中で生じるシステムがこのように振舞うのかを説明するのを助けるのである。

第五章　動機と欲求

欲求、目的、動因、あるいは動機――デイヴィドソン（Davidson, 1963）が賛成的態度と呼ぶ行為の主要な理由の部分――の行動の説明における役割については、まだ何も語られていない。そのねずみがバーを押すのは単にライトが点いているのを見ることができるからだけではなく、空腹だからでもある。そのねずみは食べ物が欲しいのである。十分餌が与えられているが他の点においては同様の認識能力を持つねずみは異なった振舞いをする。クライドが冷蔵庫へ行くのは単にビールがそこにあると知っているからだけでなく、彼がビールを欲しいからでもある。彼の妻は、クライドの知っていることと同じことを知っていて同じくらい喉が渇いていても、冷蔵庫には行かない。彼女は手元にあるレモネードの方が好きなのである。

我々がいかにしてそうした動能的要因――動因、欲求、動機、好み、目的、そして誘因――が行動の説明に現れてくるのかについての考えを持つまでは、この説明上の枠組みにおける理由の役割の完全な報告を持つことはないだろう。というのも、自発的行動の決定においては、一般的に単純な信念および単純な欲求より多くのものがはたらいているものの、信念（あるいは何らかのそれの認知的変種）と欲求（あるいは何らかのその認知的変種）は両方とも主体の理由によって説明できるような我々のすることすべてにおいてはたらいているからである。したがって欲求の話なしには、理由が行動を説明する仕方についての我々の分析はせいぜい半分まで終了したにすぎないのである。

1　目標に導かれた行動

第四章において信念のモデルを展開しているときに、私は運動の内的原因Cを、それがあれらの運動を引き起こすことを説明するようなそれについての諸事実、と区別する必要を見出した。Cはそのシステムの内部にあり、交通を管理しているが、Cについてなぜそれがそのような仕方で交通を管理するかを説明する、説明するのを助けるものとは、それが外的事情をこうでなくああであると表示する、という事実である。これはCがいかにそのシステムの外部のものと関係しているか、という問題であり、Cの外的事情への関係は、もちろんそのシステムの内部にはない。

我々は今欲求と他の動機的状態の、行動の説明への貢献を記述するというプロジェクトに着手しているのであるから、運動の内的原因Cを、その切り離された諸部分へと——その認知的かつ動能的諸成分へと——言わば、分解する必要がある。我々は欲求を変えることなしに信念を変えることができるし、逆もまた同様である。これらの諸要因は、多かれ少なかれ、独立に変化する。それゆえ我々には少なくとも二つの、システムの内部にあってMの原因として一緒にはたらいている区別可能な要素が必要である。これらの要素の一つ——それをBと呼ぼう——はすでに前章で記述された。Bとは、実質上、Cの部分、運動の内的原因であり、外的事情の現在の状態を表象するものである。Bはそのシステムの行動に含まれる運動（M）の部分的原因にすぎない。今記述されねばならないものは、この内的原因のもう一方の部分である。我々は、この内的原因の動能的あるいは動機的部分、我々が欲求を示唆するためにDとラベルを貼る成分、に主として関わることになる。しかし我々は、この企てにおいて一つの役割を演じる他の信念のネットワークについても何事かを言うであろう。

　第四章において意味の説明上の役割の話を展開しているときに、私はその話のある重要な部分を無視していた。私は報酬のタイミングの良い投与は、動きが内的な表示子によって引き起こされる確率を高める傾向があると言った。これは、十分に正しいものの、ある重要な留保、有機体の受容性 receptivity と関わる留保、を無視している。報酬が報酬を与えられた出来事の再生産を促す傾向があるのは、その有機体がある内的条件にあるときだけである。空腹のねずみに対してそれが満足な振舞いをするときに餌を与えるのと、つい先ほど食べたばかりのねずみに対して餌を与えるのとはまったく別のことである。餌が内的表示子によって引き起こされている運動の可能性を高める傾向があるのはそのねずみが空腹のときだけであり、より空腹であれば、より良い。同様に、昇進には、昇進がそれにたいする報酬であるような類の行動を促進する傾向があるとしても、それは当の従業員が昇進を望んでいるときのみであり、その人がより強くそれを望んでいればいるほど良い。何か他のものを望んでいる人を昇進させることは、まったく逆の効果をもたらすかもしれない。同様のことが、行動の帰結のほとんどに対して言える。行動を修正することにおけるそれらの効果は、当の帰結と関連するシステムの受容性に、決定的に依存している。そのシステムがより受容的であればあるほど報酬は行動の修正においてより効果的である。

私は結果Rに相対的な、ある有機体の受容性を表すために文字Dを使うことにする。必要ならば私は、この受容的な状態を他の状態と区別するため、すなわちそれが特にRに対する受容性であり、何らかの他の結果、例えばSに対する受容性でないということを表示するため、記号D〔R〕を使う。強化子としてのR（例えば食物）の効果、行動を修正するその効果は、その有機体が状態Dにあるということに依存している。Dでなければ、Rの生起はRをもたらすような行動の確率を高める傾向を持たない。

これらの受容的状態を指し示すために、欲求desireを示唆する文字Dを使用するのは、意識的な選択である。そのような状態は動機的状態として機能する。[1] それらは私が純粋な欲求と呼ぶものであり、そしてそれらはどんな条件あるいは結果であれ、それらがその有機体を受容的にするものに対する欲求である。区別可能な受容性の状態（すなわち、異なるものごとに対する受容性の状態）の数だけ異なる（純粋な）欲求がある。[2] 他の欲求——私が（認知的に）派生的欲求と呼ぶもの——は、純粋な（そして他の派生的な）欲求の対象をもたらすものについての信念によって生み出される。ただし、純粋な欲求なしには、どんな欲求も存在しないだろうし、それゆえどんな動機も、目的も、ある主体の理由によって説明できるどんな行動も、存在しないだろう。私は最後の章において、派生的欲求のトピックに立ち返る。ここでの、この章におけるプロジェクトは、純粋な欲求が、そしてそれらがそれについての欲求であるところのもの［すなわち欲求の対象］が、行動の説明にいかに現れるのかを示すことである。

便宜上、私はR、すなわち運動の結果あるいは帰結は、あるポジティブに強化する出来事、それを生み出した行動の確率を高めるような出来事であると想定し続ける。しかしながら、Rが可能性を変化させる限り、Mがそれを帰結するという事実は行動の説明と関連することになるということを忘れるべきではない。ネガティブな強化（時に逃避条件付けあるいは回避学習と呼ばれる）はある動物が何か他のことをする確率を高める。罰――Rを不快なもの、嫌悪をもたらすもの、あるいはひどい目にあわせるものとすることで、その動物が同じ行動を繰り返す確率を低下させること――もまた可能である。オオカバマダラ［北米の蝶の一種］の幼虫は乳液を分泌する草を餌とし、摂取した毒素をたくわえておく。これらの蝶を食べるアオカケス［北米のカケスの一種］は猛烈な吐き気に襲われ、その後それらを食べることを拒否する。それらはオオカバマダラの外見を真似て擬態している他の蝶――例えばイチモンジチョウ［北米の蝶の一種］など――さえ避けるのである。この場合、そのカケスによるオオカバマダラ似の蝶の回避（お望みなら、非-Mの産出）は、MがRをもたらす、あるいはもたらしたという事実（猛烈な吐き気）をその説明の一部として持つ一つの行動である。

テイラー（Taylor, 1964）とライト（Wright, 1973, 1976）に従い、目標に導かれた行動は単にある特定の結果を持つ傾向のある行動であるというだけでなく、この結果を持つ傾向があるゆえに生じる行動である、と言おう。[3] 私があなたの電話番号をダイヤルするということ（その目標はあなたと話すことである）は、もし私が、それが通常私があなたと電話で話すことを帰結するゆえにそれをするのならば、目標に導かれたものである。もし我々がこれを作業上の定義、あるいは少なくとも（注3を見よ）目標に導かれることの十分条件と取るならば、そのときもし特定の運動がRをもたらす傾向があり、そしてもしあるシステムがこれらの運動をそれらがRをもたらすゆえに生み出すのであれば、これらの運動のそのシステムによる産出は目標に導かれており、その産出がそれに対し導かれている目標はRである。そのような行動を記述する代替的な仕方は、これらの運動がRを手に入れるために、Rのために、そしてRを獲得する目的を持って、生み出されたと言うことであろう。

諸条件のある特定の集合において何かをすることを学習しているある有機体について考えよ。それは、Mを生み出すための報酬[4]RをFにおけるMの産出と密接に結びつけることによって、条件FにおいてMを生み出すことを学ぶ。先の章で見たように、そのような過程は、F表示子をMの内的原因として採用することに帰着する。我々はこの内的表示子をBとラベル付けし直した。それゆえ、もし学習が成功であれば、BはMの部分的な原因として徴用される。Dは強化子としてのRの効果がそれに依存するような内的状態であるため、うまくいく学習はまた、その動物に運動Mが生み出されるときに状態Dにあることをも要求する。Rは、その有機体がBとDの両方の状態にない限り、Mの産出を促進するのに有効とはならないだろう。FにおいてでないかぎりMはRへと至らないため、そしてRはDでない限り強化するものとならないため、学習はMの産出のためにFとD両方が存在することを要求する。こうであるため、RはMの原因としてBとD両方を採用する。あるいは、もしお望みなら、Rの生起はBがDを伴うときにのみ、BをMの原因として採用する。BとD両方が存在するときにMが生み出されるよう、しかし（努力の節約のために）他のとき（すなわちBかDどちらか一方のみが存在するとき）にはそうでないよう、手はずを整える唯一の仕方は、BとDをMのある十分条件の必要な諸部分とすることである。[5] したがって、この種の学習はBとDをMの部分的あるいは貢献的contributory原因として採用するという結果になる。

我々は、以下のことを見た。もしDが内的状態でRの強化する特徴がそれに依存するならば、そのときRによって強化される行動は、次のような行動となる。すなわち、その行動においては、どんな運動であれその行動が要求する運動の内的原因としてDが採用されるのである。DがMの原因となるのは、MがRという結果に終わるゆえである。しかしながら、我々の先の目標に導かれた行動の記述を前提すれば、このことはMのDとBによる産出は目標に導かれたものであるということ、その行動はRをその目標として持つということ、を含意する。言い換えれば、それはそのような行動がBとDについての事実――すなわち、Bが条件Fが存在するということを表示する、あるいは意味する（だからこそそれはMの部分的原因として採用されたのである）という事実、およびDはFに対してある（だからこそそれはMの部分的原因として徴用されたのである）という事実――によって説明されうる、ということを含意する。その動物がそのように振舞うのは、それがFが存在すると信じRを欲するゆえである。

そのような行動が目標に導かれたものであり、そしてそれがその動物がRに対する内的状態にある（Rをその目標として持つ）という事実によって（少なくとも部分的には）説明されるべきである、という議論はまったく直截的である。我々はDを、その存在にRの持つ強化作用の特性が依存するような内的状態として導入した。これを前提すれば、なぜDがMを引き起こすのかの説明の一部は確かに、

MがRを生み出す傾向を持つということである。なぜDがMの原因として選択されたのかを説明するのは、Dが効果的な強化子へと変えるような結果［すなわちR］をMがもたらすという事実である。もしMがRをもたらさなかったならば、そのときMは強化されないであろう——その場合DはMの原因として確立されないだろう——、あるいはもし（R以外の何らかの報酬で）強化されたなら、そのときは、この別の報酬の強化する特性はDに依存しないであろうから、DはそこでもまたMの原因として確立されないということになろう。それゆえMの（部分的）原因としてのDの役割は、MがR——Dがそのためにあるもの——をその結果として持つという事実に決定的に依存する。なぜDがMの原因として徴用されたのかを説明するのはMがRをもたらすという事実であるので、その行動——（D＋B）がMを引き起こすこと——は、少なくとも部分的には、その動物が、Rをその目標として持つような内的状態（D）にあるということによって説明される。

通常我々は、その目標に達することに成功する行動を当の欲求を満たすことであると考える。その欲求は満たされるので、それが鼓舞したその行動は終了する。目標に達することは完了的である。[1] これが意味するのは、通常、MがRをもたらすとき、RはDを除去する、消去する、あるいは取り除く（我々がその欲求が満たされたと言うことで記述すること）のであり、その目標に導かれた行動はそれゆえ終了する、ということである。これは通常の出来事の帰結ではあるが、必然的であるというわけでは決してない。RはDを消去しないかもしれず、たとえそれが消去するとしても、その行動は他の理由から存続するかもしれない。もしRがDを消去しないならば、その行動は存続する、そしてDが残るかぎり存続するだろう。私はおなかが一杯になるまで食べ続ける、R（この場合食物の摂取）が

Dを消去するまで。そしてある強化経験（例えば脳の直接の電気的刺激）には、十分な満足が明白に欠けている（Stellar and Stellar, 1985: 83）。

もちろん、あるシステムの目標（あるいはそれをその目標として持つ内的状態）が、それを達するためになされる行動と説明上関連するためには、そのシステムがその目標に達する必要はない。餌があるねずみの行動を「導く」目標となるためには、バーを押したときにそのねずみが餌を与えられる必要は、実際はない。そしてたとえもしそのねずみが餌を与えられたとしても、その（未来の）出来事はなぜそのねずみがそのバーを押したのかを、少なくとも因果的には、決して説明できない。原因はその結果の後に来ることはない。いや、餌をそのねずみの行動と説明上関連するようにするものは、その餌が届くという事実、それどころかそれが恐らく届くだろうという事実、でさえない。というのも、我々がみな知っているように、餌は届かないかもしれないのである。それが届くことはありそうにさえないかもしれない――それを届けるメカニズムが壊れている、あるいは実験者がバーを押す行動をそれに報酬を与えないことで消去しようと決めたかもしれない。むしろ、そのねずみが餌を得るためにバーを押すと言うこと、餌を得ることがそのねずみがバーを押す目的あるいは理由であると言うこと、そのねずみは餌が欲しかったからバーを押したのだと言うこと、を真にするものは、そのねずみの動き（M）が餌をその目標とするような内的状態Dによって、少なくとも部分的には、引き起こされているということ、である。そしてなぜDがMを引き起こしているのかという説明、それゆえその行動の説明は、Dがこの目標を持つという事実、Dが、とりわけ餌に対する受容性であるという事実である。この事実こそが、DがMの原因として採用されることを説明するのであり、それと共にそのねずみの現在の行動を説明することを助けるのである。

えさを得るために精力的にバーを押している空腹なねずみがDの状態、すなわち過去にバーを押す動きが餌をもたらしたゆえにこれらの動きの原因として採用された状態、にあるという事実は、明らかに、なぜDが今存在するのか、なぜそのねずみが今空腹なのか、を説明しない。それはまた、なぜMが今生じているのか、も説明しない。DがRをその目標として持つこと、それがRに対してあること、は行動の起動原因ではない。それは構築原因なのである。それが説明を助けるのは、なぜDあるいはMが今生じているかについてではなく、なぜ今、Dが（他の何かでなく）Mを引き起こしているのかについてである。身体運動（あるいは外的変化）と、これらの運動と変化を産物として持つ行動との違いを認識し損なうこと――それゆえ、行動の起動原因と構築原因との区別を認識し損なうこと――は、私が思うに、以下のような誤った考えに対して部分的に責任を負わねばならない。すなわちそれは、何であれ行動を起動するものは、すなわち何であれその行動を（Mを引き起こすことで）構成する信念（B）と欲求（D）を引き起こすものは、その行動の究極的な（因果的）説明でなければならない、という考えである。

欲求――通常は未来指向的な態度、いまだ確立されていない目標の達成に向けて我々を動かす何か、として考えられている――が、ものごとについてのこの話においては、過去のものごとの反映であるというのは少々パラドキシカルに見えるかもしれない。そのパラドクスは単に見かけだけのものである。空腹であるゆえにバーを押しているとき、そのねずみは餌を欲している。それは確かに、それがすでに食べた餌を欲しているのではない。欲求Dは、もちろん今存在しているのであり、もしそれが因果的にそれ自身の充足をもたらすのに効果的であるとすれば、それは何らかの未来の条件を引き起こすことによってそうするのである。しかし、現在の内的状態を例えば水やセックスへの欲求でなく、餌への欲求とするものは、それが餌への受容性であるという事実、それが餌を得ることを、餌をもたらす動きの再生産を促進するような結果とするという事実、である。そしてこの内的状態を現在の行動と説明上関連するようにするものは、以下のような事実である。すなわち、それが餌に対するものであるということが、なぜこの行動を構成する運動（M）が今生み出されているのか、をまさに説明するものである、という事実である。

もちろん、まったく同様に訓練されたものの、特定の機会において、かなり違った振舞いをする二匹のねずみが存在することはまったく可能である。レジーは光を見るとバーを熱心に押す。同じ母から生まれたロニーは、同じ刺激を観察しても無関心のままである。どうしてこうした違いがあるのか？　それは、レジーが空腹であり、ロニーはそうでないからである。適切に動機付けられた動物において運動皮質の放電を呼び起こす視覚的刺激は、十分満足している同じ動物においてはまったく放電を呼び起こさない（Evarts, 1980: 229）。これらのねずみの間の違いは明らかにそれらの内的な条件における違い、それらの動機的な状態における違いである。ロニーもレジーも両方B（彼らは両方光を見る）を持つが、そして彼らは両方同じ訓練をしてきた（両者はBとDがMを生み出すよう「再構築」されている）が、レジーのみがDを持つのである。光が点いても（その訓練にもかかわらず）ロニーがバーを押さないことを、彼は空腹でないと言うことによって説明するとき、我々は単に彼をレジーと区別する、動きの原因の一つの要因——動機上の要因——を同定しているにすぎない。（Mのための）十分条件のある本質的部分が欠けているのである。

2　目標を意図した行動

何かがまだ残されているように思われる。ある動物がRを得るために条件FにおいてMを生み出すことを学ぶとしよう。あるねずみが、餌を得るために、光が赤のときにバーを押すことを学ぶ。もし我々がものごとを単純なままにしておき、相殺する動機的状態や干渉する信念はないとすれば、そのときそのような学習は、通常の条件を前提すればMのために十分であるような内的諸条件（B＋D）を生み出すだろう。今後は、その動物がRを欲し（状態Dにあり）、Fを信じる（状態Bにある）ときは、Mが生み出されるだろう。そのねずみはバーを押すだろう。さらには、それがRを欲しFを信じるがゆえにそれはバーを押すだろう。その行動は目標に導かれており、また同時に認知的に導かれてもいる。

だがこれがそのねずみの行動の正しい、あるいは完全な、説明なのだろうか？　ある訓練されていないねずみ、もしくは訓練される前のこの（訓練された）ねずみについて考察せよ。あるいは、餌を得るために光が赤のときに何か別のことをするよう学習したねずみを考えよ。そのようなねずみは餌を欲し、刺激条件がFであると知っており、そしてバーを押さない。したがって、餌を欲すること（D）と光が赤であると知っていること（B）はバーを押す動きを生み出すのに十分でないように思われる。それゆえ、何か別のものが最初のねずみの行動の説明を完成するのに必要とされている。彼が餌を欲しておりかつ光が赤いと思っていると記述するとき、我々は彼を、同じものを欲し、信じているがかなり異なる振舞いをする彼の親類たちと区別しなかった。我々には、自分の目的を達成する仕方についての背景的信念、条件FにおいてMを生み出すことがRをもたらすだろうという趣旨の、ある信念についての何かが、必要であるように思われる。最初のねずみは、訓練の結果、光が赤いときにバーを押すことが餌をもたらすと知っている、あるいは少なくとも信じているに違いない。他のねずみはこれを知らない。それゆえ最初のねずみの行動の完全な、あるいは少なくともより完全な説明は、彼が光が赤いと知っており、餌を欲しており、そして光が赤いときにバーを押すことで自分は餌を手に入れるだろうと思っている、ということである。

　この反論は背景的信念、目的を成し遂げる手段の効果についての信念が目標に導かれた行動の説明において現れる仕方についての重要な論点を提起する。誰かの動作を説明するためには、彼が成立していると信じている条件において、彼の行動は彼の欲することをもたらすと指摘するだけでは十分でない。人はまた、彼の行動が彼の欲する結果を本当にもたらすだろうとその主体が知っている（あるいは少なくとも信じている）のかどうかも知りたいのである。彼が望んだ結果を得たことは単なるまぐれであったのか、あるいは彼はそれを、その結果を達成するために——そのような行為が望んでいたものをもたらすだろうと、あるいはたぶんもたらすだろうと信じて——したのだろうか？　我々は、ある空腹だが訓練されていないねずみが、赤い光が点くのを観察しているときに、ふざけて、好奇心から、あるいは偶然に、でたらめにバーを押しているのを想像することができる。このねずみは空腹であり、赤い光が点いていると信じているものの、それがバーを押すことの説明は、それが餌を欲しており光が点くのを見たということではない。それは空腹であり、実際光が点くのを見たが、そのことゆえにバーを押したのではない。これは目標に導かれた、目的的な行動ではない。たとえそれが、その帰結が適切であれば後にそうなるかもしれないとしても。

特定の結果をもたらすためにある一組の特定の条件において何かをするように訓練されたどんな動物も、我々が手続き的知識と呼ぶかもしれないもの——それらの結果をいかに達成するかについての知識、何をすべきか、いつそれをすべきかの知識——を持つ。これは実践的知識と理論的知識の独特な混合物である知識の一形態である。それは単なる「いかに」の知識 know-how、泳ぎ方を知っているとか耳の動かし方を知っているというようなものではない。それは、お望みなら技能と呼ぶことができるが、単なる運動の技能ではない。訓練されていないねずみでさえ、どのようにバーを押すかを知っていると考えることができる。この実践的知識、この認知的技能、は道具的学習の不可避的随伴物である——ある動物の刺激に対する反応を適切な報酬と罰とで形成しておいて、また同時にその動物に対し、あるレベルで、それらの反応がこれらの諸条件においてあれらの報酬と罰とをもたらす、と教えないでいることはできない。

道具的学習の最も単純な場合においてさえ、開発されたのは行動の単なるあるパターンではなく、真正な認知的技能、「である」の知識 knowing-that により近いもの、単なる「いかに」の知識でなく一つの事実的知識である、という事実は、この手続き的知識が異常な、あるいは単に変わった状況において適用され、そうして普通の結果をもたらさないときに明らかとなる。我々はそのとき信念について語る。レジーは、いつバーを押すべきかを知っている、と我々は言う。少なくとも彼はこれを知っていた。いまや光が赤いときにバーを押してももはや彼は報酬がもらえない以上、彼がバーを押す行動を我々はどうやって説明しようか？　よろしい。学習の間にレジーはある一つの手続き的知識――バーを押すことが餌をもたらすという知識――を獲得したのである。バーを押すことが餌をもたらすということは今や偽であるので、我々はもはやこれを知識とは呼べない。しかし我々は、それを信念と呼べるし、いつもそう呼んでいる。そのねずみがバーを押すのは、その仕方で餌が手に入るだろうと知っているからではなく、その仕方で餌が手に入るとまだ思っているからである。彼は十分な数の失望の後、こう考えるのを止めるかもしれないが、確かにそのことが、なぜ報酬が途切れた後最初の数回そのように彼が振舞ったのかの説明の一部である。

この推量において明示的な表象、信念、および知識と、暗黙の表象、信念、および知識とを区別するのが恐らく最善であろう（Cummins, 1983, 1986）。道具的学習の間に発現するタイプの手続き的知識（あるいは信念）は単に暗黙のものかもしれない。暗黙の信念あるいは表象はライル（Ryle, 1949）が単一–軌道の傾向性と呼んだものに近い何かであるが、この場合それが何かをするよう、あるいは信じるよう学習する間に獲得された単一–軌道の傾向性であるのは、特定の他の信念や欲求を前提した限りである。もし例えば当の傾向性が、ある人がPと信じているときにQと信じる傾向性であれば、我々はもしPならばQである（あるいは、傾向性の強さに依存して、恐らくQである）という（暗黙の）信念について語ることができる（Armstrong, 1973; Ramsey, 1931 参照）。もしその傾向性がFを信じてRを欲するときにMを生み出すものであるならば、我々は、Mを生み出すことが条件FにおいてRをもたらすだろう（たぶんもたらすだろう、あるいはかもしれない）という信念について語ることができる。後者の場合、当の傾向性が特定の信念と欲求とを特定のアウトプットと繋げるようなものであれば、その暗黙の信念はコンピュータ科学の研究者がプロダクションと呼ぶもの――どのような条件においてどの行為が生じるべきであるかを特定する規則（Haugeland, 1985: 157–164）――に似ている。

暗黙の信念、あるいはプロダクションは、単なる傾向性ではない。暑くなったときに汗をかく私の傾向性とキーを回すときにスタートするという私の車の傾向性は、暗黙の信念ではない。むしろ、暗黙の信念は、すでに志向的に特徴付けられた存在物（例えば信念や欲求といった）の間の、あるいはそのように志向的に特徴付けられた存在物と運動の間の関係を記述する傾向性もしくは規則である。単に、「ＦとＤが成立するときに運動Ｍを生み出せ」と言う規則あるいは傾向性は暗黙の信念ではない。それはせいぜい、単なるある種の規則性である。私の車は「キーが回され、バッテリーが充電されており、タンクにガソリンがあるときに、エンジンをスタートせよ」という規則に「従う」。だが、これは信念ではない。信念として認められるためには、その傾向性あるいは規則は志向的諸要素としての志向的諸要素（信念と欲求）に関して定義されねばならない。例えば、それゆえ、「Ｆと信じる（あるいはものごとをそれとして表象する）ときかつＲを欲するとき運動Ｍを生み出せ」と言う規則は条件ＦにおいてＭはＲをもたらすだろうという暗黙の信念を生じさせる。最初の規則、単に規則性に表現を与えたにすぎない規則と違い、この規則は条件Ｆが存在しようとしまいと（それは存在すると信じられているだけでよい）、かつＤが存在しようとしまいと（Ｒをその目標とするような何らかの内的状態がある限り）適用できる。

そのとき暗黙の信念は、その内容を志向的に記された諸要素に関して定義された規則あるいは傾向性から引き出す。このようであれば、暗黙の信念は適用範囲の非常に狭い内容を持つ。そうした信念は恐らく、あるシステムの持つ、情報を操作する手段として考える方が、それらの手段が操作する情報の部分と考えるよりはよいであろう。それらは、言わば、プログラムの一部であり、このプログラムが処理するデータの一部ではない。そうでなければ、代わりに暗黙の信念を、コネクショニスト・ネットワークにおけるノードの間の興奮性のおよび抑制性の繋がりの継続的重み付け直しによる学習の間に構成される「分散された」結合として考えるのが便利かもしれない。そのような信念の内容は、明示的な信念においてはそうであるように、他の仕事に使うことができない。あるシステムの動機的状態しだいで、明示的信念は他の信念と組み合わさって幅広い範囲の異なる行為を生み出すことができる。それらはその適用において潜在的に無制限である。他方、条件FにおいてMをすることはRをもたらすだろうという暗黙の信念は、Fを信じておりRを欲している状況においてしか適用できない。そしてそれが適用される仕方は、運動Mを生み出すことによってである。それがこの狭い範囲の適用を持つのは、その信念が基本的には、Fと信じておりRを欲するときMをする傾向性だからである。同じ内容を持つある明示的な信念は、しかしながら、はるかに広い適用の範囲を持つ。それはFを信じていようがいまいが、Rを欲していようがいまいが、適用可能である。それは例えば、RがMから帰結しないときFは成立していないと推論するのに、あるいは誰か他の人が条件FにおいてMを生み出すことがRをもたらすだろうと推論するのに使うことができる。

学習とは表象や動機としての表象や動機的状態を、Mの原因として採用する一つの仕方であるので、学習は一つの新しい規則、一つの新しいプロダクション――Fであると思いRを欲するときMを生み出せ――をそのシステムの命令中枢にインストールする一つの仕方である。学習は、この採用がある程度成功しない限り生じないので、学習は、Mは条件FにおいてRをもたらすという趣旨の表象が、暗黙のものであれ明示的なものであれ、同じ程度に開発されない限り生じない。したがって、たとえ当の学習がこの単純なレベルで生じるとしても、たとえ我々がねずみにバーを押すことを条件付けることについて語っているのであっても、その学習過程は、たとえ暗黙のレベルであっても、その行動を目標に導かれたものとするために要求されるような類の背景的信念を連れてくる。訓練されたねずみは光が赤いと思い、餌を欲し、光が赤いときにバーを押すことが餌をもたらすと（暗黙のうちに）思っているゆえに、そのバーを押すのである。

より進んだシステム（例えば人間）に関しては、環境の諸条件、行動、そして結果の間の関係の表象は、明示的かもしれない、そしてしばしば明示的である。実際、結果、運動、そしてそこにおいてその表象が獲得できる諸条件の間のこの関係についての表象は、その動物がこの結果を獲得するために何かをする前に――実際、その動物がこの成果を欲する前に――来るかもしれない。そのような学習（時に潜在学習あるいは観察学習と呼ばれる）は、試行錯誤の実践なしに、我々がこれまで関わってきた類の条件付けの管理なしに、以下のような周囲の関係についての明示的な表象を開発する一つの仕方である。すなわちその関係とは、もし適切な欲求が発育するなら、目的を達成するために後で利用できるような関係である。例えば私は機械からコーラを手に入れることを学ぶことができるが、それは適切な作戦行動に対してコーラを手に入れることによって報いるようにすることによってではなく、誰か他の人の活動がこの仕方で報いられる［報酬が与えられる］のを観察することによってである。さて、私がコーラを欲するとき（そもそも欲することがあれば）、それを得るために何をするべきか私は知っている。私は、（現在広く行き渡っている諸条件についての）欲求と信念とが変化するとき私が自分自身の目的のために利用できるような、明示的な表象を発達させてきたのである。明らかになるように、ねずみと鳩は、同様の学習をする能力がある。猿も同様である。猿は見てそのまねをする。第六章で我々は、変数――そのあるもの（すなわちM）はその動物自身が生み出すことができ、またあるもの（すなわちR）はそれが必要とするあるいは欲するものであり、他のもの（すなわちF）はMがRをもたらすために要請されるかもしれない――の間の関係を明示的に表象するこの能力が、必要と欲求とを満たすためのその動物の能力を大きく伸ばす仕方を見る。しかしながら、非常に単純な動物においては、行為の諸規則（我々が暗黙の表象とここで呼んでいるもの）がその動物が当の関係を表象する唯一の仕方であるかもしれない（Staddon, 1983: 424）。

単純な生き物、例えばねずみや鳩などの条件付けられた行動があまりに単純であり、あまりに固定されており、あまりに非適応的であるため、目標に導かれたあるいは目的的なものとして認められない、それゆえあまりに単純であるため理由（その動物が信じるものや欲するもの）によって説明できない、と思うかもしれない。ある意味でそのねずみは餌を得るためにバーを押しているが、これは我々人間が、欲求を満たすための、および目的を実現するための探究において示すような類の、故意の、意図的な、知的な行動ではない。たとえもしそのような単純な生き物が欲求のようなもの（餌や水、セックス、暖かさ、ねぐら、なぐさめに対してある意味で向けられた内的状態）を持つと認めたとしても、たとえ我々が、それらの欲求の充足が依存するような周囲の諸条件を登録する能力をもまた、それらの生き物が持つ、と認めたとしても、そしてたとえもし、ある種の学習を通して、これらの表象的かつ動機的状態が、それらが意味するものとそれらがそのためにあるものによって、獲得された行動と説明上関連するようになると認めるとしても、生物のこれらの形態には、目標の追求においてそれらの必要に奉仕する手段の選択における真正の目的性を示すほど十分な可塑性、創造性、あるいは知性が欠けている、とまだ主張することが可能である。

そのねずみの行動が、いかに目標に導かれたものであるように見えても、真に目的的なものでなく、本当は欲求と信念によって説明されるべきものではないという感じは、ねずみに対する単純な嫌悪から来ているのかもしれない。中には自分のペットの行動に対してはそのような説明を許容する——それどころか強いる——が、それほどかわいくない生き物の行動に対しては同じ説明を適用するのを認めようとしない人もいる。しかしながら、単純な偏見を抜きにしても、この感じはある完璧に正当な源泉を持つのかもしれない。その源泉は、部分的に暗黙の信念によって生み出される行動とその認知的背景が完全に明示的な行動の間にあると感じられている区別である。例えば人は、我々が暗黙の信念と呼んでいるものをその説明の一部として持つような行動は真に目標に導かれたものではないと感じるかもしれない。あるいは、もし（どんな理由であれ）そのような行動が目標に導かれたものと分類されるなら、目標を意図した行動（Braithwaite, 1953; Woodfield, 1976）——（現在の意味で）目標に導かれた行動の中でその認知的起源が完全に明示的なもの——のみが真に目的的な、それゆえ理由によって説明可能なものとして見なされるべきであると感じるかもしれない。

クリスピン・ライト（Wright, 1986）は、G・エヴァンス（Evans, 1981）の見解を要約しながら、孤立した、単一の目的を持つ（そしてそれゆえ暗黙の）信念に反対する説明を、きわめて効果的に与えている。あるねずみが、毒性があり過去にそれに病気をもたらしたある種の食べ物を避けるような傾向性を獲得するとき、我々はその行動を説明するのに、その食べ物は毒性があるという信念をそのねずみに付与するかもしれない。しかしこの、私が暗黙の信念と呼んでいる信念は、その食べ物は毒性があるという我々の信念とかなり異なっている。その食べ物は毒性があるという我々の信念は、明示的な地位を獲得しており、それゆえ、様々な仕事や適用のために利用することができる。

……ある特定の物質に毒性があるという私の信念は、文字通り無限定な様々な仕方で現れうる。私はねずみのようにその物質を避けるかもしれない。しかし私はまた家族が確実にそれを避けるよう取り計らうかもしれないし、あるいは確実にそれを避けないよう（！）取り計らうかもしれない……私はもし自殺をしたいならそれを多量に摂取するかもしれないし、自分を無能力にすることである義務を避けたいならば少量のそれを摂取するかもしれない。その物質に毒性があるという私の信念は、こうして、エヴァンスが表現するように、私の他の信念と欲求における無制限に多くの変化に対応する無制限に多くの潜在的計画に仕えることができる。対照的に、そのねずみに関しては、自殺への願望、悪意のある意図、などといった概念はつかみ所がない……その物質は毒性があるというその「信念」は、その結果として、その物質を避けることにおける以外、他の表現を持たない。
（Wright, 1986: 33–34）

これは単に、我々が、そのねずみはそのたべものに毒性があると信じている、と言うべきではないということを示しているのかもしれない。恐らくそれはそのねずみがその食べ物を表象する仕方を記述する誤ったやり方なのである。あるいは我々は、そのねずみがその食べ物をひどくまずいと、もしくはそれ（そのねずみ）に気分を悪くさせる、あるいは何かそのような状態にするような物質として、表象すると言うべきなのだろう。

だがそのねずみがその食べ物を表象する仕方をどう表現するのが最も良いかという問題を抜きにすれば（そして私は、なぜ我々の言語にそのねずみの信じることを表現する便利な仕方が存在せねばならないのかわからない）、右の一節に表された（ねずみに関しての）収縮志向の感情は確かに多くの読者に訴えるであろう。暗黙の信念が表現を与えるその狭い傾向性は、目的的、意図的、目標に導かれた行動に関する我々の常識的で馴染みの考えを捉える目的のためには狭すぎるかもしれない。もしそうならば、そのとき我々はこれらのラベルを現在の意味で目標に導かれているばかりでなく目標を意図した行動――十全に明示的な内的表象、それゆえその内容ゆえにアウトプットの産出においてより多彩な役割を持つ内的構造の表現であるような行動――のために取っておかねばならない。この分類上の決定に従えば、真正な目的的行動は、（条件Fに関する）Bおよび（結果Rに対する）Dばかりでなく、MがFにおいてRをもたらす傾向があるという明示的な表象（表示機能を持つある内的構造）をその原因として持つ運動M、によって構成されることとなろう。

私は最後の章でこのトピックに立ち返るが、そこでは私は信念と欲求、あるいは私がここで信念と欲求と呼んでいるものが、相互作用してより複雑な認知的および動機的構造を生み出す仕方についてより体系的な何かを言おうとするだろう。私は特に、自分が手にしたことのまったくないものごとに対する欲求が、自分が決して（まだ）行ったことのない行動を説明するのに助けとなりうるその仕方について、何事かを言おうとする。私は、正確な境界が引かれること、我々が生物学的連続体（表象的かつ動機的複雑性が増大していく連続体）の正確にいつおよびどこで有機体はそれら「有機体」が信じ、欲することゆえにものごとをすると言うことが真になるのかを言おうとすることが、大きな重要性を持つとは思わない。恐らく、以下のことを見れば十分であろう。（1）人間の信念と欲求の志向的諸性質のいくつかを持つ内的構造がこの光景に早くから——実際、学習の必要な形態が可能となるとすぐに——現れる仕方、（2）学習の間、これらの構造を持つ志向的諸性質が獲得された行動の説明といかにして関連するようになるのか、（3）そのような表象的かつ動機的原子たちが、より発達したシステムにおいていかにして連合し、我々の行為の理由の組成上および説明上の複雑さのいくつかを示すような認知的かつ動能的分子となることができるのか。

3　動因と欲求

心理学者と生理学者が動因について語るとき、彼らは普通ある特定の種類の動機付けられた行動の内的決定要因について考えている。彼らは必ずしも主体の理由や目的によって説明可能な行動について考えているのではない。例えばホメオスタティックな動因とは内的状態を特定の「設定された」レベル近くに自動的に保つ機能を持つ過程である（Groves and Schlesinger, 1979: 351）。体温、血液中のpH、そしてナトリウム、糖、および多くの他の物質の身体内における濃度は、自律神経系によって統制されている。普通、その中でこれらの活動が生じる動物はそれらが生じていることにまったく気付いていない。もし我々が目的をそれらがそこにおいて生じる動物の目的として考えるならば、確かにそれらについて目的的なものは何もない。それにもかかわらず、これらの過程は目標に導かれているいることのいくつかのアスペクトを示す。特定の出来事は、それらがそこにおいて生じる動物にとってそれらが持つ有益な帰結ゆえに、生じるように思われ、そしてこれが、私が示唆したように、目的に導かれることの本質なのである。

もし我々がこれらのホメオスタティックな活動を行動と見なすならば、我々はそれらをその動物の行動というよりは、特定の器官と腺の——その動物の部分の——行動と考えがちである。しかしながら、同様に自動的で、同様に非自発的で、そして同様にその有機体の遺伝的継承の産物であるような様々な本能的行動は、明らかに動物の行動として認められる。以前言及した反射と固定的行動型（FAP）が適例である。コウモリから逃れる蛾の向性的 tropistic 作戦行動、首の短い（すなわち鷹のような）輪郭を目にしたときの鳥の本能的飛び去り、ヨーロッパ赤リスの木の実を埋める活動、そしてバクテリアの「丘登り」（化学的勾配の昇り降り）——それらの行動のすべては、学習されたものではないものの、通常有益な結果を持つ。さらには、これらの行動は、これらの有益な帰結を持っていたゆえに、自然選択がそれらに味方し、その種の中で確立され繁栄したと考える理由がある。それゆえ、そのような行動は目標に導かれているように見える。その動物は、通常の諸条件においては、Mをすることがその有機体にとって有益な何か、R、という結果になりがちであるゆえに、Mをする。したがって、その動物はRを得るためにMをするのである。

しかしながら、我々が知っているように、そのような行動はそれが満足な帰結を持とうが持つまいが、生じるのである。その蛾が急降下するのは、この行為がコウモリを避けるのに助けとなるかどうかとは独立である。たとえもし、その作戦行動が再三再四災厄に終わったとしても（その災厄がそれにこれらの作戦行動を再び取ることを妨げない限り）、その蛾は同じように振舞うであろう。そして、すでに述べたように、リスは木の実を埋めるときに使われる、引っかく、掘る、押す、覆いをする、踏み固めるといった動きを、これらの動きがその通常の（木の実を埋めるという）結果を持とうが持つまいが行うであろう。それらは硬い木の床の上で、ほとんどあるいはまったく効果がなかろうが、そうする。デティアー（Dethier, 1976）のクロバエについての実験に関する以下のような記述が説明に役立つ。

デティアーがこれらの実験で使った生き物であるクロバエは、純粋な砂糖溶液を常食とする。もしそれらがしばらくの間食べていなければそれらはそのような溶液を見つけたときそれを飲みつくすであろうし、どれほどの量それらが飲むかはそれらの欠乏の状態に依存する。これらの動物において、食事を取ることは一連の常套手段、反射的行いから成る。もしあるハエがたまたま一滴の砂糖水の上に降り立てば、足にある化学的味覚受容器が刺激される。次の反応はその有機体の状態、その動因に依存する。もしそれがしばらくの間食べていなかったのであれば、そのハエは自動的に舌

> のような鼻を伸ばしてその液体を吸う。もしそのハエが最近食べたのであれば、この反応は起こらない。鼻の伸長はもっぱらその動物の足にある化学的受容器の感覚順応の状態と、その動物の前腸［のどから胃に至るまでの部分］から発し、再帰的神経と呼ばれるものを通して脳に伝えられる神経信号に依存している。もしこの再帰的神経が切断されれば、鼻の伸長はもはや抑制されず、そのハエは食べ続け、文字通り破裂してしまう。その動物の行動、鼻の伸長は、その動物がしばらく食べていないときに作り出される生物学的不足に依存しているのである。(Groves and Schlesinger, 1979: 349–350)

鼻の伸長は一つの生得的行動であり、そのためのメカニズムは遺伝的にコード化されている、そしてこの行動が進化したのはそのハエに対するそれの有益な帰結（栄養を確保するという）ゆえであるとすれば、この行動は、目標を意図したもの（第2節を参照）ではないが、目標に導かれたもの（第1節）であるようには思われる。もし我々が（そのハエがしばらく食べていないときに作り出される）その生物学的不足をD、そしてそのハエの（砂糖水の存在を表示する）化学的受容器の活動をBとすれば、そのときB＋DはM（鼻の伸長）を引き起こしているように見え、そしてこの行動のための説明はBが何を表象するかおよびDが何に対するものか、へと戻ってくるように思われる。

だがこれは正しいことでありうるだろうか？　さしあたり目的的人間の意図的行いは措いておくとしても、我々は本当にクロバエのその反射的行動を、（訓練されたねずみのような）ある動物が（それを記述する私が考えうる唯一の仕方では）餌を得るためにバーを押すとき示す獲得された行動の種類に分類したいのだろうか？　クロバエは欲求を持つのだろうか？　生理的要求はそうであるとしても、欲求はどうだろうか？

クロバエはある種の動機的状態にあると譲歩しながら、そのハエが何かに対する欲求を持つとは認めない、ということも可能であろう。いずれにしても、Rに対する（純粋な）欲求は、Rに強化作用を持たせる有機体の状態として定義されたのである。そのときもし、クロバエの行動が砂糖水の受容によって変更することができないならば――もしそれが先に記述した種類の学習ができないならば――そのとき、クロバエの中にあり（砂糖水の登録と共に）鼻の伸長を引き起こすものが何であれ、それは砂糖水に対する欲求では（あるいは他のどんなものに対する欲求でも）ない。欲求と違って、それはそのハエの行動をそれがそれに対するものであるところのものによって説明することができない。それは、その結果として通常Rを持つような運動を生み出すかもしれないが、それはRに対してのものではない。

それにもかかわらず、この内的状態（それをdと呼ぶ）は欲求の志向的諸性質を欠くものの、それは欲求のように、可変な動機的状態であり、様々な表示子と力を合わせてはたらいてアウトプットを生み出す。それゆえ、最近の動機付け心理学から用語を借り、それを動因と呼ぼう。[6] 私のこの語の使い方では、動因とは、欲求のように、運動の原因である。しかしながら、欲求と違い、それは何かに対してのものではなく（それの引き起こす運動の結果としてそれが通常達成するような有益なものに対してのものでさえない）、（それゆえ）動因は、それが何かに対するものであるその何かゆえに運動の原因として採用されることもない。我々が間もなくより十全に見るように、行動を欲求に訴えて説明できるような仕方では行動を動因に訴えて説明することはできない。

もし動因が有益な結果Rを典型的にもたらす運動Mを生み出すならば、そしてその行動（dがMを引き起こすこと）が、それがRをもたらす傾向があるゆえに選択されたのであれば、我々は、dがRに向かう動因であると言うことができる。だがシカゴに向けて運転しながら同時にシカゴへ行く意図や欲求を何も持たないことが可能であるように、Rに向かう動因は欲求の志向的諸性質を欠いている。Rに向かう動因は、単に典型的にRに終わる運動を引き起こすというだけであり、それはRが有益であるので、この仕事のためにこの事実ゆえに選択されたものかもしれない。だがdが（Mを生み出すという）この仕事のために進化論的過程で選択されたという事実は、その行動が目標に導かれたものであるということを意味しない。そこにおいて欲求でなく動因が現れる行動は、目標に導かれていることの外的しるしのいくつかを示すかもしれないが、それはせいぜい目標に向かって導かれている行動であり、目標によって導かれたものではない。

なぜこのようであるかを理解するためには、第四章第3節の選択的説明と発達的説明の間の違いについての議論を思い出すだけでよい。そこでは、意味が説明上行動と関連するようになるためには、何らかの内的状態が意味を持ちそれ（その状態）が運動を引き起こすことに参加するだけでは十分でない、と論じられた。より多くのことが必要である――この状態がこの意味を持つという事実がなぜそれがそのようなことをするのかを説明せねばならない。そしてこのさらなる条件が満たされるためには、運動の産出における内的表示子の役割についての何らかの進化論的、あるいは選択的説明があるというだけでは十分ではない。というのもそのような説明は、この表示子の意味（もしあるならば）が運動の産出におけるそれの因果的役割を説明するものではないということを極めて明確にするからである。まったく逆である。なぜこの表示子が今そのように機能しているかを説明するものは、思うに先祖の表示子の功績と、これらの表示子が貢献した行動過程をコード化している遺伝子の遺伝的伝達である。なぜこのBがMを引き起こしているのかについての選択的説明は、このBの意味をなぜそれがMを引き起こしているのかの説明に対してかなり無関係なものとする。このBはそれが何を意味しようとも、あるいはたとえそれが何もまったく意味しないとしてさえ、Mを引き起こすだろう。

Mの産出におけるdの役割の選択的説明の場合にも同様である。dが目標に導かれた行動、すなわちRをその目標とする行動に含まれるためには、Rをその結果として持つような運動の産出へのdの因果的貢献はRを生み出すこれらの運動の傾向性によって説明されねばならない。選択的説明はこれを与えない。まったく逆である。この動物はMがRをもたらす傾向があろうとなかろうと、Mを引き起こすようdをプログラムする。その動物がこれらの遺伝子を受け継いだという事実の説明は、この動物の先祖がMを生み出すことがRをもたらす傾向にあったという事実に存するかもしれない。しかしこの動物の先祖に生じたことはこの動物においてMの産出が何をもたらしたか、何をもたらすだろうかについて何も言わない。この動物は完全に異なる環境、そこにおいてはMのトークンはもはやRをもたらさないような環境、にいるかもしれない。それでも、その遺伝的プログラミングを前提すれば、dは未だMを生み出す。その行動が学習によって修正可能でない限り[7]、何も変わることはない。クロバエの砂糖水の消費が本当に本能的なものであり、欲求ではなく私が動因と呼んでいるものを体現しているのなら、そのときもし（この行動がその種において発達するとき存在していたものとは違い）

今日の砂糖水がそのハエを病気にするものであるとすれば、その動物は病気になるだろう。それは何度も何度も――それが飲むための砂糖水を見つけるときは常に――気分が悪くなるであろう(8)。私のこの語の使い方では、これが動因と欲求との基本的な違いである。その内的源泉が砂糖水に向けられた動因である行動は、砂糖水に対するものである内的状態によっては説明できない。ゆえに、我々がなぜdがMを生み出すのかについての進化論的（特に、選択的）説明を持つとき、MがRに終わる傾向にあるという事実は、たとえ我々が、Mは事実（今でも）Rに帰着すると想定したとしても、なぜdがMを生み出すのかを説明することにはあまり関係がない。学習の成果でない行動は、それが修正不能な仕方でプログラムされた、統制的な身体のサブ・システムの行動であろうと、あるいはその動物自身の本能的行動であろうと、目標に導かれた行動ではない。どのような動因あるいは動機であれ、Rに終わる運動を生み出すためにその動物内部ではたらいていると我々の考えるdは、その動物をそれに向けて駆り立てる条件に対する欲求とは認められない。この内的状態が、たとえその動物をRに向けて駆り立てるとしても、Rをその目標として持たないのは、この目標に達することが、なぜその動物がそれに向かって駆り立てられているのかを説明しないからである。

　私が動因について、そしてそれらが動物の本能的行動においてはたらく仕方について言ったことは、人工物が一見目標に導かれているように見えることについても、わずかに異なる理由によってであるが、同様に言える。熱‐検知追尾ミサイルは特定のサイバネティック・メカニズムによって目標に向けて操縦されているかもしれないが、それは目標に導かれてはいない。それはせいぜい、それを設計して製造した者の目標、目的、および意図によって導かれているにすぎない。その理由は、ある機械の内的状態の意味の、その行動の説明における役割を否定した（第四章第2節）理由とほぼ同様である。意味を持つ内的状態があるとしたとしても、これらの状態がこの意味を持つという事実は、最も間接的な仕方（その設計者および製造者を通して）を除いては、なぜこれらの内的状態がそうした制御機能を果たすのかを説明することと関連を持たない。その物がそこに、それをしながらあるのは、私がそれをそこに置いたからである。私がこれをした理由は、私がある特定の結果を欲したからであり、私が（誤っているかもしれないが）ものごとをこの仕方で配置することにより、その結果を達成できるだろうと考えたからである。その過程がその結果を達成する傾向は（もし本当にそれがこの傾向を持つなら）、ものごとがそのように配線されていることに間接的に、言わば私を通して、しか責任がない。せいぜい、我々はそのような人工物に対してある種の借り物の、目標に導かれてあること――ページの上の言葉が意味を持つという志向性の貸出しと同じ種類の――を与えることができるにすぎない。もしミサイルがそのターゲットに届くならば、そうなるのはそれがある内的状態、すなわちそのターゲットをそれ自身の目標として持つような内的状態にあるからではなく、私がある内的状態、すなわちミサイルがそのターゲットに届くことをそれ自身の目標として持つような内的状態にあるからである。

もちろん、言葉について論じることには眼目はない。もし誰かがある機械の行動――変化する状況においてある最終的結果へと固執する行動――が目標に導かれている（当の目標はその機械が様々な障害を乗り越えて達成する最終的結果である）と思うならば、そう思えばよい。私はその語を所有していないし、他の人は彼らの好きなようにそれを使うことができる（そしてそうするだろう）。同様のことは、動物の様々なホメオスタティックで制御的なメカニズムの活動に対しても、また動物自身の生得的な、変更の効かないようにプログラムされた、そして（一般的に）要求‐充足的な行動に対しても言える。これらの活動は、確かに、真正な目的的行動——私が目標に導かれていると呼んでいる類の行動、特定の目標を達成するその傾向性によって説明される類の行動——の興味深い諸性質のいくつかを示す。我々は、もし望むなら、そのような行動はある機能——（生物学的メカニズムおよび過程の場合には）それら「メカニズムや過程」の選択と保存へと導いた結果を、あるいは（人工物の場合には）それら「人工物」を構築する際に我々の目的であったような結果を、達成する機能——を持つと言うことができる。重要な点は我々がどんな語を用いて私が「目標に導かれている」という語を使って記述している現象を記述するか、ということではなく、私が目標に導かれていると呼ぶ行動は人工物や身体器官の自己‐統制、「目標」‐達成、あるいは「目標」‐維持の行動を超えており、動物の学習されない、本能的、および（一般的に）要求‐充足的行動、すなわちある目標に向けて（内的な動機的状態によって）駆り立てられているような類の行動とはかなり異なる、という事実である。目標に導かれた行動は（目標を意図した行動は言うまでもなく）、特定の有益な結果を生み出す傾向のある行動であるばかりでなく、（何らかの先祖のレプリカでなく）まさにそれがその結果を生み出す傾向がある（もしくはあった）ゆえに行われる行動である。この特別な行動のクラスを目標に導かれた行動と呼ぶことを正当化したのは、この事実——そのシステムがこの目標を持つということが説明するのを助けるようなものについての事実——である。

4　欲求の志向性

欲求は、表象的状態ではないものの[9]、それらにある特別な地位を与える、それらがそれに対する欲求であるようなある対象、を実際に持つ。この特別な地位はしばしば、欲求は信念のように志向的状態あるいは態度である、と言われることで認識されている。この節の目的は欲求のその志向的アスペクトを記述し、そして欲求についての現在の話がいかにこのアスペクトを捉えているかを示すことである。

まず注意しなければならないのは、欲求の帰属は、信念の帰属のように、指示的に不透明であるということである。sはFであるという信念は、たとえs＝tであっても、そして述語表現「F」と「G」が共外延的（正確に同じ複数のものについて真である、あるいはそれら同じものを指し示す）であっても、tはGであるという信念と同じではない。同じことは欲求についても言える。オイディプスはイオカスタと結婚したいが、自分の母親とは結婚したくない（そして恐らく自分の母とは結婚しないことを欲している）。たとえイオカスタが彼の母であるとしても。

欲求の中にはそれらの指示的不透明性を、そこからそれらが導かれるような信念や他の欲求から継承しているものもある。例えば、私はマネージャーと話したいとしよう。私は部屋の向こう側に立っている良い身なりの女性がマネージャーだと思い、それゆえ私は彼女に話しかける。マネージャーと話したいという私の欲求を前提すれば、彼女と話したいという私の欲求は、彼女がマネージャーだという私の信念から導き出されている。もし彼女がたまたまマネージャーでなく私を助ける権限を何も持たない事務員であったとしても、これは（私がそれを知らない限り）私が欲していることに何も違いをもたらさない。私はそれでも彼女と話したいのである。私はもちろん、私を助けることができない事務員と話したいわけではない。それゆえ私の欲求、現状では、私を助けることができないような人と話したいというその欲求は、もっぱら私のその人についての信念（およびマネージャーと話したいという私の欲求）の関数である。

しかし我々は今そのような認知的に派生的な欲求、信念とより基本的な、もしくはより非派生的な欲求から生み出される欲求、に関心があるわけではない。当面はより単純な種類の目的に導かれた行動について考えよう。私の友人はＰＪという名のペットのウサギを飼っている。ＰＪのカゴには水の入っている一本のボトルが取り付けてある。そのボトルからカゴへと飲み口が伸びており、喉が渇いているときには、ＰＪはその飲み口をなめるだけでよい。彼はこうすることを非常にすばやく学習する。ＰＪが今その飲み口をなめるとき、彼がそうするのは彼の喉が渇いているからだ、彼が水を欲しいからだ、と言うのは十分自然に思われる。それがその飲み口をなめることに対する彼の動機、目的、理由である。欲求の現在の説明によれば、こう言うことは自然に聞こえるばかりでなく、もしＰＪの行動が、右に記述した仕方で、その飲み口についての彼の過去の経験の結果であるならば、正しい言い方である。

すでに述べたように、ＰＪは実際は彼の欲しているものを手に入れないかもしれない。もしその水ボトルが空であれば、彼はその飲み口を、水を飲むためになめても、この目標――水を得ること――

には決して到達できない。だがこのことは、それがＰＪの飲み口をなめることの目標であることを妨げない。それは水、水を手に入れること、が今そのなめる動きを生み出す活動をしている内的状態（Ｄ）の目標であることを妨げない。というのも水をこの状態の目標とするものはそれを将来満たすものではなく（何も決してそれを満たすことはないかもしれない）、それが水に強化作用を持たせるという事実、すなわちそれが水を、それをもたらす行動［飲み口をなめること］を促進する傾向のあるような結果とするという事実である。そしてこの状態、およびそれがこの意味で水に対するものであるという事実を、ＰＪのなめる行動と説明上関連するものとするのは、これらのなめる動きが水に行き着いたゆえにＤが動きの（部分的）原因として採用されたという事実である。

それゆえ満たされていない欲求は――恐らく現在は満たされえない欲求でさえ――偽なる信念のように、行動を説明する役に立つ。これは欲求の一つの重要な志向的性質である。欲求は、存在していないもの――少なくとも、今は存在しておらず、これからも決して存在しないもの――を現在の行動との関連性を犠牲にすることなしに、その対象とすることができる[10]。

ところで、このような例からかなり明らかなことは、もし我々がある動物の行動をそれが望むもしくは欲するものによって説明しようとするならば、その動機的状態の対象――その欲求がそれに対する欲求であるもの――はその行動がこれから生み出すものでも、それが今生み出す傾向にあるものでもなく、その動物の過去の経験においてそれが生み出す傾向にあったような類の結果によって決定されるということである。もし我々が今、学習の後、ＰＪの水ボトルにビールを入れるなら、その飲み口をなめることが今やそのウサギにビールを与えるという事実、そのような行動が今や他でもないビールを生み出す傾向にあるという事実は、なぜＰＪがその飲み口をなめるかを理解するのに無関係である。彼がそれをなめるのは、たとえなめることがもはや彼に水を与えないとしても、彼が水を欲しいからなのである。そしてたとえもしＰＪがそうして得たビールを気に入ったとしても、たとえもしそれが彼をなめるよう動機付けた渇きを癒すとしても、それでも彼は水を欲したゆえになめたのである。そのウサギはその後、ビールを得るためになめるようになるかもしれない。すなわち彼は、新しい、より識別能力の高い、欲求を発達させるかもしれない。しかしそれが生じるまでは、その行動を説明する欲求は、どんなものであれその行動の構築原因として現れた過去の結果に対する欲求なのである。(11)

我々が最初の何週間かＰＪの水ボトルにペリエ［フランス産の発泡性天然ミネラルウォーターの製品名］のみを入れたとしよう。このことは、ひとたびＰＪが彼の教訓を学べば、彼はペリエを得るためにその飲み口をなめるということを意味するだろうか？　我々のウサギはしゃれた好みを発達させ、その後フランスで瓶詰めされたミネラルウォーターのみを欲することになるのだろうか？

たぶんそうであり、たぶんそうではない。それはＰＪに依存する。欲求の現在の分析においてはどちらかの結論を強いるものは何もない。しかしながら、ＰＪは通常の水道水とフランスで瓶詰めされた湧き水の間の違いがわからないとしよう。もしそうであるならば、そのとき我々は、我々がＰＪのボトルに使った水についてそれを強化するものとしたのはそれがペリエであったということであると考えることはできない。それは単にそれが水であったという事実である。そうであるゆえに、我々は、Ｄはペリエに対する欲求ではなく、単に水に対する欲求であると言わねばならない。なぜＰＪが学習の間ペリエをもらっていたということが、なめる動作の原因としてDを徴集することになったのかを説明するのは、ペリエが水であるという事実であり、それがフランスで瓶詰めされたという事実ではない。したがって、ＰＪが何に対する欲求を持っているかといえば、それは水である。ＰＪの現在のその飲み口での行動を説明するのはその目標もしくは対象を持つ内的状態である。ＰＪが学習の間ペリエだけをもらっていたという事実にもかかわらず、行動を構成しているそれらの運動を今生み出す活動をしているのは、水に対するものであるような内的状態――ペリエに対する欲求でなく、水に対する欲求――である。なぜＰＪがその飲み口をなめているのかを説明するのは、彼が水を欲しているという事実であり、ペリエを欲しているという事実ではない(12)。

強化作用を持つ出来事の性質すべてが、強化子としてのその効果と関連するわけではない。ＰＪは常にフランスで瓶詰めされた水を報酬として与えられていたが、報酬のその性質はこの水がＰＪに対して持っていた効果と関連するわけではない。それはＰＪの変化した行動パターンの説明には現れない。それゆえそれは、ＰＪの現在の行動を説明する際に、動機的に関連する対象――我々が目標あるいは目的として訴えることのできる何か――とはならない。

たとえもしすべてのRがSであり、Sを得ることなしにはRを得ることができないとしても、我々はそれでもSを欲することなくRを欲することができる。というのもすべてのRは性質Rが性質Sと同じでなくともSでありうる（逆もまた同様）からである。これらの性質が異なる限り、何かがRであるという事実と何かがSであるという事実とは、説明上異なるものになろう。たとえもし我々がすべての水が（そして水のみが）フランスで瓶詰めされたと想像したとしても、このことは、何かが水であるという事実とそれがフランスから来たという事実を説明上同等なものとしない。フランスで瓶詰めされたということは火を消すことと何の関わりもない。火にはいつもの水道水とペリエとの間の違いが分からない。ＰＪも同様である。だからこそ彼が学習の間ペリエをもらっていたという事実はなぜ彼が今、学習の結果、その飲み口をなめるのかについて何の説明の助けにもならない。もしあなたがボルドーワインとブルゴーニュワインの違いが分からないならば、あなたはボルドーワインに対する真の好み、欲求を発達させることはできない。恐らくそれを好むという見せかけ——たぶん認知的に派生的な欲求——は発達させることができるかもしれないが、純粋な欲求は無理であろう。

まとめれば——認知的に純粋な欲求、それらの志向的性質を信念やそれらがそこから導き出されるような欲求から継承しているのではない欲求についての説明は、そうした欲求に以下のような諸性質を託す。

①　Rに対する欲求はRをその目標もしくは目的とする行動——Rに対する欲求によって、少なくとも部分的には、説明される行動——がRを生み出し損ねるという意味で、誤って導かれているかもしれない。ウサギが飲み口をなめるのは喉が渇いているからであるが、それはそのようにして得られる液体がないときでもそうである。

②　Sによって満たされる欲求はそれでもSに対する欲求ではないかもしれない。ＰＪはビールに満足するかもしれないが、そのことは彼がビールに対する欲求からその飲み口をなめたということを意味しない。

③　Rに対する欲求はたとえSであることなしにRであるようなものがないとき、あるいはありえないときでさえ、Sに対する欲求とは区別されねばならない。たとえもしすべての水が水素原子を含んでいるとしても、このことは我々が水に対する欲求を水素原子を含んでいる何かに対する欲求と混同すべきだということを意味しない。

④　動物は、もしそれがRをSから区別できないならば、Rに対する（純粋な）欲求を持つことはできない。ある対象を別の対象と区別する我々の能力は欲求の対象となりうる対象の種類に上限を設定する。もしウサギがアイスバーグレタスをコスレタス［どちらもレタスの種類］から区別できないならば、そのときそれが、アイスバーグレタスを強化するものとし、コスレタスをそうしないような内的状態にあることはありえない。それゆえ、そのウサギが、アイスバーグレタスが欲しいゆえに何かをするなどということは決してありえない。もしそのウサギがアイスバーグレタスを他の種類のレタスと区別できないなら、アイスバーグレタスはそのウサギの行動の変化を説明できないし、よって現在の行動の構築原因として登場することもできない。

基本的で、認知的に純粋な欲求の志向的アスペクトとはこのようなものである。これらの欲求が信念と欲求のより豊かなネットワークへと統合されるようになるにつれ、それらはその志向的構造におけるさらに大きな結合を持つ（派生的な）動機的状態を発生させる。我々は最後の章においてこれが生じる仕方を詳しく見るだろう。

5　目的的行動の柔軟性

行動を構成する過程の因果的詳細——M（運動そのもの）あるいはN（何らかのより離れた結果）がDとBによって生み出される仕方——についてはここまで何も言われていないし、言うべきではない。我々はねずみがバーを押すことについては語った。この場合その行動はある結果——N、バーが押されること——の産出によって構成されている。どのような特定の身体運動、M、がNを生み出すために使われているのかは、未解答のまま残されている。この結果は極めて多くの異なる仕方で成し遂げることができる。そのねずみは右の足で、左の足で、歯で、あるいはその上に座ることで、そのバーを押すことができる。それぞれの場合において、そのねずみは同じこと——バーを押すこと——をしている。それがそれを同じ足で、同一と見える仕方で、押しているときでさえ、ニューロンのおよび筋肉のレベルにおいては極めて多くの違いがあるだろう。それらをバーを押す動きとして、ある特定の結末あるいは結果を持つ動きとして同定することを別にすれば、ねずみが実行することを学ぶ動きをこの種の学習の結果として同定する手立てはない。テイラー（Taylor, 1964: 204）が表現するように、学習されたものは、厳密に制約された条件付けにおいてさえ、動きではなく行為（私が行動と呼ぶだろうもの）——それらの産物あるいは結果、典型的には極めて多くの異なる仕方で達成できる結果、によって分類される過程——である。

その関連付けられた産物が何らかの環境または条件の変化であるような行動——バーを押すこと、

ドアを閉じること、あるいは冷蔵庫からビールを取ってくることのような――は明らかに極めて多くの仕方でなすことができる。DとBがNをもたらす仕方、この結果を達成するために利用される身体運動の特定のパターン、は決して同じではないかもしれない。しかしたとえ我々がそれと結びついた産物として何らかの身体運動を持つような行動――手を振る、耳を動かす、あるいは歩く、といった――に我々の関心を絞ったとしても、一般的に言って、これらの運動は、たくさんの異なる仕方で生み出すことができる。神経科学者はFAP（固定的行動型）、ある特定の運動結果の常同的産出[2]――例えば手足の運動――とFMP（固定的運動型 fixed motor pattern）、運動ニューロンにおけるそうした結果をもたらす電気的活性、とを区別するが、FMPは比較的まれである。コオロギの鳴き声はそれに近い――これらの鳴き声の産出における神経活動は、運動インパルスの数とタイミングに関してしっかりと制御されている（Ewing and Hoyle, 1965）。ホイル（Hoyle, 1984: 405）はさらにより印象的な事例を記述している――小さなオスのバッタの求愛行動は、常同的運動アウトプットを個々の神経インパルスの発火から一ミリ秒以内の正確さで生み出す。しかしながら、ほとんどのFAPは――虫においてさえ――その運動を引き起こしている運動ニューロンにおける電気的活性度に関しては固定されていない。注意深い測定をすれば、以下のことがわかる。すなわち、例えば一匹のイナゴの何千もの視覚的には同一の足踏みの動きのうち、その動きを引き起こしている運動ニューロンにおいては、根底にある電気的活性のパターンに二つとして同じものを示すものはない（Hoyle, 1984: 405）。そして虫について真であるものは、さらにより明白に――もし特定の手足の動きのレベルでなければ、個人の行いのレベルにおいて――人間について真である。（友達に手を振る、鼻を掻く、りんごを食べる、などの一つのことをするのにどれほど多くの異なる仕方があるだろうか？）

このことは単に、以下のことを言っているだけである。すなわち、理由に――我々が信じていること、欲することに――訴えることは、それによってBとDとがN（あるいはM）を生み出すような特定の過程を説明するのではない。というのもこれは個々の具体例ごとに大きく異なるかもしれないからである。そうではなく、それが説明するのは、個々の場面でいかにこれが処理されようともBとDがN（あるいはM）を産み出す、ということである。我々はある葉っぱが地面に落ちるのを、ある川が海に流れ込むのを、引力の影響に言及しながら、ただしなぜその葉があるいはその水がその行き先に着くのにその特定の経路を通ったかを気にすることなく、説明することができる。葉や水がそれらの行き先に着くのに通る特定の経路は障害の場所、風、および極めて多くの他の要因に依存する。これらは個々の事例で異なってくるかもしれない。引力が我々の理解を助けるのは、なぜそれらがそこへそのような仕方で着くのか、ではなく、単になぜそれらが他でもなくそこへ（地面へ、あるいは海へ）着くのか、についてである。

そして行動を説明することについても同様のことが言える。ある主体の理由による説明は、なぜBとDがある特定の目的地へ着いたのか、なぜそれらは他の何かでなく（例えば）Nを生み出したのか、を説明する試みである。こうであるべきなのは、その行動はNの産出であるからである。そのような説明はなぜBとDとがあのようでなくこのようにNを引き起こすのか――例えばなぜ、あるパターンの運動が今日使われ、違うパターンの運動が明日使われるのか――を説明する試みではない。クライドがビールを欲し冷蔵庫に一本残っていると思うことは、彼が冷蔵庫に行くこと、その特定の結末を持つ過程、を説明する。それらは彼がその特定のルートを通ったことを説明しない。クライドが冷蔵庫まで行くことの詳細なアスペクトに対する認知的説明があるかもしれないし、逆にまたないかもしれない。恐らく戸棚のそばを通る彼の回り道は、彼がグラスを取りたかったという事実によって説明できるだろう。あるいは彼が戸口で一瞬立ち止まったのは、彼が犬が動くのを待っていたという事実で説明できるだろう。しかし彼の移動には、何の認知的説明を持たないもの（例えば彼を台所へと運んだ足の動きのパターンについての詳細など）が極めて多くあることは確かだろう。クライドは台所へ行く理由を持っていたが、その特定の仕方で台所に行く理由は持っていなかった。そしてたとえその特定の仕方で行く理由があるとしても、それらは一般的には台所へ行く理由とは同じものではない。

クライドがビールのために冷蔵庫へ行くとき、その仕事の多くはクライドがほとんど自覚していない感覚フィードバックの導きに従って実行されている。B＋DがNを生み出すということは、BおよびDの内的諸性質によって決定されているだろうが、いかにしてそれらがNを生み出すかは明らかに、少なくとも部分的には、以下のような情報によって決定されている。それは、そこにおいてNが実現されるような、そのいくつかは絶えず変化している諸条件について、頻繁に更新されている情報である。ゴキブリから二本の足を取り去れば、その虫が行きたいところへ着くために、自動的にまったく異なる順序の運動命令が残りの四つの足へと出される（Gallistel, 1980）[13]。そのゴキブリが光や振動を感じるとき暗い場所へ行きたくなることは（もしこれらがそのゴキブリが冷蔵庫の下へ慌てて逃げ込む理由であるとすれば）、なぜ他でもないこの順序の運動命令が出されているのかを確かに説明しない。それはただ、なぜそのゴキブリが暗い場所へ逃げ込んだか、なぜその結果を持つ命令が出されたのか、を説明するだけである。同様に、射撃の名手は、彼の身体の多くの部分が動きを示しているにもかかわらず、ピストルをほぼ静止させたまま構える。ピストルの安定性への鍵は（筋電計のおよび運動学上の研究が示すように——Evarts, 1980 参照）、胴体あるいは手足のそれぞれの動きに対して、それを相殺するような対応する動きがあるということであり、それが空間におけるピストルの位置を安定させるのである。その狙撃手の的を撃ちたいという欲求は、なぜ彼が腕を静止させているかを説明する。だがこの欲求は、それによって運動制御系がその腕を静止させ続ける代償的動きの並外れて複雑なシステムを説明しはしない。同様のことは、冷蔵庫へと移動しているクライドについても言える。

あるものが他のものを引き起こすこと——この場合、BとDがNを引き起こしていること——に因果的に責任のある諸要因は、その結果が生み出される仕方に対しては、因果的にであれどうであれ、責任を持つ必要はない。行政長官は彼の部下に、彼らがどのようにそれをするかを知らずに、あるいは気にせずに、ある仕事をさせることができる。それどころか、我々がみな知っているように、行政上の責任の階層的な配列は、命令体系を組織化する効果的な一つの仕方である。それはまた行動に対して責任を持つメカニズムを設計する一つの効果的な仕方でもある。最も単純な種類の本能的行動においてさえ——例えば蛾の防御戦略あるいはゴキブリの足の動きのパターン——行動の細部はより下位のレベルの構造に任されている。蛾の敏感な聴覚システムはコウモリを検出し命令——逃げろ！——を出す仕事を負わされている。この命令を実行する際にどのような特定の順序の運動が実際に生じるのかは、より高いレベルの制御構造にとっては何の関心もない極めて多くの変数——その蛾の位置、コウモリが近づいている方向、接近の速度、など——に依存する。

この分業は、以下のような学習、すなわち我々の理由――我々が何を信じているかおよび何を欲しているか――が我々の行動との説明上の関連をそこから獲得するような学習によって活用されている。学習はそこにおいてNがBとDとによって生み出されるようなある命令体系を生み出す。BとDとの志向的諸性質――BがFを表示するあるいは表示する機能を持つという事実、およびDがRに対するものであるという事実――はなぜそれらがNを生み出すかを説明する（あるいはそう私は論じてきた）。他の諸要因は、いかにしてそれらがNをどうにか生み出すのか、なぜ他でもないこの道程がその目的地に着くために採られるのかを、特定の場合に決定するのに一役買わねばならない。その動物の最初の状態と位置が与えられ、途中の障害が与えられ、そばに同様に動機付けられた動物の存在が与えられれば、恐らくこの場合、Nは運動の完全に新しい順序、Nの産出において決して実行されたことのない順序によってしか成し遂げることはできない。白いパネル（それが右にあろうと左にあろうと）を押すことで餌を獲得するよう訓練された動物は（Nissan, 1950）、その装置が側面が下に来るよう回転され白いパネルが上に来るようになったとき、まったく新しい動き、白いパネルを押すために要求される動き、を実行する。しかしこの完全に新しいNの産出の仕方は、DとBの内容（その動物が信じることと欲すること）がNをその産物として持つ過程を、そしてそれゆえ行動を、説明しないということを意味しない。というのもその過程、説明されている行動は、N（例えば白いパネルへの圧力）の産出であり、そしてそれは、たとえその結果が成し遂げられる仕方に劇的な変化があったとしても同じに留まるからである。

この、所与の目的に達するための代替的手段の選択は、時に反応般化と呼ばれる。この用語は誤解を招きかねない。それはその動物が学習において何か（ある反応）を獲得し、そしてそれを一般化したということを示唆する。例えば、あるねずみが迷路を走ってゴールに到達することを学ぶ。その迷路が水浸しとなれば、そのねずみは泳いでゴールへと行く（Lashley, 1924）。走れないとき、そのねずみは転がってゴールへと向かう。これが反応般化の実例であると示唆することは、そのねずみが最初の例でするのを学んだことは、そのゴールへと走ることであると示唆することである。彼は次にこの反応を「一般化」したのである。しかし、これがそのねずみがするように学んだことであると考える理由は特にない。そのねずみは餌を得るためにそのゴールの箱へ行くことを学んだのである。報酬を与えられたのは、そのゴールに行くことに対してであり、あの仕方でないこの仕方でそこへ行くことに対してではない。たとえもし、学習の間、そのねずみが常にゴールへと走って行ったとしても、ゴールへ行くこの仕方が学習されたものの一部であると考える理由はない。ガリステル（Gallistel, 1980: 112）は、以下のように、その問題、学習の間に学ばれたものをどのように記述するかという問題を定式化する。

> 学習された行動の分析において最も困難な問題の一つは、行動分析のための適切な単位を見つけることである。その有機体は、条件反射理論が含意するように、特定のパターンで筋肉を収縮および弛緩することを学ぶのだろうか？　それともその学習経験はより高いレベル、例えばある対象に相対的な腕の動くべき方向を指定するが、その動きを達成するのに使われる特定のパターンの筋肉の活動を指定するのではないようなレベルではたらくのであろうか？

彼は続けて、反応般化についてのウィッケンス（Wickens, 1938, 1939）の古典的な実験がいかにこの問題を例証するかを記述する。これらの実験において、人間の被験者は手のひらを下にして前腕を板に結び付けられた。彼らの中指は緩い痛みのショックを与えることのできる電極の上に乗せられていた。被験者は、ブザーの音が聞こえると電極から指を離すよう条件付けられた。その条件付けられた反応は、被験者が反応を抑えるよう指導されてもできないという意味で、非自発的なものであった。徹底した条件付けの後、被験者の腕は再び結び付けられたが、今度は手のひらを上にして結び付けられた。ブザーの音に対して指をその電極から離すためには、被験者は今やかなり異なる動きを実行せねばならなかった。同じ行為（電極から指を離すこと）を行うためには、異なる筋肉が利用されねばならなかった。ウィッケンスの被験者のほとんどは、次にブザーが鳴ったときすばやく指を引き離す反応をした——これは彼らが学んだことは（条件付けの過程を通して被験者は一つの仕方でしか指を離すことを許されていなかったものの）電極から指を離すある仕方ではなく、何かすでにより一般的で、より抽象的なもの——その結果を生み出すどんな特定の仕方でもなく、まさにその結果（その電極から指を離すこと）によって定義される過程——である。学習の間、Nは常にMを通して成し遂げられたが、その被験者が学習したのはNを生み出すことであり、それをMを通して生み出すことではなかった。これゆえに理由は、それらが行動を説明する助けとなるとき、なぜNが生み出されるかを説明するのであり、なぜそれがそのような仕方で生み出されるのかを説明するのではない。

ある目標に到達するために実際に選択された運動過程の決定——そして、それゆえその説明——は、その目標が求められるべきだと決定する認知的かつ動能的メカニズムの仕事ではない。ある場合にはこれらの細部は階層的に組織化された制御構造のより低いレベルのメカニズム（例えばクライドが台所に行くのに実行する特定の足の動きに責任を持つメカニズム）の仕事である。他の場合には、それらは制御の同じレベルにおける他の諸要素――すなわち、他の動機および信念――の仕事である。

　理由は行動、Nの産出――当の行動を構成する結果をもたらすのに使われた特定の運動パターンより抽象的な何か――を説明する。うさぎの喉が渇いていることが、それが水ボトルへ行きその飲み口をなめることを説明する。そしてこの行動についてそれ以上具体的なことは何も説明しない。というのも、最後の分析においては、そのうさぎが乾きを癒すことはそれがボトルへと行き飲み口をなめることの結果だったのであり、それがボトルまで飛び跳ねて行くこと、あるいは左側からでなく右側からなめること、の結果だったのではないからである。

　理由は、なぜある動物が走るかを説明できるものの、走る途中で発生するその神経および筋肉の出来事がなぜ生じるのかを説明できない。もしゴキブリやヤスデがそれらのすること（例えば暗い場所に行くこと、あるいは餌を見つけること）のいくつかに対して理由を持つとするならば、そのときこれらの理由はせいぜいなぜそれらがそのような場所に行くかを説明するくらいで、なぜそれらがそのような仕方で行くのかは説明しない。同様のことは明らかに、行動のすべての認知的説明についても当てはまる。株式市場の下落への恐れはなぜ人が売るのかを説明するが、なぜブローカーを電話で呼び出すとき電話をそのような仕方で持っていたのかは説明しない。この行動を説明するようなどんな理由も、信念も、欲求も、恐れも、あるいは意図も、存在しないかもしれない。

第六章　理由の相互作用的本性

ねずみと鳩についてはどうであれ、意図的な人間行動の理由のほとんどは、識別を行うことに対して与えられる利益とはほとんどあるいはまったく関わりを持たない。私がシートベルトをするのは過去にそうしたときいつも報酬をもらえたからではない。いやな刺激を避けるためにこのように振舞うよう条件付けられたわけでもない。確かに思い起こせば、私がシートベルトをすることで避けられたまたは消すことのできた不快な刺激――電気のブザーか同乗者の小言のどちらか――が時にあった。これらの合図が、私がその習慣を形成するのを助けたと認めよう。だがそれでも、私が今シートベルトをするとき、私は過去に私に起こったこととまったく関係ない理由から（とにかく実にしばしば）そうするのである。私は、事故――幸いにも、私は経験したことはないのだが――のときの大怪我を避けるためにシートベルトをするのである。恐らく、犬が障害を飛び越えることは過去に与えられた電気ショックで説明できるかもしれないが、私の車の中での行動は、同じ仕方では説明できない。

私がタバコを控え、歯を磨き、特定の食べ物を避け、道路を渡るときは左右を見、新聞を読み、授業をするのも似た理由――これらの行動に対して過去に得た報酬や実際に与えられた罰とはほとんどあるいはまったく関わりのない理由――からである。私は自分のいる状況についての特定の信念、私が居たい（留まりたい）状況についての特定の欲求、そしてここからそこへどう行くのが最もよいかについてのある考え、を持つ。これらは、いくつかの付帯的な要因（例えば神経質さ、内気さ、頭痛、挫いた足首、疲れ）と共に、私のすること、しないことをかなりの部分決定する。このことのどれも、私がこれらの信念を持つときに私の適用する概念をどのように獲得したか（例えば識別学習）、あるいは過去に似たことをした（もししたことがあれば）ことに対して私の得た報酬（もしそのようなものがあれば）、とはあまり関係がない、あるいはそう思われる。

これの意味することは、理由の説明上の役割を理解するために我々がここまで開発してきたモデルは、あまりに単純で、人間のような認知的かつ動能的に発達した動物の信念、欲求、および行動の並外れて豊かな相互作用を捉えることができない、ということである。これは恐らく確かに正しく、そしてそれゆえ恐らく確かにもっともな不満である。ここまでは、我々は純粋な動能的状態のみを見てきた。そうした純粋な動能的状態とは、その志向的対象（目標）が、なんらかのより根本的な仕方で我々の欲する（あるいは恐れる）ものごとを得る仕方あるいは避ける仕方について我々の持つ信念から――我々の目標の多くはそこから派生的に導かれたものであるものの――導かれたのではないような状態である。我々はまた、ほとんどもっぱら、いくぶん原始的な種類の信念――すぐそばの環境の知覚的に顕著な特性についての信念――に集中してきた。そのような信念は、他の多くの我々の信念がしているようには、成熟した、しっかりと統合された表象システムにおける意味の相互依存的、全体論的特徴を示さない。だが、この狭い焦点を前提すれば、不満はまったくもっともなものであるとしても、思うにそれは、ここまでなされてきたことのもっともな批判ではないだろう。あまりに単純だからといってこのモデルを拒否するあるいは無視するのは、ハレー彗星の回帰を、水星の近日点の移動を、あるいは地軸の揺れを、説明しないからといってコペルニクス天文学を拒否するようなものである。

それにもかかわらず、何かが言われねばならない――その詳細についてでないとすれば、これらの詳細が最終的に位置づけられねばならないような全体的構造について。この最終章の趣旨は、このようなものである。

1　選択、好み、決定

そのモデルがあまりに単純であるのが明らかな箇所は、それが複数の動能的かつ認知的諸要素――Yに対する欲求と競っているXに対する欲求、利得についての信念と比較対照されているリスクについての信念、その充足手段についての信念と照らし合わせて修正されている欲求、など――の表現であるような行動について何も言わないことである。ひとたびこの世界へ入れば、我々は選択、選好、決定、そして問題解決といった現象について語っている。我々は言わば、行動の経済学――必要と欲求の充足を最大化するようにアウトプットの産出における資源を分配する仕方――について語っているのである。

システムがこれらの複雑な経営上の課題をこなす実際の仕方について私が何か有用なことを言える望みはない。しかし私がそれらについて何か多くのことを言うべき理由もないように見える。恐らく以下のことで十分であろう。すなわち、与えられている一般的な枠組みは、そのような枝分かれに対して受容的である、あるいは少なくとも非受容的ではない、ということを（もし可能ならば）示すことである。もし基本的な構成単位を組み合わせることで目的的で知的な行動の現実的な描写を与えることができると考える理由があるならば、そのときこれは、意図的行為のこの説明を支持するものでないにしても、少なくともそれに対する反論を中和する一つの仕方である。

よって二つあるいはそれ以上の動機的状態によって決定される行動を見ることから始めよう。もし我々が少々過度に単純化し、それゆえ恐れを、あるものの不在もしくは回避に対する欲求である、あるいはそれを含んでいると考えるならば、そのとき第五章で与えられた欲求の説明によれば、ある動物の行動は明らかに二つあるいはそれ以上の欲求——例えば餌への欲求、および自分自身の安全性への恐れ——によって動機付けられうる。(1) これらの異なる欲求はその動物の行動の異なる諸相（第一章第5節参照）を説明する助けとなる。あるジャッカルはごちそうのおこぼれにありつきたいと思っており、だからこそそこで、死んだアンテロープ[1]のそばで、待っているのである。それはまた、トラの鋭い爪の届かぬところに留まっていたいのであり、だからこそそこでそれのすることは、待つことなのである。過去、そのトラはいつもいくつかの切れ端を残してきたのであり、その事実が——恐らく以前、早すぎる段階で一口かすめようとしたことでもらったいくつかの傷跡と共に——死んだアンテロープの表象および食べ物への欲求（空腹）によって生み出されるような動きを修正したのである。そのジャッカルが欲しいもの（餌）、そしてそれの恐れる、もしくは避けることを欲するもの（トラの足で強打されること）は、私が記述したシーンにおいて展開している（あるいは展開するのを拒否している）因果的過程を、学習を通して形成するのを助けた類の諸結果にすぎないのかもしれない。内的状態の目標あるいは目的についての我々の話を前提すれば、そのジャッカルの行動をその食べ物への欲求およびそのトラへの恐れ（それらがどこにあるかの知識は言うまでもなく）によって説明することは、この行動を、その動物の餌とトラへの過去の遭遇によって形成された（その産物がそのジャッカルの動きであるような）内的過程によって説明することである。なぜこれらの動きをその産物として持つ過程が今生じているのか、を説明する助けとなることによって、なぜそのジャッカルが今そのように振舞っているのかを説明するのを助けるものは、とりわけ、食べ物とトラについてのそのジャッカルの過去の経験である。それらは、そのアンテロープとトラがどこにいるかについてのジャッカルの内的表象と共に、なぜそれが待つのか、および恐らくより具体的には、なぜそれがそこで待つのか、を説明するのを助ける。

もちろんもしそのジャッカルが、よく言うように、トラへの本能的恐れ――（個々のジャッカルにとっての）過去の経験とは独立に、それがたとえ強く動機付けられていても（すなわち、非常に空腹であっても）トラの二、三ヤード以内には近寄ろうとしないような、動機的状態――を持つとしたら、そのとき我々はそれでもその行動の諸相を、トラへのその（本能的）恐れについて語ることによって説明できる。しかしながら、これは真正な志向的説明ではない。それはあたかも、なぜある虫が三つの足を（安定な三脚を形作りながら）固く地面に置いたままで他の足を動かすのかを、ひっくり返るのを避けるためにそうしているのだ、あるいはバランスを取りたいからだ、と言って説明するようなものである。確かに、なぜ虫がこのようなことをするかの理由はある。すなわち、そのような行動には疑いなくある説明が存在する。だがこれは、その虫の行動についてのこの説明に、このように振舞うことに対するその虫の理由への言及があるということを意味していると取られるべきではない。なぜ私の車が、外が寒い中それが暖まるチャンスさえまだないときは、アクセルを踏んでもうまく進まないのかにも、また理由がある。なぜその車がこのように振舞うのかには理由があるが、それはこのように振舞うことに対するその車の理由ではない。その車が、うまく進もうとしない理由を持っているわけではない。同様にその虫もまた、三つの足を地面に付けておく理由（例えば、バランスを取るため）を持つわけではない。

さらに、そのジャッカルの複数の動機的状態の他にも、すでに触れたように、それの中に何かアンテロープの死骸とトラの存在と場所を表示するものが存在しており、これらの表示子は、そのジャッカルの恐れと欲求と一緒にはたらいてそのジャッカルの動きを導いている。そのトラは水を飲もうとその場を離れ、ジャッカルは死骸に近づく。トラが戻ってきてジャッカルは退却する。トラはねぐらへアンテロープを引きずっていき、ジャッカルは安全な距離を置いて後を追うか、あるいは望みを失って去っていく。そのジャッカルの位置および動き、とトラおよびアンテロープの位置と動き、との間の協調関係を説明するためには、そのジャッカルに、このドラマにおける残りの二人の役者の場所と動きについて知らせ続ける機能を持つ内的表示子の複雑なネットワーク、そのジャッカルの動きを決定することに因果的に貢献している内的表示子の複雑なネットワーク、があると考えねばならない。そのジャッカルの（恐れと空腹によって）動機付けられた行動の詳細を、それが信じるあるいは知っていることに訴えて説明することは、この行動をこれらの表示子が、そのジャッカルの周囲についてどんなことを表示する機能を学習を通して獲得したのか、によって説明することである。ものごとがうまくいっておりその表示子が表示する機能を持つものをそれが表示するとき、我々はその動物が何を知っているかあるいは見ているか——表象メカニズムが満足に働いていることを示唆する語——について語る。それらはそれらが表示しているはずのものを表示することで、それらの仕事をしている。何か間違いが起これば、我々はその動物が何を思っているかあるいは信じているか——ものごとがその動物がそうであると表象しているようになってはいない、あるいはなっていないかもしれない、と示唆する語——について語る。

これは我々に、ある動物が競合する欲求の間で妥協を取り付ける戦略をどのように発展させるのか、あるいはこれらの戦略を実行するためにどんな種類のメカニズムがあるのか、といったことを教えない。欲求が対立するようになるとき、しばしば、制御問題に対して独自のあるいは新たな解決が存在する。ある動物は、それがXを欲するときあること（例えばM）をするのを学んだのであり、Yを欲するときは別のこと（N）をするのを学んだ。それはXとY両方を欲するような状況に直面し、両方を得るために必要なことをすることができないとわかる。それはときに一方を得るために他方をあきらめ、それによって選好を示す。ときにそれは、ある第三の結果に達するために、両方をなしですませる。そのジャッカルは、食べ物（M）へ直接走っていくことはしないし、トラ（N）から直接逃げ去ることもしない。それは安全な距離で座って待っている。同時に生起している欲求（そして一緒に生じている諸条件についての信念）によって生み出される類の動きにおけるそのような「妥協」が、ある行動的問題に対してまったく新たな解決であるということを、想像するのは易しい。あるひとまとまりの状況（食べ物）においてM（接近）を生み出すお決まりの手順と別のひとまとまりの状況（トラ）においてN（撤退）を生み出すお決まりの手順とは、どういうわけかさらに第三のまとまりの状況（食べ物＋トラ）においては力を合わせて、MかつN（それは不可能だが）でなく、MあるいはN（どちらであっても有益とはならないだろう）でもなく、ある第三の選択肢、Qを生み出す。いかにしてこの新たな第三の結果が、すでに利用可能な制御構造から合成されるのかは、生物学的レベルにおいては完全な謎である――特に、両方の欲求の少なくとも部分的な充足を確保する視点からはそれが最善の解決であるかもしれない、と悟ったときには。もし常にMの産出とNの産出の間で選択がなされていたならば、我々は他の情報経路および並存する動機的変数に敏感で、すでに（学習を通して）確立された傾向性の発動を制御する高次の切り替えメカニズムを想像することができよう。だが新たな反応の産出――それは知的な行動の本質であるが――はそのような単純な、メカニカルな用語では考えることができない。

そのような創造的反応の説明の一部は、これらの状況における認知的差異にあるはずである。結局、トラが食べ物のそばにいるということの表象は、その状況における一つの新しい要素であると我々は考えている。さらに、そのジャッカルが、何をすべきかを考えているときに、以前獲得したが未だ適用されていない知識（恐らく同様の状況における、より年長のより経験のあるジャッカルを観察することで得られた）を利用するのは容易に想像できる。我々は以下の節でそのような可能性についてより詳しく見ることになる。さしあたり我々は、以下のことを述べておけば十分である。すなわち、そのジャッカルの行動は、実際にはどのように生み出されようとも、もしそれが私が純粋な欲求（食べ物およびトラの回避に対する）と呼んでいるものによって説明できるならば、以下のような内的状態、すなわち（動きの産出において）因果的役割――そのジャッカルのトラと食べ物との過去における交渉によって形作られたものであるが――を演じてきた内的状態によって構成されているということである。そのような［複数の］理由が行動の説明に登場する仕方について現在の話が含意するのはこのことであり、正確にいかにしてこれが生じるかについてのある特定の物語ではない。思うにここまでは、いかに多くの信念や欲求が混ざり合おうと、妥当であると思われる。

2　古い目的のための新しい手段

決してこれまで手にしたことのないものを欲するばかりでなく、私は決して手にしたことのないものを得るために、決してしたことのないことをすることができる。現在のものごとの説明においては、私がRを決して手にしたことがないのに、そしてそれゆえMをすることに対してRを受け取ったことがないのに、いかにして私がRを欲していることが私がMをすることを説明できるのだろうか？　さらに悪いことには、私はMをすることでRを受け取ったことがないどころか、決して以前Mをしたことさえないのに、いかにしてそれは、私がMをすることを説明できるだろうか？

アーチーは軍隊に入隊したが、彼はまだ昇進していない。彼は昇進したい。彼は昇進するために一生懸命はたらく。もしかすると、彼がよい仕事を維持するならば、彼は昇進するかもしれない。しかし彼はまだ昇進していない。それゆえ、現在のものごとの説明において、彼の昇進に対する欲求、彼が決して手にしたことのない何かが、いかにして彼の行動を説明できるのだろう？　過去に餌を得たことは、ねずみがなぜ今バーを押しているかを説明するのを助けるかもしれないが、過去の昇進はなぜアーチーが今彼のブーツを磨いているのかを説明できない。

たとえもしアーチーが、軍隊の昇進でないとしても、他のタイプの昇進をしたことがあると想定しても、それらの昇進がそれに対する報酬として機能したような行動は、彼が今上等兵へ昇進するために示している行動とはかなり異なるものであるかもしれない。彼は、四年生から五年生へと「昇進」するためにきびきびした敬礼を行ったりブーツを磨いておいたりする必要はなかった。だがそうならば、いかにしてそれらの過去の報酬は、それらを昇進であると見なせるとして、この行動を説明する助けとなりうるのだろうか？　――もし、現在のものごとの説明によれば、アーチーが昇進するために彼のブーツを磨いているのであれば、この行動はそれら［昇進］が説明せねばならない何かである。

ものごとを扱いやすくしておくために、アーチーは、「昇進」の何らかの関連する意味で昇進したことがあるが、昇進を確かなものにするために今や（彼にとって）まったく新しい行動を見せている、としよう。彼はこれまで一度も磨き仕事をしたことも、糊付けされたシャツを着たことも、練兵場の訓練を受けたことも、元気よく敬礼したこともないが、今や彼はこれらすべてを、そしてそれ以上のことをし、それらを昇進を欲するがゆえに、そしてこれがそのためのやり方だと思うゆえに、する。

我々は次の節で、当の行動が、新しかろうとそうでなかろうと、これまで決して手にしたことのないもの、経験したことのないこと、に対する欲求によって説明されるような、より複雑な事例について触れる。

先に我々は、迷路を走ることに対して報酬を与えられたねずみは、もし必要が生じれば、目標の箱へ達するためにその迷路を泳いで行く、あるいは転がって行く、と述べた。餌を得るためにバーを押すことを学んだねずみは、足で押すことがもはやできなくなれば、鼻で押す。この現象は反応般化と呼ばれるが、これは非自発的なレベルでさえ生じる。先に我々は、電気ショックを避けるために指を（非自発的に）引っ込めるよう条件付けられた人が、必要とあらば、まったく異なる動き、同じ結果を達成するための、同様に非自発的な動きを実行するということを見た。このことは、以下のことを言うにすぎない。すなわち、通常、動物が報酬を獲得するためおよび罰を避けるために、するように学ぶことは、ある特定の結果を生み出すこと――目標の箱へ着くこと、レバーを下げること、指を引っ込めること――であり、これらの結果をある特定の仕方で生じさせることではない、ということである。

この事実は重要な含意を持つ。一つの含意は、ある動物が新しい行動――過去にそのようなものとして強化されなかった行動――を見せているとき、これは我々がそれを強化の歴史によって、そしてそれゆえ、それの現在の内的状態がそれに対するものであるところのものによって、説明することを妨げるものではないということである。そのねずみは目標の箱へ泳いで行く。それはこれを過去にしたことはなかった。もしなぜそのねずみが目標の箱へ泳いで行っているのかを知りたいならば、答えは部分的には現在にある——それが迷路の現在の諸条件について何を知っているのか、何を見ることができるのか、に。だがもし、なぜそのねずみがそこへ、その目標の箱へ、泳いでいるのかを知りたいならば、その行動のこの面についての説明が欲しいなら、現在の説明によれば、答えは過去にある。それはその目標の箱に着くことに対して餌による報酬が与えられたという事実にある。そのねずみがするように学んだことは、その目標の箱へ行くことであり、それはこれを、そこへ着いたときに餌で報酬を与えられることによって学んだ。そしてそのねずみが今やっていることは、ある意味で、まさにそれがするよう学んだこと——その目標の箱へ行くこと——である。そのねずみの行動を、それが餌を欲しいから、それがこの目的、あるいは目標を持つから、目標の箱へ泳いで行っているのだと言うことで説明するとき、我々はなぜそのねずみがそこへ泳いで行っているのかではなく、なぜそれがそこへ泳いで行っているのかを説明しているのである。その行動の新しいアスペクト——そのねずみが目標の箱へ、歩いているのでも走っているのでも、転がっているのでもなく、泳いでいる、という事実——はその動物の改変された認知的状況によって説明される。だがそれは何か新たなこと（泳ぎ）を何か決して新しくないこと（目標の箱へ行くこと）をする手段として行っているのであり、過去に餌をもらったことをその構築原因として持つのは、後者の行動である。だからこそ我々は今、そのねずみの行動、少なくともその行動のこの相を、餌に対するその動物の現在の欲求をほのめかすことで説明できるのである。

アーチーの行動の説明は、そのねずみの、それどころか、欲するものをある仕方で得ることを学んだ後、今同じ結果を達成するために新しいそしてしばしば創造的な仕方で振舞うどんな動物の行動の説明とも、興味深い相似を示している。こう言うことで、私は目的的な人間行動を侮辱しようとしているわけではない。それがその説明と関連するどの点においても、げっ歯動物［ねずみ、リス、ビーバーなどげっ歯類に属する動物］の行動の説明と同じであると私が示唆しようとしているわけではないのは確かだ。明らかに、アーチーの場合にはねずみの場合よりもっと多くのことが生じている。アーチーは、獲得することを欲しているごちそう（昇進）を施す目標の箱（当局者を喜ばすこと）へ達する仕方を見つけるのに、ねずみよりはもっと機知に富んでいる。それにもかかわらず、少なくとも大きな輪郭においては、魅力的な類似性がある。アーチーは、足し算、引き算、綴り、あるいは彼の小学校の先生を感心させ、彼をある学年から次の学年へと昇進させたどんなものであれ、それらに対する熟達を示しても、彼の中隊の司令官を感心させることはないだろうことを知っている。それは上等兵へ昇進するための仕方ではない。アーチーが求める報酬の源泉である、この当局者を感心させるには異なる手段が使われねばならない。それゆえ、そのねずみの泳ぎが、水のない迷路を通り抜けることに与えられた報酬で説明できないのと同様に、アーチーのきびきびした敬礼は、彼の過去の昇進によっては説明できない。彼が敬礼するのは彼が昔、敬礼に対して昇進する報酬を得たことがあるからではない。この行動は、条件付けられた行動ではない。しかしねずみもまた、泳ぎに対して餌を報酬として得たから泳ぐのではない。それゆえ同様の点で、そのねずみの行動も条件付けられた行動ではない。にもかかわらず、泳いでいるときそのねずみが何か報酬（餌）をもたらすだろう（もたらした）こと——目標の箱へ行くこと——をしているのと同様に、アーチーもまた、敬礼しているとき、何か報酬（昇進）をもたらすであろう（もたらした）こと——上の人間を感心させること——をしているのである。過去の結果によって説明されるものは、その行動の新たなもしくは独創的な面ではなく、その行動に関してそれを過去に起きた行動と同じものにするようなものである。そのねずみが目標の箱へ行くこと、（今回は）それが泳ぐことで行っていること、を説明するものは、そのねずみの餌に対する欲求、そうすることで過去に餌をもらったことから派生する何かである。アーチーが当局者を感心させる努力をしていること、彼が今回はブーツを磨くことでしていること、を説明するものは、昇進に対する彼の欲求、（過去は）そうした行動に対する報酬であった何かである。アーチーが目標を達成するために別の手段を採ることは、そのねずみの場合そうであったように、彼の改変された認知的状況によって最もよく説明できる。

それでは、アーチーが望む目的へ達するために新しい手段を採ることを、何が説明するのであろうか？　なぜ彼は、上の人間を感心させるために、九九の表を練習するのでなくブーツを磨くのであろうか？　それは思うに、ねずみが水浸しの迷路で目標の箱に着くために新しい手段を採るのと同じ理由からである。アーチーとそのねずみは何かを知っており、そして彼らは今それを、恐らく初めて、新たな状況へ適用しているのである。この知識――あることが別のことをもたらす（もたらすかもしれない）という知識――は、恐らく観察学習あるいは模倣、すなわち（その個体にとって）新たな形態の行動を容易にもたらすことのできる学習形態、の結果であろう。

傾向性は、顕現することなしに変わりうる。ある物質は割れることなく割れやすくなりうる。ある粉末は溶けることなく溶けやすくなりうる。そして学習は、学習なしに、それゆえこの改変された一組の傾向性があらわな行動に顕現することなしに、生じるかもしれない。能動的反応および強化は、明らかに反応パターンの獲得と修正には必要ではない。我々はみなこれを知っている。私はあなたが自動販売機を使うのを観察する。あなたはコーラを一缶手に入れる。私はそのとき喉が渇いていないので、私は何もしない。私はその機械を使う練習をしないし、それを使うことで（一缶のコーラによって）報酬を得るわけでもない。それにもかかわらず、私の傾向性は、恒久的に変わってしまった。私がコーラを欲しいとき、私はどうすればいいか知っている。私は、あなたがその機械を使うのを観察する前にはしていたであろう仕方と違う仕方で振舞うであろう。

心理学者は以前、潜在学習についてよく語った。ある有名な実験において、トールマンとホンズィク（Tolman and Honzik, 1930）は、ブロジェット（Brodgett, 1929）に従い、ねずみが強化なしに迷路を走ることを学習できることを示した。そのねずみたちが目標の箱への道を学習していることは、餌がそこに置かれるまでははっきりとわからなかった。そのときはじめて、目標の箱へ着くことに対して何ら強化を受けなかったねずみたちが、それでもそこへどう行ったらいいか、そこに着くことに対して報酬を与えられたねずみたちと同じくらい学んでいたということがはっきりとわかったのである。ひとたび餌がそこにあるだろうということを知るや、これらのねずみたちは、そこに着くことに対して訓練の間報酬を与えられていたねずみたちと同じくらいすばやくそこに着いたのである。トールマンとホンズィクが達した結論は、報酬もしくは報酬の予期はある動物を特定の仕方で振舞うようにするために必要であるかもしれないが、学習それ自体には必要ではない、というものであった。これは今日、能力 competence と運用 performance との違いとして表現されるのを我々が聞き慣れているような違いである。

この結論はほとんどの人にとって明白なことであるように思われるだろう。だが初期の学習論者たちには明白とは思われなかった。例えばソーンダイク（Thorndike, 1911）は、ある猫が、別の猫が問題箱[2]から脱出するのを観察することを許されても、何かを学んだという証拠を何も見出せなかった。その箱に入れられると、その観察している猫は、未経験の猫と同じくらいの結果しか出さなかった。同様の否定的な結果が、ひよこ、犬、そして猿に関して得られ、ソーンダイクは、人間以外の動物は観察によって学習することはできないと結論した。

ソーンダイクは間違っていた。動物が学習することの非常に大きな部分は観察学習および模倣学習である（特に Bandura and Walters, 1963 参照）。我々は条件Fにおいて M が R をもたらすと学ぶが、我々はこれを、条件Fにおいて我々自身が M を生み出すことおよび生み出すことで報酬を得ることによって学ぶわけではなく、他者が条件Fにおいて M を成し遂げるのを、あるいは単に M が、それが別の有機体によって生み出されようがそうでなかろうが、条件Fにおいてしばしばあるいは恐らく常に、R を伴うということを、観察することによって学ぶのである。そうした自分の周囲についての知識、いかにあるものが別のものに依存するあるいは別のものを引き起こすのかについての知識は、通常の発達の行程で獲得される。それはしばしば、そのような知識に対して直接的には何の実践的必要もないときに獲得される。あなたは今 R に対する欲求を持っていない、あるいは状況Fにいない。したがって、たとえもしあなたがそうすることができても、M を生み出す理由を何も持たない。しかしこの知識は蓄積することおよび後で使うことができる。それは、状況Fが、R を得る馴染みの手段がうまくいかない状況であるとき特に役立つかもしれない。そのとき、もしあなたがそうした状況にいると分かれば、あなたはあなたの欲するものを手に入れるために、M――あなたにとってまったく新たな反応であるような何か――を生み出すことを強いられるかもしれない。私は、あなたがコーヒーメーカーを使うのを観察することで、それを使うことを学習する。これは何か私が、この知識を使う必要があろうとなかろうと、その器械から自分でコーヒを作ろうと作るまいと、学ぶことである。だが私が自分の魔法瓶を忘れたとき、コーヒーへの欲求を満たすために私は今や（私にとって）まったく新たな行動を見せる位置にいるのである。

この理由により、昇進への欲求――あるいはより一般的に、Rに対する欲求――は、Rを追い求めるときに以前決して示されたことのない行動を説明する助けとなるのである。Rに対する欲求とFであるという信念が同時に生じるとき、Mの新たな産出を説明するのは条件FにおいてMをすることがRをもたらすという主体の知識（この場合、明示的な知識――第五章第2節を参照）である。その獲得された背景知識は、その欲求に対してそれ自身の充足のためのある新しい表現手段――言わば新しい因果的経路――を与える。

このことは、我々がそれに気付かなくとも日々我々に起こっている。ある記述のレベルにおいては私は同じこと（例えばベッドから起き上がる、ひげを剃る、あるいは髪をとく）を毎日するが、別の記述のレベルにおいては私はそれを日々違った仕方でする。運動制御システムは、大部分意識レベルの下で、改変された諸条件に反応してはたらいているが、これ以上ないほど単純な自発的動きを生み出すために、毎日異なる手段を採っている。私は毎日腕を動かすが、ニューロンのレベルでの記述においては、私は恐らく決して正確に同じ仕方で動かすことはない。私は腕を動かす理由（アラームを消すため）を持つが、この特定の仕方で動かす理由は持っていない。昇進するために以前決してしたことのない、以前決してする必要のなかったことをすることは、行動のこの柔軟さについてのまた別の実例である。唯一の違いは、アーチーの昇進の場合および非常に多くの他の目的的行動の場合においては、その柔軟さが、望まれた結果へ達する代替的手段について獲得された知識を利用する意識的過程によって媒介されているのを我々が観察するということである。

3　新しい目的

私は、欲するものを手に入れるために新たなことをする動物について語っている。このことが、欲求が新たな行動を説明する助けになるのを妨げないということ、を私は示そうとしてきた。ある特定の結果を生み出すことに対して過去にRを受け取ったということは、もちろん、D（その欲求）がこの結果を引き起こす新たな仕方を説明しはしない。それは単に、Dがこの結果を生み出すことを説明するだけである。並行する知識――これらの異なる状況においてこの同じ結果がいかにして生み出されるのかについての知識――が、Dがそうしたものを生み出す異なる仕方を説明する。

しかしこれは、我々が決して手にしたことのないものに対する欲求からいかにして何かをすることができるのかを教えない。例えばアーチーが何かに（あるいは何からも）昇進したことが決してなかったとしたらどうだろう。それでも彼は昇進することを欲することができるのではないだろうか？彼はそれでもその理由のため何かをすることができるのではないだろうか？

あるねずみが、ピーナッツバターを決して食べたことがないのに、それを決して味わったりその匂いをかいだりしたことがないのに、ピーナッツバターに対する欲求から何かをすることが可能であろうか？　イエス。ただし思うに、ピーナッツバターが何らかのより根本的な仕方でそのねずみの欲するものをもたらすだろう（かもしれない）とそれが考えたときのみである。

欲求の中には認知的に媒介されたものがある。私はこれによって、その欲求が十分実在的ではないということを意味しているのではなく、その対象、それがそれに対するものであるところのもの（これをrと呼ぼう）が、rが次にもたらすことについてのその人の信念に依存する、ということを意味している。状況Fにおいてrがをもたらすという知識がrをその産物として持つ新たな行動形態を示すよう誘うように、そうした知識は、望んでいるもの（R）を獲得するのに有用であると見なされている結果（r）ならどんなものであれ欲するよう誘うかもしれない。rに対する欲求がこの仕方でRに対する先立つ欲求とRとrとの間の関係についての信念――rはRを得るための手段、恐らく唯一の手段、あるいは単なるある可能な仕方である、という趣旨の信念――から導かれるとき、私はrに対する欲求を認知的に派生的なもしくは媒介された欲求と呼ぶ。

明らかに人は決して手にしたことのないものに対して認知的に派生的な欲求を持つことができる。私が欲するもののほとんどは、少なくとも私が欲していると語るもののほとんどは、それに対する私の欲求が認知的に媒介されたものである。それらは私を金持ちにする、幸せにする、喜びを与える、私の愛する者に喜びを与える、あるいはものごとを私もしくは私が気にかける者たちにとって、何らかの仕方でよりよくする、と私は考える。これらのことを私が考えなかったとすれば、私はそれらを欲することはなかったであろう。お金（そしてここで私は多くのお金、私が持ったこともないようなものについて語っているのであると理解されるべきである）は強力な道具であると私は思う、それどころか知っている。それで何でも買えるわけではないと私は知っている、少なくとも常にそう教えられるが、確かにそれは我々のほとんどが欲する極めて多くのものを手に入れる効果的な手段である。このことゆえに、我々はそれを欲する――そのことが、我々がそれを欲する唯一の理由である。

ハロルドはタバコを決して吸ったことはなかったが、今や彼はそれらを買うために店に入ろうとしている。彼がその店に行っている理由はタバコを買うためである。なぜ彼はタバコが欲しいのか？それを吸うためである。なぜ彼はタバコを吸いたいのか？　恐らく彼はその煙を吸うことで楽しい経験ができると思っているからである（彼の年上の友人はそれを楽しんでいるようである）。ことによると彼は、それが彼を仲間たちにより大人にそしてより賢く、女の子により魅力的に、あるいは両親と先生により反抗的に、見せるだろうと思っている。タバコを吸うということがどういうことなのかちょっと経験してみたいというだけなのかもしれない。タバコを吸いたい（r）ということが派生的な欲求であるのは、この動機的状態の目的が、ハロルドがrと彼の欲する特定の他のもの（R）――感覚的快楽、友人の尊敬と敬服、女性の興味、両親と先生の立腹、あるいは単なる好奇心（情報でさえ強化作用を持つ）――との関係について彼が知っていることもしくは信じていることに由来するからである。二〇年タバコを吸った後、タバコに対する欲求は異なる特質、何か食べ物や水に対する純粋な（認知的に媒介されていない）欲求により近いもの、を帯びるようになるかもしれない。しかしながら、最初のひと吸いに対する欲求は、もしこの欲求を満たすために何かをするならば、その動機的力――そしてそれゆえその説明上の意義――を、その〔何かをすることの〕結果がそれに対する効果的な手段となる、あるいはなるかもしれないような目的についてその人の持っている信念から引き出している。

第五章で見たように、欲求は運動の寄与的原因である。純粋な欲求の場合、運動の産出におけるある欲求（D）の因果的役割を説明するもの――それがMを引き起こすのを助けることを説明するもの――は、それがRに対するものであるという事実である。この事実、およびMがRを生み出すという事実は、なぜDがMの原因として採用されたのか、それゆえなぜそれが今Mを引き起こしているのか、を説明する。それがこの仕事のために採用されたのは、MがRという結果、Dが強化作用を持たせるような結果、に帰着するからである。行動を主体の欲すること（これらの欲求が純粋であるとき）を記述することによって説明するとき、我々は単に、現在の内的状態が何に行動の構築原因としての資格を与えたのかを記述しているにすぎない。しかしながら、認知的に媒介された欲求は、説明上の人工物である。言わばそれらは、それらがそこから目標や動機的力（したがって、それらの説明上の効果）を引き出すような認知的および動能的諸要素から成る構築物である。我々はハロルドの行動、彼が最初のタバコの一箱を買うことを、彼のタバコを吸おうという欲求を記述することによって説明する。しかしながら、この欲求、認知的に派生的な欲求は、その対象（タバコを吸うこと）を、タバコを吸うことが成し遂げるであろう（あるいはかもしれない）ことについての彼の信念から借りており、その動機上の効果、運動を生み出すその力をこれらの帰結に対する欲求から借りている。ハロルドの彼の友人を感心させたいという欲求あるいはタバコを吸うことが彼らを感心させるという信念を取り去ってしまえば、タバコに対する説明不可能な欲求が残るのではなく、何の欲求も残らないのである。

このことは、Ｒを欲しながら同時にその欲求に対するどんな整合的なもしくは合理的な説明もないということがありえないと言っているのではない。よく言うように、何かをそれ自身のために欲するということがある。そして人は音楽を、それがリラックスさせるからでもなく、Ｘをもたらすからでもなく、Ｙをさける助けとなるからでもなく、単にそのような気分でありちょっと聴きたいから、聴こうと欲することができる。私は、内在的に intrinsically 望ましい、それら自身のために望ましいと思うようなものごとの存在を否定しているわけではない。それどころかこれは、純粋な欲求という考えが捉えようとしていたものである。私が否定しているもの、私の純粋な欲求の話が私に否定させるものは、ある純粋な欲求が、その欲求の充足をまったく経験したことがないのに、行動の説明に登場するということである。というのも、もしＲをまったく経験したことがなければ、Ｍを生み出すことの結果としてＲを経験したこともなおさらありえないからである。こうであるとすれば、Ｒを受け取ることは、Ｍをその産物として持つ過程（＝行動）の構築原因とはなりえないであろう。それゆえ、ＤがＲに対するものであるという事実は、この行動の説明に登場することはありえないのである。

私はまた、最初は単に派生的な仕方でしか欲していなかった、あるいはまったく欲していなかった何かに対する欲求、真正の、直接的な欲求を人が発達させるかもしれない、ということを否定したいわけでもない。クライドがアスパラガスを初めて食べたのは、両親を喜ばせるためであった。しかし何年も経った今、彼はアスパラガスが大好きであり、わざわざそれを手に入れようとする。ひとたび彼がアスパラガスを味わったならば（あるいは何を強化作用を持つ結果とみなそうと）、その味と香りは永久に制御構造を修正できる。アスパラガス、あるいはアスパラガスを食べることは、食べること、注文すること、買い物すること、などに含まれる動きの産出に（様々な信念と共に）貢献するような内的状態の、第五章で定義されたような、目的となりうる。今クライドがこのレストランで食べ、そのスーパーマーケットをひいきにするのは、彼が新鮮なアスパラガスを欲しいからである。なぜ彼はそれが欲しいのか？　彼はそれが好きだからだ。なぜ彼はそれが好きなのか？　ただ好きなだけだ。もちろんいつも、というわけではない。彼はそれを朝食には食べない。だが彼はときたまどうしても欲しくなるのである。その渇望がないときでさえ、彼にとってそれは好みの野菜である。彼の行動に対するこの説明は、もはや以下のような欲求、すなわちその内容を、アスパラガスを食べることが成し遂げるかもしれないことについての信念から引き出す欲求に（本来はそうであったように）訴えない。いまやクライドはアスパラガスを食べたのであり、彼がアスパラガスを食べることが、以前は説明できなかったことを説明する助けとなりうる。それゆえ、アスパラガスに対する欲求、アスパラガスを食べたいという欲求、運動アウトプットを決定するのに今役立つ内的状態は、以下のような事実によって、すなわちその欲求が、アスパラガスを食べるという結果に強化作用を持てるようにしたという事実によって、アウトプットの産出におけるその役割を説明することができる。

信念と欲求との間の相互作用は相補的な過程である。我々は、より豊かな信念のシステムが数多くの新しい欲求、人の純粋な（あるいはより非派生的な）欲求を充足すると考えられるものであれば何であれ、それに対する欲求、を生じさせる仕方をちょうど見てきた。そうした派生的欲求は、そこからそれらが引き出されるような信念のすべての概念的複雑さ、およびそれゆえすべての志向的構造を、受け継いでいる。私は午前十時三十分ちょうどにステート通りとマジソン通りの角にいたい。というのも私はあなたに会いたくてそれがそのときあなたのいるところだと思っているからである。この場合、特定の時と特定の場所にいたいという私の欲求は、そこからこの欲求が引き出された信念によって含意される表象資源なしには、私が（充足することは言うまでもなく）持つことさえ決してできなかったであろうような欲求である。

だが逆に、より識別能力の高い欲求の発達は、これらの欲求に奉仕するより洗練された表象テクニックの並行的発達を要求するかもしれない（そして確かに促進する）。もし私が十時三十分にステート通りとマジソン通りの角にいたいなら、私は時間と場所とを表象する様々な仕方、より多ければよりよいが、を持つのが当然である。表象の力がより大きくなればなるほど、効果的となるような時と場所で変化を生み出す見込み、すなわち欲求――それに対しその変化を生み出そうと企てられたような欲求――を充足するだろう時と場所において、変化を生み出す見込みは大きくなる。その群れの中の一匹も捕まえることができないならば、それを追跡することに意味はない（それどころか追跡しないことに意味がある）。もしその骨が木のそばに埋められたのなら、花壇のここを掘ることに意味はない。そしてもし時間を知ることができないならば、十時三十分に約束を取り決める、もしくは約束をしていることに意味はない。エネルギーの無駄な浪費をさけるためには、サインを特定すること、いつどこで諸条件は運動を始めるのに最適となるのか、を学ばねばならない。このことは、我々のような生き物、しばしばその欲求が、特化された、しばしば変化している状況――それらの特化された特徴ゆえに我々が同定することを学ばねばならなかったような状況――と正確に調和した動きによってのみ充足されうるものであるような生き物において特に当てはまる。コオロギは、正しい順序配列、コオロギが遺伝的に認識し反応するようプログラムされている順序配列の震え声とさえずり声を発しているものとなら何でも交尾を始めることができるかもしれないが、我々はそうした不可謬な性的受容性あるいは関心のサインを何も持たない。我々が、再生産［すなわちセックス］の努力において比較できるほどの成功を収めるためには、はるかに入り組んだ合図とサインの網をうまく通り抜けねばならない。そしてこれらの合図とサインのほとんどは、学ばれねばならないのである。

しかしながら、認知的に派生的な欲求はともかく、認知的諸要因と動能的諸要因との相互的影響は、欲求がますます洗練される、すなわち、欲求が単なるＲに対してでなく、Ｒのある特定の形態、あるいはある特別な諸条件の組におけるＲに対して発達するにつれ明白となる。我々は、ＦがＲの特別な形態であったり、あるいは我々がＲを好むような特別な諸条件にある場合には、単なるＲでなく、ＦＲを欲する。人は特別な種類のキノコに対する嗜好を発達させる――あるいはバージニアタバコ、ラティキアタバコ、ペリークタバコのブレンドに対する、コスレタスとヘッドレタスの混合物に対する、辛口のフランスワインに対する、クラッシックの交響曲に対する、ミステリーに対する、年頃の赤毛の女に対する、嗜好を。この特定の種類のキノコ、タバコ、ワイン、などなどに対する好みを発達させたために、その人は明らかに関連する識別――ＦＲと非ＦＲとを区別すること――を行うことができる。それにもかかわらず、これらのより洗練された欲求をいつもそして信頼できる仕方で充足させるには、典型的にはＦＲを特定するテクニックの発達が要請される。探究が長引くことやあまり望ましくないものを繰り返しサンプリングすること（サンプルを確保するためにエネルギーを消費することをしばしば含むようなサンプリング）を避けるためには、味覚の好みの場合は特に、自分の好むものを特定する視覚的、嗅覚的、触覚的仕方が必要である。現代の包装テクニックは、その包装の中身を特定する言語の使用は言うまでもなく、認知的発達と動能的発達の間の、より多く知ればより多く欲しくなる仕方と、より多く欲しければより多く知らねばならなくする仕方、との間のこの相互依存性を隠蔽しがちである。しかしながら、相互依存性は、進化論的レベルですでにお馴染みのことの認知的レベルでの顕現にすぎない。すなわち、新しい認知的資源が種の環境の中の――そしてそれゆえ必要の――変化に役立つよう発達した仕方である。害虫は、駆除剤の新しい開発のたびにそれに抵抗する、あるいはそれを避ける仕方を発展させるのである。

4　認知的全体論

行動を説明するために利用できる動能的資源の数と種類を拡大する他に、信念のより豊かなネットワークの発達もまた、そのネットワークの中における信念の特徴を変える。事実であると推定されるFをその内容として持つ信念、すなわち条件Fが存在することを表示するのがその機能である内的状態は、対応する表示機能を持つ他の諸状態とよりしっかりと結び付けられるにつれ、この内容を不可避的に変える。一人で現場で働いているスパイは、ある特定の情報収集機能を持つかもしれない。だがより多くのスパイが配備され、そして彼らの情報収集活動が重なり始め、相互依存的になるにつれ、それぞれのスパイの責任は変化するかもしれない。

このいわゆる信念の全体論的性格は、最近の哲学において盛んに論じられ争われている（特にDavidson, 1980, 1982を参照）。信念についての現在の見解は、我々が何を信じるかを、何を表示することが特定の諸要素の機能であるかと同一視する見解は、信念がこの全体論的性格を持つということを含意するばかりでなく、なぜ信念がそれを持つのかをも明らかにする。信念がよりしっかりと構築された認知システムへと統合されるにつれ、それら信念の表示機能はより相互依存的となる。それほど多くをする必要がなくなり、それらは自由により専門的になることができる。この専門化の進行の結果、それらはよりきめの細かい志向性を示し始める。要するにこの理由で、ライトが点いているというねずみの信念はライトが点いているという私の信念と、ある重要な意味でライトが点いているという信念のままでありながらも、違うかもしれないのである。(2) それはまた我々の環境の特徴と条件――我々がここまで無視してきたものであるが、いわゆる理論的性質（例えばPapineau, 1984：560参照）――に対する概念を発達させることがいかにして可能なのかを説明する助けとなる。

　ある要素の意味あるいは表象内容は、それが実際に表示することに成功しているものというよりは、それが表示する機能を持つものであるので、もしこの機能が変化すれば、意味も変化しうる。そして機能は、その要素が実際に表示するものの変化なしに、変わりうる。非常に単純な事例においてこれが起こるかもしれない仕方を考察せよ。ある動物が特定の環境条件FとGとを同定することを、それらの必要-充足活動との関連性ゆえに、学んだとしよう。第四章で与えられた話に従って、以下のような内的表示子、すなわち（学習過程から引き出された）その機能がこれら二つの条件の存在を登録することであるような内的表示子――それらをB（F）とB（G）と呼ぼう――があると私は想定する。B（F）は、何かをFであるとして表象する。B（G）はそれをGであるとして表象する。FとGは特定の形、色、音、あるいは匂いであると考えることができる。あるいは、それらは同定のパターンの色、形、および音――例えば警告音、威嚇的な輪郭、あるいは友好的身振りなど――であるとして考えられるかもしれない。あるいはそれらは環境のさらにより具体的な特徴――例えばグループの個々のメンバー（母）を、もしくは重要な場所（私の家）を、特定するために使われる諸性質のあつまり――であるかもしれない。それらがどのようなものであれ、FとGはその動物が、その必要をより効果的に満たすためおよび安全を保証するために同定することを学んだ諸性質である。

その動物が今することのあるものは、その動物がその環境を条件Fにあるものとして表象するゆえにするのであり、またそれがする他のものは、それがそれら［環境］を条件Gにあるものとして表象するゆえにするのである。では、その動物が――FとGとの間の環境の随伴性、相関関係、にさらされたため――これらの二つの条件を結びつけることを学ぶ――たとえばFが成立するときは常にGもまた成立すると学ぶ――としよう。近くの仲間があの特徴的な声を発するときは常に、ワシが上を旋回している、（空腹であるときは危険な敵である）そのメスライオンがあのように見えるときは常に、食べたばかりでありそれゆえ空腹ではない、ある花がこのように見えあのように匂うときは常に、花粉と蜜が豊富にある。この知識は、運動を制御するときにB（F）が機能し始める仕方を変えるかもしれない。というのもこのFについての内的表象が以前はGについての表象によって実行されていた制御義務を引き受け始める状況を想像するのは容易だからである。もし条件G（空にワシがいる）においては隠れることが必須であれば、それは今、学習の後、近くの仲間から特徴的な「警告」の声が発せられるときは、Fにおいてもまた必須である。B（F）は、その産出が以前はB（G）の仕事であったような回避的な動きを、今引き起こし始める。ひとたびこれが生じれば、その機能がFを表示することであったような要素、B（F）の意味に微妙な転換が生じうる。この本来の機能を保持しているものの、それは学習の後、また別の機能――Gを表示する機能――を獲得しうる。FとGとの間にある外的、客観的相関があると前提すれば、B（F）は実際は、Fを表示するときは常にGを表示してきた。だが学習以前は、Gを表示する機能を持たなかったため、B（F）はGを表象しなかった。しかし学習によって成し遂げられたB（F）とB（G）との間の内的連合はB（F）の表示機能を変化させうる。それはB（F）が、それがGについて表示する内容の結果として引き起こすもの、を変化させることで、そうすることができるのである。B（F）はFを表示する機能を、それがFを表示したゆえにすべき仕事を与えられることによって、獲得した。B（F）の仕事内容が変化する、そしてそれがGについてそれの表示する内容ゆえに変化するとき、B（F）はGを表示するという付加的な機能を獲得する。それゆえ、B（F）の表示機能は変化する。それが表象するもの、あるいは意味するものは変化する。

ある要素がこの追加の表示機能を獲得し、そしてそれゆえその意味を変えるかどうかは、その新しく獲得された制御義務、以前は他の複数の表象要素によって制御されていた動きの開始が、これら他の諸要素が表示するものをそれが表示することの結果として獲得されたのかどうかという問題である。その生涯をFの表象として始めたある要素がその意味を変えうる――もしお望みなら、ある付加的な意味の成分を獲得しうる――のは、その因果的役割をそのGについての表示によって修正することによってである。近くの仲間の警告の呼びかけがベルベットモンキーを、それが通常上空の脅威（例えばワシ）に対してするように振舞わせるとき、この音声刺激の内的表象は付加的な意義を獲得する——それは警告の呼びかけの表象、（言わば少し離れたところにいる）ワシの表象となる。[3] これが起こるとき、内的要素はその機能を、そしてそれゆえその意味を変えるが、それは、少なくとも部分的には、その侵入者に対する攻撃的で騒がしい反応ゆえに犬が飼われているとすれば、ある犬の機能が単にペットであるというものから番犬でもあるというものへと変わるかもしれないのと同じ理由からである。

連合した諸概念のネットワークへと統合された結果、ある概念はこのように変化するかもしれない。それはその根底にある性格を失わずに、その外延には何の目に見える変化を被ることなしに、発達しうる——言わば、意味（内包）の新しい次元を芽生えさせることができる。それはまだ以前と同じものをすべて表示するが、今や異なる——恐らくより専門化された、あるいはより変化に富む——表示機能を持つ。

ハトは、写真の中のトラックを特定することを学ぶことができるという。トラックの写真であるということを除いては、それらの写真はあまり共通点を持たないように思われる。例えばそれらは、異なる角度から、トラックの異なる部分について、異なる距離から、撮られている。ハトはこの課題においては小さな子供たちよりよい成績を収める。ハトは、X（ハトが見せられた写真に写っているもの）がトラックであると信じているのだろうか？　それゆえにハトは（トラックの写真を見たときにはそうするよう教えられているように）ターゲットをつつくのであろうか？　ハトはトラックの概念を持つのであろうか？　我々は、そのような識別課題において子供が同様の成績を収めたならば、その子にこの概念を喜んで帰するかもしれない。なぜ我々は子供に信念を帰する気になり、鳥にはそうする気にならないのであろうか？　もちろん、子供は公共の言語においてトラックを意味する語を含むようなトラックに対する反応の仕方をしばしば与えられているという明白な事実がある。それゆえ、子供のあらわな反応（彼らの使う語）の表象的性質をこれらの反応の内的原因（彼らの内的信念）へ付与する（むろん多くの場合時期尚早であるが）ことはより易しい。しかし、この違いを別にしても、子供は（そしてもちろん大人も）ハトがトラックについて知らないこと――トラックは走るために燃料を必要とすること、重い積荷を運ぶために使われること、高速道路を走ること、など――をしばしば知っている。これらのことはどれ一つとして、それがトラックであるということにとって本質的ではなく、「トラック」という語を定義するのに我々が正当に使うことのできるようなものではない。トラックの中にはまったく走らないものもある。重い積荷を決して運ばない、そして運ぶために使われないものもある。それらは、それにもかかわらず、トラックである。トラックの概念と他の諸概念（積荷、高速道路、燃料、など）の間のこれらの繋がりは、ある知識のシステムを構成し、我々のトラックについての内的表象を、表示子と関連する仕方で機能することができるようにする。それに対し、ハトの表象はそう機能することはできない。我々は、トラックが給油所で止まるのを見るだろうと予期する。我々はトラックが道を通りすぎるのを聞く（そして聞くことでトラックであると同定する）。我々は、運転席には運転手がおり、ボンネットの下にはエンジンがあることを知っている。我々は、トラックにはたぶん大きな音のするクラクションとエアブレーキが付いていると知っている。ある人々はこれらのことを知っている。別の人々は異なることを知っている。だが論点は、ある構造、（例えばある子供の中の）その主要なあるいは本来の機能が、ハトがトラックを同定するのに持つような単純な仕方でトラックを表示することであったかもしれない構造は、連合のこの巨大なネットワークの結果として、様々な他の表示機能を獲得するということである。そしてその機能は、今度はその主要な機能がかなり異なるかもしれない構造によって部分的に引き継がれる。この相互に結びついた諸機能のシステムはそのときそのネットワークの中の個々の諸要素が何を意味するかを修正する。

　このことが、ハトは子供よりトラックを同定するのがうまいけれども、子供が信じていること——それらがトラックであるということ——をハトが信じていると言うことがなぜ誤解を招くかの理由である。その鳥の識別課題における印象的なパフォーマンスを前提すれば、その頭にはどの対象がトラックであるかを表示する何かがなければならない。この要素は（学習の結果として）どの対象がトラックであるかを表示する機能をさえ獲得したかもしれない。それにもかかわらず、この要素は我々のトラック概念を定義するのに役立つ一群の相並ぶ諸機能を、あるいは相並ぶ諸機能を持つ他の諸要素への諸関係のネットワークを欠いている。こうして、ハトがトラックを表象する仕方を我々がどのように表現するよう選択しようとも、それがこれらの対象をトラックとして表象すると言うことは、せいぜい誤解を招きやすい（そして最悪の場合誤っている）言い方でしかない。ハトがこれらの対象についてどのように考えようと、それはたぶん、もしそもそも表現可能なら、何らかの別の仕方において最もよく表現されるであろう。

　思うに、この事実こそが、言語を持たない動物に我々が持つのと同じ概念、同じ信念、を与えたくないようにさせるものなのである。「赤」や「三角」といった基本的な観察的概念についてさえ、言語を欠くその動物は、その内的な色および形表示子（動物が日常的に行っている識別課題を確かに行わなければならない表示子）に緊密に結びついた表示機能の集合を与えるような連合のネットワーク――これは人間の認知的発達過程でこれらの表象構造が獲得したものであるが――をたぶん欠いている。赤は、辞書編纂者が興味を持つであろうどんな意味においても「止まれ」を意味しないだろうが、その対象が赤いという私の信念とその対象が赤いというあるねずみの信念とを区別することと関連するという意味ではこれを実際意味する。そして私の赤という概念は私の色という概念と特に密接な関係――動物においては、赤を表示するのがその機能である何かを持つものの、色という概念（その機能が色を表示することであるような何か）を欠くため、まったく欠けているかもしれない関係（Premack, 1978）――を示している。

これによって我々は、古典的な観念に対してよりは、現代の「範型」、「全体論的」、「プロトタイプ」理論により近い概念についての見解（Smith and Medin, 1981; Rosch, 1978）に至る。現れてくる描像は、ある変化、すなわち拡張している諸概念のネットワークへと含まれることによって増大するある概念の結合が引き起こす、概念的変化のダイナミックな過程の描像である。これは、我々がネットワークを変更するときは常に――例えば我々が新しい概念を追加したりすでにそのネットワークにある概念間の新しい繋がりを確立したりするときは常に――すべての要素が対応する意味の変化を被る、ということを言っているのではない。もちろん何かが変化するだろうが、それはすでにそのネットワークの中にある構造の表示機能である必要はない。変化するのはこれらの構造が、新しく加えられた構造との繋がりのため、新しい構造がそれについて表示する機能を持つような諸条件について表示する内容である。だがこれだけではそのネットワークにおける概念（意味）を変えるのに十分ではない。というのもそれらの同一性は、それらが実際に表示するものではなく、それらが表示する機能を持つものに依存するからである。組織は（より多くの人を雇用することで）増大しても、必ずしも他の従業員の機能を変える必要はない。

　これによって確かに、我々はぼやけた境界線を持つことになる。ある構造はいつその表示機能を獲得するあるいは変えるのであろうか？　その主要な機能がFを表示することであるような要素はいつGを表示する付加的な機能を持つようになるのか？　そうした問いは、当の機能が（第三章において）私が付与された機能と呼んだものであるときには理に適った答えを持つ。というのもこの場合、我々が、我々の意図と使用によって、あるものの機能を決定するのであり、我々には我々がいつ意図や何かを使う仕方を変えるのかがたぶんわかるからである。だが内在的な機能についてはそれほど明らかではない。もしウミガメが今前ヒレ足を使って（卵を埋めるために）砂を掘り、我々がこれらのヒレ足は本来は純粋に移動目的のために進化したのだと考えるならば、どの地点で（もしあれば）我々は、これらのヒレ足がその機能を変えたと言うことができるのであろうか？　いつパンダの手首にある種子軟骨は親指になったのであろうか（Gould, 1980）？

　何かが機能する仕方とその機能との間には、明確な区分線は存在しない。あるものが、その任務を継続的に果たしてきたことに依存する仕方で選択されているあるいは使われている、ということが明らかであるほど十分長くそのように機能した後は、我々はそれがその任務を果たす機能を獲得したと言うことができる。表示子とその機能の場合、これらの問いは正確な答えを常に（あるいはそもそも）持つとは限らない。だがこの結果は、思うに、意味のこの説明に対する反論では断じてなく、その長所の一つである。というのもこれはまさに、それらの問いが依存する信念や概念の場合において見出されると予期すべき類のことだからである。連合概念の見地から見て、消防車が赤いと、枝の上に鳥がいると、あるいは私道にトラックが止まっていると信じるためには、正確に、他に何が信じられなければならないだろうか？

原注

第一章

(1) これについてはこの章で再び触れるが、動きなしの行動の可能性についての論点は論理的なものとして意図されており、冬眠している熊や弱々しい鶏に実際に運動が生じるかについての事実的主張なのではない。例えばバスを待っているときにかすかな補正的運動が、安定的姿勢を保つために、筋肉や関節に継続的に生じていると判明するかもしれない。そして確かに動物は彼らが待つ、隠れる、冬眠する、そして死んだふりをする間、呼吸を続ける。しかしこれらの事実は無関係である。誰かが動くことなしにバスを待っていたと想定することは実際矛盾ではない。

(2) ここで私はこの章で後に重要となるある区別――ある内的原因により生み出される運動とその運動の産出の区別――を無視する。私はしばしば表現し易さを考慮して、そして後に拒否する仕方で、その運動を行動として語る。

(3) 内的とは単に皮膚、皮、えら、羽、あるいは何であれそういうものの内側あるいは下を意味するものではない、ということは理解されるべきである。それは行動を示しているシステムの真の、あるいは不可欠の部分、という観念をも含む。例えばAがBを飲み込むならば、我々は飲み込まれた者に正しく属する行動を飲み込む者に認めるべきではない。しかしいつあるものが別のものの一部となるかは常に明らかではないかもしれない。私はユージーン・ミルズにこの点について注意を促してくれたことについて感謝する。

(4) 非常に単純な(例えば単シナプスの)反射においては、運動は実際は内的神経的過程でなく、誘発する外的刺激によって引き起こされているのではないのか、ということについて疑問があるかもしれない。私はこの点にまもなく触れる。

（5） タルバーグ（Thalberg, 1972: 59）による反応 reactions（あくびをすること、しゃっくりすること、あえぐこと、震えること、顔を赤らめること）と故障 breakdowns（やりそこなうこと、つまずくこと、どもること、卒倒すること、いびきをかくこと、気を失うこと）のリストは行為ではない行動のすばらしい部分的目録である。私は実際、行為でも我々に起こることでもない活動（上の反応や故障のような）がある、というタルバーグの議論は行為を行動の一種 a species とみなすためのすばらしい議論であると考える。

（6） この点についてジョン・ヘイルへ有益な討議を感謝したい。

（7） しかしながら、マッギンは後に（p. 97）身体運動を行為の構成要素と同一視することでこの仮定を撤回する。

（8） この限定は私がしばしば省略するゆえに常に理解されるべきである。何かをするために「筋肉を動かす」ことをする必要はない。何も言わないことは、何もしないことと同じことではないが、差し迫った質問に対し何も言わないのは失礼な、ひょっとしたら非道徳的な行動だと容易に見なせるかもしれない。私はこの章の第六節でこの点に立ち返る。

（9） アーヴィング・タルバーグ（Thalberg, 1977: 特に 65-71）は、行為（行動の一種）を、そこに含まれるどんな関連する身体運動をも包み込む複雑な実体とする行為の「構成要素」分析を行う。コリン・マッギン（McGinn, 1979）もまた、自分の「好みの」理論として、行為を、試みること trying と運動の両方を部分として含む複雑な出来事としている。私が正しく理解しているか確信は持てないが、もしそうならジュディス・トムソン（Thomson, 1977）も、行為を運動を引き起こしている行為者と同一視するときこれと似たことを考えている。

　この関連でティンバーゲン（Tinbergen, 1951: 2）の行動の定義「影響を受けていない intact 動物によってなされる運動の全体」に触れることは興味深い。それは影響を受けていない動物によってなさいる運動として理解されるべきなのであろうか、影響を受けていない動物がそれらの運動をしていることとして理解されるべきなのであろうか？

(10) Hornsby, 1980: 29を参照。これについてのより一般的考察、そして関連する時間的議論は、Thalberg, 1971：特にchapter 5; Thomson, 1971; Bennett, 1973を参照。

(11) ドナルド・デイヴィドソン (Davidson, 1963, 1967, 1971) は、すべての行為を彼が原初的行為と呼ぶもの――ある種の身体運動を含む行為――と同一視する。したがって、例えば的の中心に当てることは、的の中心が当てられることを引き起こすような何かをすることにほかならない (Davidson, 1980: 21)。この種の立場に至るとき、デイヴィドソンはX (死、的の中心が当てられること) を引き起こす何かをすること (誰かを撃つこと、ダーツを投げること) はXを引き起こすこと (誰かを殺すこと、的の中心に当てること) と同一である、という原則 (1980: 58) を使う。私はXの原因がXを引き起こすことと同じとは考えない。前者は典型的にXが起こる前に終わっており、後者はXが起こるまで存在しえない。

(12) これは殺すことを死に至る身体運動 (例えば撃つこと) と同一視する理論から帰結するように思われる結果である。これらの不都合な帰結に対抗しようとする様々な試みについてのバランスの取れた考察は、Davis, 1979を参照。

(13) 問題をこのような劇的な仕方で表現することに関しては、アンガス・メニュージに感謝したい。

(14) これらの行動の入れ子状の構造は第二章においてより十全に考察される。

(15) これらは我々があるシステムの行動とその部分の行動とを区別しようとするとき加わる複雑さである。多くは我々が行動を記述する仕方 (明らかに犬の耳はその耳からハエを振り落とさない「耳にまた耳があるわけではないから」) に依存する。また、特定の運動や変化がシステムとその部分両方によって行動の結果となること、を妨げるものはない、ということも強調されるべきである。まったく逆で、(システムにとって) 内的原因はまたそのシステムのある構成要素あるいは器官にとっても内的なものとなり、したがって、システムの行動ばかりか構成要素の行動をも構成することができる。私の腕を動かす際に、私の脳、神経、腺、筋肉は非常に多くのことをすることができる。私の行動は私の部分の行動――一般的にかなり異なる行動――によって生み出される。私は息を吐く――私の肺は空気を排出する。私は泣く――私の涙腺は涙を生み出す。

(16) タルバーグ（Thalberg, 1972: 45–47）は、行動（または行為）と、因果的理由で人に起こること、とを区別することに絶望している。彼は正しくも以下のことを指摘する。すなわち、人はしばしば自分に起こることに対する因果的貢献をなす――政治家は精力的にキャンペーンをして（彼がなすこと）選ばれる（彼に起こること）、スキーヤーは無謀な行動をして、彼を押し流す雪崩を誘発する。これらはうまい例であるが、行動が因果的理由で人に起こることから区別されるべきではない、ということを示すわけではない。それらはせいぜい何かの原因を特定するときの恣意性を反映するだけである。もし買収して選ばれることが何か人々のすること（道徳的に好ましくない行動、と我々は言いたいだろうが）であるならば、精力的にキャンペーンして選ばれることもまた何か人のすることである。

(17) このことは以下のようなローレンツとティンバーゲン（Lorenz and Tinbergen, 1938；レールマンによる引用は Lehrman, 1953: 340）の立証によってうまく例証されている。卵を巣へ転がすガチョウの頭の運動においては、矢状方向の［体の正中面に平行な］運動を導き解発する刺激は側面から側面への［左右の］運動のための刺激と同じではない。一方の運動は本能的であり、他方の運動は（視覚フィードバックの制御下にある）走性 taxis［刺激に対し方向付けられた運動を起こす性質］である。

(18) Gwinner, 1986 参照。同じ理由から、我々は警報への反応としての逃避（群れで行動する多くの動物における決まった行為パターン）とその（本能的）逃避の方向（認知的要因、すなわち知覚された捕食者の位置、によって決定されるもの）とを区別したい。

第二章

(1) ゴールドマン (Goldman, 1970) も述べるように、因果は行為を発生させる唯一の仕方ではない。もし状況（社会的、法的、などの）が、特別な文脈においてはMがXとして認められるようなものであるならば、そのときCがMを引き起こすことはCがXを引き起こすという行為を（ゴールドマンの言葉を使えば）「発生させる generates」。この場合、CがMを引き起こすこと（過程）も、M（その産物）も、Xを引き起こさない。例えば、古代ギリシャにおける法の取り決めとクサンティッペがソクラテスと結婚しているという事実を前提すれば、ソクラテスの死に際しクサンティッペは未亡人となる。ゆえに、ソクラテスを殺す者は誰であれ、クサンティッペを未亡人にするのであり、ソクラテスを殺すことによってそうするのである。しかしこの場合「によって」は因果的なものではない。その行動（ソクラテスを殺すこと）もその産物（ソクラテスの死）もクサンティッペが未亡人になることを引き起こすことはしない。

(2) 私はエリオット・ソーバー、マーティン・バレット、エラリー・イールスにこの点についての有用な批判を負っている。

(3) このような仕方で起動原因と構築原因の違いを記述することに注意を促してくれたスーザン・フィーギンに感謝したい。

第三章

(1) すなわち、それを表示することがそれらの（付与された）機能であるようなものを表示する内在的力を持たない。もちろんそれらは我々に依存しない仕方で何か他のものを表示するかもしれないが。例えばコインは、金属であるため、（それらの体積によって）温度を表示する。それらは、それゆえ粗い温度計として使うことができる。しかし、私のしている話によれば、これはそれらの（付与された）機能ではない。もしそれがその機能であれば、我々はタイプⅡのRSについて話していることになろう。

(2) フォーダー (Fodor, 1987b) はデイヴィッド・

マーとその仲間たちによって論じられたこの現象の興味深い説明に言及する。すなわち、二次元の回転から三次元の形態を計算する（知覚システムにおける）アルゴリズムについてである。そのアルゴリズムは厳密に言えば妥当ではない。というのも、真なる二次元の前提から偽なる三次元の結論へと至る諸世界——空間的回転が固定されていない諸世界——があるからである。それにもかかわらず、そのアルゴリズムはそれが実際に使われる状況においては真理保存的である——すなわちここ、我々の世界においては。これに、このアルゴリズムを使用する知覚メカニズムはここ、この世界において進化したという事実を加えよ。そのとき我々は、二次元的回転についての感覚上の「諸前提」（すなわち、網膜像の二次元的変形を記述する諸前提）をして我々の住む三次元的世界について何事かを表示するのを可能とするような——法則的でないにしても偶然的でもない——均一性 uniformity の生物学的事例を手にすることになる。

（3） このことは、あるものが何を意味するあるいは表示するかの記述が常に主観的要因から自由である、と言っているのではない。我々はしばしばあるものが意味するあるいは表示する何かを、可能性について我々がすでに知っていることを反映するように記述する。もし明かりを制御するスイッチが二つしかないならば、その明かりは、二つのうちどちらかのスイッチが入っていることを表示する。しかしながら、このスイッチ（二つのうちの一つ）が入っていないことを知っているなら、私は明かりの点いていることをもう一方のスイッチが入っていることの表示と取る。この場合、私、話者が他の可能性について何か知っていたのでない限り表示しないであろうことをその明かりは表示する（と言われる）。

この意味で我々がサインに付与する意味は相対的なものである。それは話者が可能な代替［的状況］についてすでに何を知っているかに相対的である。しかしながら、このことは、自然的意味が主観的であることを意味しない。ある人の体重は、それが相対的だからといって、人の体重は月で量れば地球で量るより軽いからといって、主観的だということにはならない。もし誰も何も知らないとしても、それでもものごとは他のものごとを表示するだろう。単に、それらは我々が今それらが表示していると記述する特定の種類のこと（例えばもう一方のスイッチが入っているといった）を表示しないだろうというだけである。

（4） 少なくともタイプⅡのRSとしては。しかしながら、それをタイプⅠのRSとして使うことはできるだろう。ちょうど私がコインとポップコーンを使ってバスケットボール選手を、および選手たちの位置と動きを、これらの諸要素の位置と動きで表象したように、ダウ・ジョーンズの平均株価を表象するために似た仕方で直腸体温計を使うことを妨げるものは何もない。

（5） この点を問題視したい者のために言えば、思うに私はもし石を私の息子と取り違えたならば、その石に皿を洗う仕事を付与することができるだろう。ちょうど私がもし温度計を他の何かと取り違えたらそれに株式市場の変動を表示する仕事を付与することができるであろうように。しかしながら、私は、石が実際にこの機能を持つことができるとは思わない。同様に私は単純な道具がそれの表示できないような何かを表示する機能を持つことができるとも思わない。これは、温度計を株式市場について何かを表示することができ、それゆえ表示する機能を持つことができるようなより複雑なシステムの中に組み込むことができないだろう、と言っているのではない。だが、そのときは同様に、私は石を、私の皿を洗うことができる（それゆえ洗う機能を持つことができる）機械（例えば滑車）の一部とすることができるだろう。

（6） この原始的感覚システムの機能をどう記述するのが最も良いかについては意見の違いがあろう。それは嫌気性生物の好む諸条件の位置、方向、あるいは所在を表示する機能を持つだろうか？ あるいはそれは地球の磁極性（それは今度は嫌気性生物の好む諸条件の方向を表示する）を表示する機能を持つのだろうか？ Dretske, 1986 において私はこれを機能の「不確定性 indeterminacy」と記述した。この不確定性が存在する限り、そのシステムが何を表象するのかについてそれと結びついた不確定性ももちろん存在する。私は後でこの点について再び触れる。

(7) この節の題材はDretske, 1986に基づく。その論文、そして実際にはこの章全体は、スタンプ(Stampe, 1975, 1977)、ミリカン(Millikan, 1984, 1986)、エンク(Enc, 1979, 1982)、およびフォーダー(Fodor, 1984, 1987a)らの重要な仕事に強く影響を受けている。また、Papineau, 1984も参照。

(8) フォーダー(Fodor, 1984)はこの点を使い、木の年輪は関連する意味で木の歳を表象するのだというスタンプ(Stampe, 1977)の考えに反対する。応答として、Stampe, 1986参照。

(9) R・W・スペリー(Sperry, 1956)と彼の仲間が外科的手段でイモリの眼球を一八〇度回転させたとき、この状況の人工的近似が生じた。その動物の視覚は永久的に反転されたのである。スペリーの記述によれば、「そのイモリの頭の上に餌が掲げられたときは、それは水槽の底の小石や砂を掘り始める。疑似餌が頭部の正面に提示されたときは、それは向きを変え後ろの方向を探し始める」。

注意すべきは、単にコードを反転させる――(Bを表示していた)aがBを表示するよう、そして(Aを表示していた)bがAを表示するよう――だけでは表示を無効にすることにならない、ということである。この反転が対称的である限り、その変化は単に情報がコード化される仕方の変化であり、コード化される情報の変化ではない。しかし、AとBが(bとaによっておのおの)まだ表示されているとはいえ、その逆転の後は、それらはもはや正確に表象されてはいない。その表象要素(aとb)がシステムの残りの部分において機能する仕方に対応する変化(逆転)がない限りは。これはそのイモリに生じなかったことである。それは必要とする情報をそれでも得ていたが、コード化の変化の結果それはその環境における諸条件を誤表象したのである。

(10) ただし真正な誤信念ではない。というのも、次の章で見るように、信念は内的表象以上のものであるからである。それらはそれら自身がその部分であるようなシステムの行動を説明するのを助ける内的表象である。

(11) ここでは私は知覚の哲学における難しい諸問題、すなわち知覚対象の正しい分析についての諸問題を隠しておく。これらの主題についての責任ある考察は、どんなものであれあまりに大きく本筋から逸脱することになるであろう。

(12) これについてのさらなる説明はEnc, 1982参照。エンクは、私にとっては説得的なことに、我々は(中でもとりわけ)システムの機能に訴えることで、論理的に等値な諸状況の表象を区別することができると論じる。

(13) テイラー(Taylor, 1964: 150)は、実験者は、実験者の(緑である)ネクタイの色と異なる色の対象に反応するよう条件付けることなしに、動物を赤い対象に条件付けることができると述べる。彼はこれを、行動が条件付けられる性質が選ばれる仕方にとっての問題と取っている。明らかであるべきは、テイラーの問題への答えは、少なくとも部分的には、妥当な表象の理論、赤いものとしてのXの表象と緑でないものとしてのXの表象とを区別できるような理論の中にある、と私は考えているということである。

第四章

(1) 私はスティッチ(Stich, 1983)が心の強い表象理論と呼ぶものの一つのバージョンを展開していることになろう。この理論についての彼の批判はしばしば、それが人間行動についての一般化を促進することにおいて認知科学にとって役に立たない、ということに基づいている。強いRTM〔心の表象理論〕に対するそのような批判は、私のプロジェクトには無関係である。通常の信念(および欲求)の帰属――スティッチが民間心理学Folk Psychologyと呼ぶもの――は、行動を説明する仕事をするものであるが、きわめて一般的に適用できる説明を探し求める仕事(認知科学がそうであるように)をしているのではない。

　私はスティッチが表象理論に対して行う他の、より関連する批判(例えば置き換え論法)[5]に、いずれ再び触れることになる。

(2) サール (Searle, 1980) はこの点を便利で（私が思うに）説得的な仕方でドラマティックに表現した。ブロック (Block, 1978) の例のいくつかは、似た論点を提示している。デネット (Dennett, 1969) の（単なる）情報の貯蔵とその理解を伴う intelligent 貯蔵との区別は、同様の論点をより遠まわしの仕方で提示するものであると私は思う。機械の行動への意味の関連性についてもっと見るには、Dretske, 1985, 1987; Haugland, 1985; Cummins, 1987 参照。

(3) Dretske, 1981 において私は、情報、あるいは（より注意深く言えば）ある信号が情報を運ぶことが、それ自体で信号についての因果的に関連する事実となりうるとは思わなかった。私はそれゆえ情報の（あるいはある信号が情報を運ぶことの）因果的効力を、それによって信号がこの情報を運んだその信号の諸性質、の因果的効力によって定義した。認識論的目的のために（知識を定義する目的のために）は、この特徴づけは通用すると思うが、行動の説明における信念あるいは意味の役割の理解のためには、私はもはやそれで十分であると思わない。それは意味と情報を、そしてそれゆえ信念を、随伴現象的なものとしてしまう。

(4) Cは通常F以外にきわめて多くのことを表示するだろう。それによるFの表示は、したがって、その自然的意味の単なる「一つの成分」でしかない。しかしながら、この単一の成分こそが、表象の地位へと、非自然的意味のある形態へと、昇格させられるのであり、それは、CがMを引き起こすのを説明するのがCの（例えば）GまたはHの表示でなくそれのFについての表示であるからである。それゆえ、Cの機能となるのはFを表示することであり、GまたはHを表示することではない。

(5) 私はそのバイメタルが暖房炉のスイッチの単に部分でしかなく、他の部分は調整可能な――「望まれた」温度（もちろん我々によって望まれているのであり、サーモスタットによってではない）と対応するよう調整可能な――接触点から成る、という事実を無視している。暖房炉の点火を語る際には、本当は二つの分離可能な考慮されるべき要因がある。

（実際の温度を表象している）バイメタルの形状と、（望まれた温度に対応する）調整可能な接触点である。私がこれらの複雑化の要因を今無視するのは、当面は信念のためのモデルを構築することにのみ関心があるからである。私はこの論点に、後に行動の説明における欲求の役割を考察するときに立ち返る。

（6）例えばCummins, 1975参照。「ある包含するシステムの能力が、いくつかの他の諸能力――プログラムされたその実行が、分解された［元来の］能力の顕現をもたらすような諸能力――へと分解されることで適切に説明されるとき、その［元来の能力を］分解している諸能力は、機能として現れてくる」(Sober, 1984b: 407)。

（7）エリオット・ソーバー（Elliott Sober）は、私に以下のように指摘した。選択が生じるためには、必要なのはその起動する状態が競合する植物の対応する状態よりもよりよく適切な季節と関係付けられていることだけである。ある状態は、春の訪れと十分良く関係付けられてそれを持つものに競争上の優位性を与えるためには、春と信頼できる仕方で関係付けられている必要はない――したがって、春の訪れを表示する必要はない。（春との）相関関係が、春の表示があるという主張を支持する類のものでない場合には、常にそれが選択されたことを（春の到来との過去の相関関係を通して）説明する何か（例えば穏やかな天気の間隔といった）の表示［表示してきたという事実］があるだろう。表示子の諸性質は、それでもその状態の選択と関連がある――ただ春を表示するという性質ではない、ということである。この点には第4節で再び触れる。

（8）スタッドン（Staddon, 1983: 2）は、学習と他の種類の行動上の変化とを分けるどんな固くしっかりした線も見出さない。「……我々は学習とは何であるかを本当は知らない」、「経験は、明示的には学習を含まないような多くの仕方で行動を変えることができる」、「……物理的な損傷あるいは拘束、疲労、あるいは疾患によってもたらされた変化は考慮しなくてよい。慣れ、順応、鋭敏化、と呼ばれる短期間の変化もまた排除される――努力して得られた変化は比較的永続するものでなければならない。忘れることは曖昧な身分を持つ——その変化は通常永続的で禁じられたカテゴリーのどれにも入っていないが、それでも忘却を学習の一例と呼ぶのはパラドキシカルである。明らかにそれは、資格のある永続的変化のどんな類似物でもない。学習は主に排除によって定義されるカテゴリーなのである」(*ibid.*: 395–6)。

(9) サインの使用を最小限に留めるために、私は以下(この章と残りの章において)「M」に二重の義務を負わせる。以前と同様、私はそれでなんらかの外的運動を表す——しかし私はまたそれで行動、運動を生み出す過程をも表すことにする。どちらが意図されているかは常に明らかであるように私は願っている。私が行動M、あるいは誰かがMをすることについて語るとき、それは(何らかの内的状態Cによる)Mの産出に言及していると理解されるべきではない。

(10) 表示子はこの仕事のために採用されると言うことは、もしそれらが、どんな理由であれ、すでに適切な運動の原因として役立っているならば、少々変ではある。これは学習された行動、我々が現在関心を持っている行動についてはありそうにないことであるが、その可能性はいくつかの哲学的思考実験には現れてくる——例えばスティッチ(Stich, 1983)の置き替え論法[5]とデイヴィドソン(Davidson, 1987)のスワンプマンである。しかしながら、もし、ある表示子の(ある運動の原因としての)職務が続けられることが強化の生起に依存するものであるならば、簡潔さのために私はこれを採用と言い続ける。私はこの点についての議論に対しデュガルド・オーウェンに感謝する。

(11) 学習理論家は、典型的には報酬(例えば食べ物の受け渡し)と強化(およびその報酬の有機体に対する効果)とを区別する。これらの違いが私が論じている点に重要とならない限り、私はそれを無視してこれらの用語を相互交換できるものとして使う。

(12) この種の学習の間変化しているものは行動(ある結果または条件をもたらすこと)であり、その結果を生み出すある特定の仕方(例えばある特定の身体運動)ではない、ということを理解するのは特に重要である。よって、例えば、もしPという場所に行くこと（あるいは避けること）が強化される行動であるならば、強化されるものは（大雑把に言って）場所Pの占有（あるいは非占有）をその産物として持つ過程である。この産物を持つどんな過程も同じ行動である（第一章と第二章を参照）ので、この行動は多くの異なる身体運動によって実現されうる（例えば回避学習の場合、学習の間の場所Pからの逃避、あるいは学習の後の場所Pの回避）。

テイラー（Taylor, 1964）が、オペラント条件付けられた反応としての回避の可能性を批判する（250ff）に至ったのは、彼が行動の構造について、何が強化されているのかについて、この点を正しく認識し損なったためであると私は考える。私はこの重要な論点について、そして行動の柔軟性についてのより十全な議論について、第五章で再び触れる。

(13) 私は最後の章（第六章第4節）まで、学習においてある要素が獲得するかもしれない可能的に多重の表示機能について論じることを先送りしておく。すなわち、ある要素は本来、それがFについて表示したことゆえにあることをするために採用されたのだとしても、この同じ事実により他のことをするよう採用される、あるいはそれが何らかの結びついた条件Gについて表示したことゆえに他のことをするよう採用されるかもしれない、ということである。そのような発達は、少なくとも動機上の諸要因が行動の説明へと貢献する仕方についてのある予備的理解を必要とする。この問題は第五章において論じられる。

(14) 私がなぜスティッチの、行動の志向的説明の妥当性を否定するための自律性原理と彼の置き替え論法[5]（1983: 165）とを拒否するのかもまた、明らかであるはずである。ある志向的主体の物理的レプリカは、たとえそれが同じように振舞うとしても、まだ（それがその内的表示子に必要な機能を与えるだけの十分な経験をするまでは）同じ理由からそのように振舞ってはいない。たとえ物理的に区別不可能なシステムたちが同じように振舞う（両方においてCはMを引き起こす）としても、なぜCがMを引き起こすのか、なぜそれらはそのように振舞うのか、の説明が両方にとって同じであると考える理由はない――そしてもしそれらが異なる歴史を経てきたのならば、そう考えない十分な理由がある。その説明が同じでなければならないと考えてしまう唯一の理由は、身体運動Mを、それらがその一部であるような行動、CがMを引き起こすこと、と誤って同一視している、ということであろう。

(15) 海洋巻貝のHermissenda crassicornisは、その巻貝が敏感である刺激(光と乱流)をペアリングすることで条件付けをすることができる。ダニエル・アルコンと彼の仲間たち(Alkon et al., 1983)はこれらの巻貝に何かを教えただけでなく、神経解剖学的および化学的レベルにおいて、そこにおいて運動制御系への(光と乱流の)内的表示子の効力の変化を突き止めることのできるレベル、を突き止めた。

　このタイプの学習は、無理からぬことに古典的(パブロフ的)条件付けの一形態として考えられているが、その学習はオペラント条件付けの一形態としても見なすことができる。その巻貝は光に対するその反応(前進運動)を乱流によって罰し、それにより光への反応の仕方を変えるのである。私はルース・サウンダース、ナオミ・レショコ、ロブ・クミンスに対しこの点に関する有益な議論を感謝する。

第五章

(1) 随伴刺激 contingent stimuli の効果を強化子としてあるいは罰として決定する諸条件の研究として動機の研究を記述するカタニア(Catania, 1984: 217)と比較せよ。

(2) 純粋な欲求の数は、強化作用を持つ結果をどのように同定するかによって変わってくる。もしRを、我々がそう言いたくなるように、快をもたらすような外的刺激(例えば食べ物、水、暖かさ、セックスなど)と同一視すれば、それぞれのそうした結果に対し異なる欲求を持つことになろう。しかしながら、もしRをそうした異なる刺激の生み出す内的状態(快? 要求の軽減?)と同一視すれば、純粋な欲求は、思うに、より少ないもの――あるいはそれどころか一つの純粋な欲求としての快への欲求(要求の軽減、心の平静、あるいは何であれ)――となるだろう。欲求の対象の特定におけるこの「折りたたみ」効果“concertina” effect［「コンサーティーナ」はアコーディオンに似た、折りたためる小さな楽器］についてはPapineau, 1984: 562ff 参照。

　私はこの問題に関して法律を制定することに関心はない。（私の目的のためには）少なくとも一つの純粋な欲求——もし今問題となっているような学習が生じるためには確かに存在せねばならないような——があれば十分である。

(3)　これはあまり正しくない。が、当面はこれでよい。その条件は、実際は目標に導かれた行動にとっての単なる十分条件であり、必要条件ではない。これから見るように、Rという結果にならない（そして決してそうならなかった）ような行動はそれでもRを得るために、Rを得るという目的あるいは欲求と共に、そしてそれゆえ（Rという）目標に導かれて、なされるかもしれない。もしMをすることでRを得ることになると誤って考え、そして（Rを欲しているゆえに）Rを得るためにMをするならば、その行動はRに終わる傾向を持たないのに目標に導かれている。私は当面そのような事例は措いておく。私は後でそれらに立ち返る。
　私はまた当面「ある特定の結果を生み出す傾向にある」という言い回しの曖昧さと関わる問題を措いておく。例えば、行動は今これらの結果を生み出す傾向にあらねばならないのだろうか、あるいはそれらを生み出す傾向にあったなら十分であろうか？これらの論点についての議論は、Ringen, 1985; Porpora, 1980；およびWoodfield, 1976 参照。

(4)　もちろん行動はいつも報酬を与えられる必要はない。とぎれとぎれであり、不規則でありながらそれでも学習に効果的な強化スケジュール（と呼ばれているもの）がある。私がクッキーの入れ物を覗くのは、そこに常にクッキーがあったからではなく、そこに時にクッキーがあるからである。
　また、私がここでMの結果と呼んでいるもの、すなわちRは、行動を強化するのに効果的となるためには実際にMの結果である必要はない。行動が、その動物がなしていることと無関係な——すなわち、Mの生起と無関係な——ある出来事（例えば餌の到着）の規則的な生起によって形作られうることはよく知られている。ある動物の反応確率を変化させるものの、その動物の動きMとRの生起の間に何の道具的関係も、真の依存性も何もないゆえに道具的（オペラント）学習と認められないような過程としての（1）識別の欠如、（2）迷信的習慣、（3）擬似強化、についての議論としては、Rachlin, 1976: 240–245 参照。言わば、その動物は、Mを生み出すことでRを成し遂げているのだと誤って考えており、Rを欲するためにそれを得ようと再びMを生み出すのである。これはその行動のある結果を生み出す傾向によって説明されないような目標に導かれた行動の事例である。

（5） BとDが（Mのための）ある十分条件の必要な部分であると言うとき、私はもちろんそれらがMのための必要条件であると、それらなしにはMは生じえないと、言いたいのではない。Mは、他の機会においては、他の理由のために、そして時にもしかして何の理由もなく、生み出されるかもしれない。動物は、それらが空腹であるときだけでなく、遊びのためにも殺す（ように思われる）。そして我々は、異なる理由から同じ動きをするよう——まったく異なる報酬のための二つの異なる刺激条件の下で——訓練された動物を確かに想像することができる。それゆえB（適切な刺激条件の内的な表示）もD（空腹）も、Mのための必要条件ではない。しかしながら、それらはある（因果的な）十分条件の部分——必要な部分——であることになっている。

（6） 動因の概念は、現代の心理学における本能という観念の後継者であった。ハル（Hull, 1943）は、生理学的な欠損、あるいは要求はある有機体にそれらの要求を相殺する結果になる行動を取るようけしかけると示唆した。「それゆえ動因は、要求状態の動機的な特徴あるいは性質である。それらは心理学的不安定さから帰結し、安定した状態へとその有機体を復帰させる行動をけしかける」（Weiner, 1985: 92）。

（7） もし学習によってそれが修正可能であれば、そのときもちろん我々は現在の目標に導かれた行動のモデルへと帰ってくる。すなわち、（dはRの強化する特質がそれに依存するような内的状態となるゆえに）ｄは今やＲに対する欲求となり、（Ｒによって特定の動きを強化することにより獲得された）その行動は、ｄがＲに対するものであるという事実によって説明できることとなる。

(8)　ステラーとステラー（Stellar and Stellar, 1985: 41）は、今までのところ、クロバエが餌の報酬に基づいて学習し、その反応を修正することができるということは分かっていないと述べる。もしそうであれば、そのときクロバエの行動は目標に対する欲求ではなく（目標に向けられた）動因によって説明可能である。

(9)　少なくとも見たところではそうでない。しかしながら、スタンプ（Stampe, 1987）は欲求を要求の知覚（そしてそれゆえ表象）のような何かとして記述している。

(10)　我々が単純な欲求、認知的に派生的なものでない欲求、を扱っているときは、Ｒに対する現在の欲求が行動を説明するためにはＲの過去の生起例があったのでなければならない。ＰＪは水を決して手に入れないかもしれないが、もし彼が水を欲しいゆえにその飲み口をなめるのであれば、彼は過去のあるときに、このように振舞うことに対して水を得たことがあったのでなければならない。もしＰＪが「そうすることで」水を決して手に入れなかったとしたら、そのとき水を得ることはＤ（水に強化作用を持たせる内的状態）がＭの原因として採用されることを決して説明できなかった――それゆえ、現在の行動（ＤがＭを引き起こすこと）を決して説明できなかっただろう。

認知的に派生的な動機的状態（それらの対象をある結びついた信念によって決定させることにより、これまでもこれからも決して存在しないようなものごとおよび条件――実際、不可能なものごと――をそれらの対象として取ることのできる状態）については後で触れる。

(11)　リンゲン（Ringen, 1985）は、ポルポラ（Porpora, 1980）によるライト（Wright, 1973）への批判に対し、この論点を効果的に展開する。

(12)　これは、ＰＪの行動における変化を説明するものは水であるということが事実であると前提しているのかもしれない。そうではないかもしれない。ＰＪの行動の変化を説明するものは、単に、その飲み口をなめることによって彼が冷たい液体を得たという事実である（冷たいビールでも同じ効果を持っていた）かもしれない。もしそうであれば、そのときＰＪは冷たい液体に対する欲求を持っているのであり、そのことが、彼がその飲み口をなめる理由である。

(13) ガリステル (Gallistel, 1980: 10) は、ブルーナー (Bruner, 1970) とバートレット (Bartlett, 1958) に従い、知能の基礎、あるいは少なくとも知能の先駆けを、神経系の、高度に適応能力のある、行為の一般的パターンの実行に見出している。「こうして、ゴキブリにおける足踏みの動きの順序を組織する神経機構はすでに知能のある初歩的な諸性質を表している」。

第六章

(1) これは古典的な接近－回避葛藤状況である。そうした行動については膨大な量の経験的研究がある。特に、ニール・ミラー (Miller, 1944, 1959) の研究を参照せよ。彼はハルの動因理論（動機＝動因＋習慣）から導かれた原理を適用しながら、接近－回避葛藤における行動を予想することができた。私はもちろん、そうした行動に対するどんな特定の理論的説明をも推奨したいわけではない。私の目的にとっては、そうした説明が、行動の説明に信念と欲求が登場する仕方についてここで提案された非常に一般的な描像と整合的（私が思うに、精神においてでなければ文字面においては、実際そうである）であればそれで十分である。

(2) この節は、私の、何か意味の二要因理論と呼ばれるもの (Block, 1986) への動きを表明する。その理論によれば、内的諸要素の意味とは（1）それらが表象する外的状況へのそれらの関係（普通は因果的あるいは情報上の関係）と（2）アウトプットの産出におけるそれらの機能的（あるいは概念的）役割（それらのお互いに対する内的関係を含む）の組合せである。以前 (1981) 私は、一要因理論により近い何かに賛成していた。合成性（そしてそれゆえ、機能的役割）は、外延的に等値な概念を区別するのに役割を演じたが、私は情報を運ぶ因子を、意味の機能的あるいは概念的役割成分を除外して強調した。

私はまだ意味の主要な成分は外的関係の集合、ある要素の見せる表示関係（あるいは以前表現したように、情報上の関係）であると思っている。これなしには、どれほどの「役割演技 role-playing」があったとしても、ある意味を欠く要素を意味を持つものへと変換できない。いかに精巧であったとしても、その機能的役割を概念的役割へと変えるものは何もない。にもかかわらず、ひとたびある要素の意味がその表示機能と（私が今やそうでなければならないと考えるように）同一視されれば、いかにして内的諸要素が、より相互依存的となることで、お互いの表示機能に、そしてそれゆえお互いの意味に影響を及ぼすことができるのかを見るのはより易しくなる。

（3）私は例証のため、猿は様々な警告の呼びかけを異なる種類の脅威（ワシ、蛇、ヒョウなど）と結びつけることを学ぶと想定する。現実には、この行動は（あるいはこの行動の諸相は）たぶん本能的なものである。グールドとマーラー（Gould and Marler, 1987）が述べるように、この行動は、他の多くの行動と同様、本能的要素と学習された要素との興味深い混合である。動物は遺伝的にものごとを学ぶようにプログラムされているのである。

訳注

第一章

[1] 皮肉なことに、直訳すれば"growing our hair"の方がむしろ日本語では自然な表現となる。もちろんそれでも髪を伸ばすことを「行動」とはとても呼べそうにないのであるが。

[2] もちろんこれは不自然な日本語であるが、日本語の「髪が抜ける」に対応する、人を主語とした他動詞（shed）を前提している原文に合わせて訳した。これが先の「髪を伸ばす」の問題とちょうど逆であることは興味深い。

[3] 以下文脈に応じて the cause を時に「真の原因」と訳す。

[4] ここで前提されているのは完了行動 consummatory behaviour という概念である。完了行動とは心理学用語で、ある刺激に反応して起こり、ある欲求がそれによって満たされてしまうような最終の行動のことを言う。

[5] シナプスとは神経細胞間の接合部のことである。

第三章

[1] 発電機内の誘導電流を生み出すためのコイル部分、および電動機内で回転を起こす対応部分、の総称。本文の場合は後者（電動子）のこと。

[2] これは英語では intensionality であり、これは intentionality（志向性）と紛らわしいばかりか、しばしば混同される概念であるため、原文では（慣例の通り）'the intensionality spelled with an "s"'と丁寧に表現してある。だがもちろん日本語の訳「内包性」では混同の心配がないため、以下訳においてはこの点について無視する。

[3] どちらも数学用語の外挿法、内挿法から来ており、すでに与えられた変数に対する関数の値以外の

関数の値を推定する、あるいはその近似値を求める方法であり、転じて既存のデータに基づいて推定することを意味する。

第四章

［1］ 電子工学の用語で、一方を押すと他方が引くような仕組みの電子管の組。ここではもちろん単純な仕組みの代表例として使われている。

［2］ 向性 tropism とは、生物のある器官が刺激を受けると特定の方向に曲がることを言う。「向性」は現在では固着生活をする動物に使い、移動可能な動物には走性 taxis を使う。また植物の場合には tropism を「屈性」と訳す。

［3］ 効果器 effector とは、生物学用語で、動物体が外界に対して働きかけるための器官、組織、あるいは細胞。神経インパルスを受けて活動する。

［4］ ニッチ niche とは本来生物学上の概念で、特定の種の生存にとって必要な要素を提供する（したがってその種に特有の）生息場所。生態的地位とも訳される。

［5］「置き換え論法」とは、認知心理学が関わるべき状態や過程とは有機体の現在の内的、物理的状態や過程に付随するものであるべきだ、という彼の「自律性の原理」を（そしてそれを通して彼の「心の構文論的理論」を）主張するためにS・スティッチが提示した議論。スティッチとまったく物理的に区別できないレプリカが作られ、本物のスティッチとあるとき置き換えられる。そのとき、もし本物のスティッチと違う性質や状態をそのレプリカが持つとしても、そうしたものは心理学には無関係であるはずであろう、というのがその要旨である。

第五章

［1］ 完了行動のことを言っている。完了行動については第一章の訳注4参照。

［2］ 原書では stereotypical production。stereotype あるいは stereotyped behaviour は心理学用語で常同行動。特定の刺激に対しあらかじめ決まりきった行動をすること。

訳注

第六章

［1］ レイヨウ。アフリカ・アジアの草原に住むウシ科の哺乳類の総称。

［2］ ソーンダイクは、空腹状態にある猫を丈夫な木箱に入れ、箱の一部を開けるための装置を猫に発見させるという実験を行った。この箱を問題箱と呼ぶ。

訳者解説

水本正晴

本書はフレッド・ドレツキ（Fred Dretske）の *Explaining Behavior: Reasons in a World of Causes*, Cambridge, MA, MIT Press/Bradford Books（1988）の翻訳である。

人間が何かをする。そのとき人間の身体は運動している。だが、それはなぜか？　この問いにはまず神経生理学による答えが考えられる。すなわち、その運動を引き起こすに至った脳と筋肉、それを結ぶ神経系の働きを述べることによる答えである。しかしながら、我々は普段、そのような説明には慣れていない。人間のすることはしばしば「理由」によって説明され、そのときそれは「行為」と呼ばれる。本書の著者ドレツキは、人間以外の動物、それどころか植物や機械にも同様に適用できる「行動」という概念の分析から出発し、これら相対立するように見える二つの説明の仕方を調停しようとする。これは因果に支配された世界において、いかにして（信念としての）内的表象が存在し、それが人間の行動の説明においてどのような役割を果たすのか、を示すことを通して行われるが、それはまた、生物学的なものと心理学的なものがいかに関係しているかを理解する道へと通じている。それどころかドレツキは、工学、生物学、心理学の具体的な事例を豊富に用いてそれらの領域を見渡す統一的観点からそれを試みる。その意味で本書は、哲学が周辺の諸科学とどのような形で関わり、どのような意味でそれらに貢献するかを示す好例であり、認知科学に携わる哲学以外の研究者にも是非読んでもらいたい著作である。たとえドレツキの描く描像を受け入れないとしても、それのどこが、なぜ違うと思うのか、を自分で検証することは、必ずやそうした研究者自身にも利するところがあるはずであり、このような哲学からの挑戦を真剣に受け止め、本書と共に考えてもらいたい、というのが訳者の願いでもある。

本書の著者であるドレツキは、スタンフォード大学の教授として、分析哲学における認識論および心の哲学両方の領域にまたがって多大な貢献をしてきたことで知られる。特に分析哲学は、クワインの「自然化された認識論」(Quine, 1969) 以来哲学を自然科学と連続的な営みと捉える自然主義の立場から知識(信念)と心の分析を行ってきたが、そこでは哲学は認知科学の主要な一領域として独自の役割を果たすものと理解されており、実際デネットやフォーダーなど認知科学のイデオロギーを代弁すると考えられる哲学者は少なくない。本書の著者ドレツキも、分析哲学の伝統におけるそうした(認識論と心の哲学双方における)自然主義者の代表の一人として見なされている。

ドレツキ哲学の軌跡

ドレツキのこれまでの主要著作は、一九六九年の *Seeing and Knowing*、一九八一年の *Knowledge and the Flow of Information*、そして一九八八年の本書、および一九九五年の*Naturalizing the Mind*の四冊であり、どれも現代分析哲学に大きな影響を与えてきた。それぞれの著作の主題は、一言で表すならば、（知覚的）知識（1969, 1981）、信念および命題的態度一般（1988）、経験（1995）と変遷してきたと言え、初めの二冊は認識論、後の二冊は心の哲学の著作として分類できよう。この認識論から心の哲学への転回の必然性を、彼自身は後に、当初の自然主義的な知覚と知識の描像は、経験と信念の本性についての説明がなければ不完全であり、「自然主義的な経験の理論なしに自然主義的な知覚の理論はない、自然主義的な信念の理論なしに自然主義的な知識の理論はない」とまとめている（1994a: 260、また本書二七二頁注3も参照）。

ただし、その主題の変化にもかかわらず、彼の基本的思想は、多少の修正はあるもののきわめて一貫したものであった。そのバックボーンは自然主義、および哲学的問題に対する「工学的態度」とでも呼べるものである（それは彼の後の論文（1994）の"If you can't make one, you don't know how it works"というタイトルに象徴される態度である）が、それと同時に、デネットのような消去主義的な解釈主義（少なくともそれに親和的な立場）とは常に一線を画し実在論的な態度（「志向的実在論」と時に呼ばれる立場）を常に保持してきたことも強調されるべきであろう。この態度こそが、彼を真に学際的観点からも注目に値する研究者としてきたのだと言える。

本書の主要な論点の解説とその批判的検討

本書はアンスコム以来分析哲学の正統な一分野として確立された行為論の著作ではなく、（恐らく初の）行動論のそれであるという点で、異色のものである。行為とは、標準的な見解によれば、意図的なもの、理由によって合理的に説明できるものであるが、ドレツキは、それに対し、たとえ意図的でなくとも、身体運動を典型的に含むような「内的に生み出された」何かを「行動」と呼び、この動物、植物、人工物を統一的に捉える自然主義的観点から、人間（および他の高等な動物）特有の、理由によって説明される行動（行為）とは何かを説明しようとする。ただし、ドレツキにとって本書の真の関心は心にあり、行動は二次的な重要性しか持たない（1991: 196）。彼自身言うように（1994a: 263）、信念や欲求の内容がいかにして行動を説明するかを探究するためには、まず行動そのものについてより明確に把握する必要があったのである。

本書におけるこのドレツキの議論の道筋は、まず第一章と第二章において、行動概念について詳しく論じた後、第三章で表象システムについて一般的に解説し、第四章において内的表象としての信念がそうした行動の説明に果たす役割を描き出す、というものである。この第四章が本書の中心であると言えるが、ドレツキはさらに、第五章で動因や欲求が信念とともに理由として働く仕方を説明し、最後の第六章ではそれらが内的表象の複雑なネットワークを形成し、それによってより複雑で柔軟な行動が可能となる様子を描き出す[1]。

こうしたドレツキの議論を、後の文献での彼の補足や批判に対する反論も踏まえながら、以下では三つの点に絞って解説し、批判的に検討してみたい。

（1）理由と原因

ドレツキは本書を（哲学者が伝統的に論じてきた）「行為」でなく「行動」の分析から始める。行為とは、通常、意図的になされたもの、あるいはそれの（しばしば意図的でない）直接の帰結と考えられ（八頁）、それゆえ理由によって説明可能なものであるが、行動は必ずしもそうではない。ドレツキは行動を、「内的原因によって生み出された身体運動」と近似的に定義することから始める（第一章第1節）[2]が、それゆえそれは反射のような非自発的なものも含み、植物や機械についてさえ同様に語ることができる広い概念である。このような他の動物や植物、人工物に広く共有された基盤から行動一般を描き出し、その中に人間の行動を位置づけることで、その（合理的）行動に特有のものを自然主義的に解き明かすのが本書におけるドレツキの企てであると言えよう。

ドレツキの行動概念の大きな特徴は、それが身体運動の内的原因Cでも、身体運動そのものMでもなく、CがMを引き起こすという過程、と同一視されることである。過程とは、あるものが別のものを生み出すことであるが、それゆえ例えば過程A→BはAでもBでもなく、またAとBの間の因果的関係〝→〟でもなく、それらすべてを部分として含む全体であり、それがその部分として含む対象や出来事に還元できない。したがって行為をホーンズビーのするように、身体運動Mを引き起こす努力のようなもの（C）と同一視する見解（二七〜八頁参照）や、逆に行為を（適切なCによって生み出された）Mと同一視するデイヴィドソンのような見解（第一章の注11参照）に対しては（これらは行動でなく行為の理論であるが）、ドレツキは様々な例を用いながらそれらの奇妙な帰結を示すことで、いずれも極端なものとして退ける（第一章第4節）。

さて、行動が過程であるならば、行動の原因とは、C→Mという因果的過程の原因、つまり原因C

が結果Eを引き起こすことを引き起こす何か、ということになる。このような原因としては、まずCがEを引き起こすことを可能とする背景条件B、すなわちもしそれが成立していないならば、CはEを引き起こさないであろうような条件、を考えることができる（また時にはBを引き起こすものもC→Eの原因であると言える）。だが他方、我々はCを引き起こすものもC→Eの原因として語る（第二章第2節）。ここでドレツキは、起動原因と構築原因という区別を導入する（七二頁）。起動原因とは、行動の場合、C→MのCを引き起こす原因であり、構築原因は、C→Mというこの過程を形作った、あるいは文字通り構築した出来事、すなわちその過程、Cが他でもないMを引き起こすことに対し因果的に責任があるもの、である。前者は、なぜある行動が今起こっているかを説明し、後者は、なぜこの行動が今起こっているかを説明する。ここで重要なのは、行動を、その動物の属する種の進化史やその動物自身の過去の経験によって説明するとき、我々はその行動の背景条件について語っているのであり、それゆえ起動原因でなく構築原因を与えているということである。

　ここまで（第一章から第二章にかけて）のドレツキの、（植物や機械にも当てはまるものとしての）行動の一般的説明は、きわめて明晰かつ説得的であるように思われる。だが、第三章から、身体運動Mの内的原因としてのCが、表示子、そして表象、さらには信念とされるにつれ、少し気にかかることが出てくる。すなわち、デイヴィドソン以来、「行為の理由はまた行為の原因である」というテーゼが（少なくとも分析哲学においては）広く受け入れられてきた[3]が、ドレツキの行動の説明によれば、行動の理由としての信念は、行動の原因にはなれない。というのも、一般に部分がそれを含む全体を引き起こすことはない以上、内的出来事Cは、Mの原因ではあっても行動C→Mの部分にすぎず、その原因ではないということになってしまうからである（第二章第2節参照）。ただし、ドレツキはそれでも、理由（信念や欲求）は（「行動」でなくとも）身体運動の原因となりうるとするし、（行動の一部として）行動を因果的に説明するとも言う。[4] そうであれば、理由が行動の原因でないという帰結も一見用語上の問題にすぎないようにも見える。だが実際は、事態はそれほど楽観視できるものではない。

ソプラノの声がグラスを割ったとしても、その歌の内容が因果的に関わっているわけではない（一三二頁）ように、意味を持つなにかが、まさにその意味のゆえに何かを引き起こすことができるとすれば、それはいかにしてかという問題（T・ホーガンが「ソプラノ問題」と呼ぶもの）は、心の哲学でさかんに論じられてきた。この問題に対する態度として、たとえばダニエル・デネットのような哲学者によれば、そもそも意味が因果的効力を持つことはなく、我々の（物理的でも設計的でもない、志向的）スタンスがそのように見せているだけである。彼の別の表現では、「意味論的エンジン」[5] などというものは永久機関のような不可能物であり、単にそれを模倣する「構文論的エンジン」があるのみである（Dennett, 1991: 119）。それに対しドレツキは、（志向的実在論者として）真の意味論的エンジンが自然の中に存在すると考えるのであり（1991: 201）、本書においてまさに、それがいかにして可能となるのかを具体的に説明しようとしているのである。

それにもかかわらず、（デネットを含む）多くの批判者の目には、その説明は成功しているようには見えない。[6] たとえばドレツキは本書において、Fを表象するCの、その意味論的性質による行動（C→M）の因果的説明として、CはFを表象するゆえにMの原因として採用された（身体の制御義務を付与された）などと語る（第四章第4節参照）。ドレッキの表象理論によれば、このCとは（自然的表象システムにおいては）本来表示子であり、年輪が木の年齢を意味する、煙が火を意味する、といった（P・グライスの言う）自然的意味での「意味する」と同じ意味で「表示する」ものである（九五頁）。そしてそれがそれの表示する内容ゆえにMの原因として採用されるとき、晴れて表象となるのである。だが詳しく見れば、特定のMを実際に引き起こすものは、タイプでなく時空の中に実現される個々のトークンである以上、Cはトークンでなければならず、それが属するタイプを後のドレッキの説明（Dretske, 1991: 214–5）に従ってNと呼ぶとすれば、Nのトークンが今なぜFを表象し（すなわちなぜFを表示する機能を持ち）かつMを引き起こすのかを説明するのは、Nに属する過去の諸トークンがFを表示したという事実である。とすれば今、このCがFを表象していること、すなわちこのCの意味論的性質は、それが今Mを引き起こしていることとは因果的に無関係であるように見える。[7]だがもしそうであれば、たとえ意味が行動の因果的説明に登場するとしても、説明は（彼自身認めるように）認識論上の仕事である（1991: 212）以上、それは意味そのものの因果的効力を説明したことにはならないのではないだろうか。

特に、早くから一貫して心的内容の外在主義[8]を前提してきたドレッキにとって、心とは脳の意味論的性質である。したがって例えば心的表象が身体運動の起動原因になりうる（1991: 200）としても、ドレッキが起動原因と言うとき、それは基本的に（因果の関係項は出来事である、という）出来事因果の枠組みで考えられている以上、そこではやはりその表象の意味が出来事を引き起こしているのではなく、その意味を担う物理的構造が出来事として別の物理的出来事（身体運動）を引き起こしているのであるということになろう（ドレツキ自身も本書の一三四頁において、意味それ自身が原因だということを言おうとしているのではない、と明確に断っている）。だがもしそうであれば、そのときの心的表象（としての信念）の内容は、行動はもちろん身体運動に対してさえ因果的関わりを持たず、それゆえそれは、他の何かから引き起こされることはあれ何かを引き起こすことはない、随伴現象（エピフェノメナ）であるように思われる。[9] そしてそれが、「真の意味論的エンジン」としての心とはほど遠い描像であるのは言うまでもない。このようなもっともな批判に対するドレツキの応答[10]は、以下のようにまとめることができよう。

（i）CがFを表象する（意味する）という事実は、過去、Cと同じタイプに属するものがFを表示してきた（そしてそれゆえにNがMの原因として採用された）という歴史的事実である。[11]
（ii）後者の歴史的事実は、CがMを引き起こすという過程の構築原因である。
（iii）ゆえに、Cの意味は過程C→Mを因果的に説明する。

だが（i）の言う二つの事実の関係は、どのようなものと考えられているのであろうか。ドレツキの理論によれば、CがFを表象する（Fを表示する機能を持つ）という事実は、Nに属するトークンの過去の歴史に付随するということになるのは確かである。[12] だが他方、素直に読めば、（i）は同一性を意味しているように思われる。ドレツキ自身の言葉で見てみよう。

C（タイプNの特定のローカルな例化）がFを表象する（この内容的性質を持つ）という事実は、この意味の説明においては、先立つNの諸トークンについての事実である。お望みなら、それはNの、その諸トークンがその中で起こるシステムの因果的再編成における役割についての歴史的事実である。（1991: 215、強調原文）

しかしながら、たとえば信念の場合、ある人がPと信じている、という事実が彼の過去の（特に学習過程の）事実と同一である、というのは控えめに言って非常に奇妙である。二つの事実は時間的にも空間的にも異なる広がりを持つ。特に、彼は現在そう信じているのであり、またそれゆえに、ある行動を今、するのである。信念を帰属する観察者も帰属される行為者も、今彼の抱いているその信念が過去の学習の事実であるとは思わないし、客観的にもそうであるとは思えない（たとえその信念を持つためにそうした学習が必要であったとしても）。意味の事実が付随する歴史的事実は、単に前者の必要条件の一つにすぎない。そして、AがBの必要条件であってもAがBの本質的部分（ましてやBと同一）であることは導かれない。[13]

だが他方、この関係が単なる付随性であり、心的事実は付随する物理的事実と異なるとしよう。そのとき非還元的物理主義と特に関わるお馴染みの問題、一般に排除問題と呼ばれるものにより、ドレツキは困難に直面することになる。すなわち、エピフェノメナリズムを否定して物理的性質とは異なる心的性質の因果的効力を認めようとする非還元的物理主義の立場においては、付随する（心的）性質は、付随のベースとなる（物理的）諸性質とは独立の因果的効力を持つはずであるが、（心的状態の性質としての）心的内容の因果的効力は、その内容を持つ心的状態の付随する物理的状態の因果的効力によって排除されてしまう（したがって心的内容はそれ自身としては因果的効力を持つとは考えられない）ように思われる。[14]（これは、性質についての語り方を事実に置き換えても同様に困難をもたらすことに注意。[15]）

それどころかドレッキ自身、上の引用の直後、以下のような言い方をする。

［……］CはFを意味すると言うことは、このタイプの先立つ諸トークンがFという情報を運び、そしてそれらがこの情報を運んだという事実がN（それゆえC）の採用［……］に対し責任があると言うことである。

あるトークンとしての内的状態に意味を帰属することは、この意味（と信念）の説明においては、その因果的効力の源泉を記述することである。それは、過去のCたち（過去の同じタイプの諸トークン）が、Fという情報を運ぶことで、［この］Cにアウトプットの統制と指導における機能的役割を与えたゆえに、［この］CはFという意味あるいは内容を得るのだと言うことである。（*ibid.*）

こうした説明は、意味とは過去の諸事実についての単なる「語り方」にすぎない、意味について語っているとき、我々は実は過去の事実について語っているのであり、前者は後者の便利な省略にすぎない、という解釈を許す。だがもしそうならば、あるものがその意味を持つゆえに因果的役割を果たすと言うことも、同様に単なる語り方の問題となってしまうだろう。

そしてこのことは、我々が最初の「ソプラノ問題」に戻ってきてしまったことを意味している。少なくともここでは（真の「意味論的エンジン」があるという）彼の志向的実在論を説明するという約束は果たされていない。

しかしながら、訳者の見るところ、ドレツキはこうした問題に対し、以下のように答えることができると思われる。すなわち、彼は行動のそれぞれの相、アスペクトもまた一つの行動であることを認める（第一章第6節参照）が、この捉え方は、行動のそれぞれの（因果的）アスペクト（「Sが……をしている（引き起こしている）」というアスペクト）が単なる「見え」でなく（「Sが……をしている」という）事実として実在的なものであるとする考えであると言えよう。だが因果的過程そのものにも様々なアスペクトがあるのであり、そのそれぞれの相が実在的であるとすれば、意味の事実が他の別な事実を引き起こすというアスペクトも、それが事実である限り正当な実在性を持つと言える。そしてこれは因果の関係項を出来事や対象（あるいは性質）でなく事実と考える事実因果の考えを採用すれば自然に理解できる。[16] すなわち、この場合「CがFを表象する（意味する）」という事実ゆえにCはMを引き起こしたのだ、と。（ドレツキ自身、意味そのものが原因であると示そうとしているのではない、と言うとき、そうでなくあるものが意味を持つという事実が原因なのであると示唆している。一三四頁）これは、CがFを表象するという事実が、CがMを引き起こすことの構築原因としての過去のNの諸トークンについての事実に付随する限り（それらが同一でなくとも）、例えば「CがFを表象しなかったらCはMを引き起こさなかっただろう」、あるいは（メラー流のチャンス概念を使った定式化に従い）「CがFを表象したという事実はCが（ほかでもない）Mを引き起こすチャンスを増大させた」

と言えるからである。

事実因果においては同じ原因や結果の異なるアスペクトに応じて異なる因果的事実があることも可能であり、その意味で「真の原因」というものが他の原因を排除するようなことはないため、排除問題は生じない。(17) また、起動原因は出来事と考えられるが、出来事は「あることが生じている」という事実でもあり、他方で構築原因としての過去の諸事実も、複数の事実から成る一つの複合的事実と考えることができるため、事実因果は起動原因と構築原因とを統一的に捉えることも可能にする。

思うに、ドレツキがこの提案（事実因果に基づく応答）を受け入れるかどうか(18)は彼の形而上学的判断に依存すると思われる。こうした歴史依存的存在論(19)と事実因果の考えは自然主義と矛盾しないばかりかドレツキの理論とむしろ親和的であるが、すべては物理的なものであると考える物理主義とは相容れないように思われる。というのも、ここにおける歴史依存的存在者としての心的事実、および事実因果の認めるような、その心的事実そのものの（それが付随する物理的事実ゆえに持つのでない）独立な因果的効力などは、物理主義の立場からは受け入れるのは困難なものであるからである。(20) だが彼は、物理主義の方にコミットしているようである。

我々は非還元的物理主義の困難をすでに見たが、ドレツキは、それどころか「意味は物理的なものである」、「意味についての事実は物理的事実である」とまで言う還元主義者である。(21) そうした還元的物理主義の立場は、先に述べた歴史依存的存在論とどう折り合うのか疑わしいだけでなく、意味が物理的性質に還元できるなら、どうして意味が「単なる語り方」以上の実在性を持ちうるのかを理解するのはなおさら困難となろう。そのとき心は「便利なフィクション」以上の実在性を持たないように見えてくる。

こうして再び問題となるのが先に用語上の問題にすぎない、と思われた「理由は行動の原因ではない」という彼の理論の帰結である。ドレツキが物理主義者として意味の還元を主張する限り、やはり意味はどうしても因果的な役割を演じていないと言うほかはない。したがって排除問題を避けながら心の因果的効力を保持しようとするならば、やはり彼の物理主義的な形而上学の見直しが必要となるはずなのである。

(2) 表象、信念、学習

行動の説明を、身体運動の単なる神経生理学的説明と異なるものとするための第一のステップは、ドレツキによれば、すでに見た、行動をその産物であるところの身体運動と区別することであるが、第二のステップは、行動の説明における、行為者の理由の役割を理解することである（八八〜九頁）。そのためには、我々は信念について考察せねばならないが、ドレツキにとって信念とは心的表象であるので、彼はまず、それを可能とする表象システムとは何かについて第三章で一般的に考察する。

表象は、心の哲学の中心的な主題の一つであるが、それはいわゆる「心の志向性」のためである。心は志向性、すなわち何か「について」のものである、という性質を持つ[22]。そうした性質を認め、真剣に受け止める志向的実在論者は、しばしばそれを「頭に表象がある」、というテーゼと同一視する。これは心の表象理論（RTM representational theory of mind）と呼ばれるものであり（これについては以下で再び立ち返る）、ドレツキも、基本的にこの考えに基づいた心（ここでは主に信念）の説明を展開するのであるが、その前に彼はここでもまた表象システムについて、人間以外の動物、それどころか植物や人工物も視野に入れながら一般的説明を試みる。

ドレツキの言う表象システム（RS）とは、あるものごとが、他の対象、条件、大きさなどに関していかにあるか表示するのをその機能とするシステムである。ドレツキは、表象システムを以下のように三つのタイプに分ける（第三章第1〜4節）。

〈表象の慣習的システム〉

タイプⅠの表象システム　諸要素（シンボル）の表示力も、（何を表象するかを決定する）その機能も、使用によって慣習的に与えられる。

タイプⅡの表象システム　諸要素（サイン）の表示力は自然によって与えられているが、その機能は、使用によって慣習的に与えられる。

〈表象の自然的システム〉

タイプⅢの表象システム　表示力もその機能も自然によって与えられている。

ここで重要なのは、もちろんタイプⅢの表象システムである。より詳しく見れば、まずタイプⅡとⅢ両方のシステムの表象要素である自然的サインは、それ自体としては表象のどんな内在的力も持たないタイプⅠのシンボルと違い、その表示力を（我々の使用からでなく）表示子（サイン）と表示されるものとの間の客観的な依存関係から引き出している。ただしここでの「表示する」は、（すでに見たように）グライスの言う「自然的意味」で使われており、この用法では「誤表示」というものはありえないとされる。[23] また、自然的サインとそれの表示するものとの間の依存関係は、法則的なもの、すなわち現実と異なる状況においても成立するような、反事実的条件文で表せる関係である。[24]

タイプⅡのシステムの諸要素は、（自然的サインであるため）その表示力を我々から独立に持つが、それが表示する多くのもののうちどれを表示することがそれの機能であるかは我々使用者の関心に、それゆえ我々の使い方に、依存する。それに対し、タイプⅢのシステム、すなわち表象の自然的システムは、表象要素であるサインが何を表象するか、すなわち何を表示するのがその機能であるか、もまた我々から独立に決まっている。例えば様々な身体器官がどのような機能を持つかは、それらがどういう働きをするかという我々の考えとは独立であるように、動物の知覚システムもまた、環境の中で生き残るために、環境の関連する事実を表示するのをその機能として発達させてきたと考えられる（ドレツキが言うように（一〇七頁）、生物学者はそうした機能を発見するのであり、発明したり付与したりするのではない）。こうして、すでに志向的態度と状態を持つ我々によって付与されるタイプⅠとⅡのシステムの表象力と違い、タイプⅢのシステムにおいては、他の志向性から派生するのでない、サールが内在的志向性と呼ぶものを持つことになる。

さて、人間やその他の動物（および植物）は、当然ここでのタイプⅢのシステムと考えられており、すでに見たように、表象は行動の因果的説明において役割を演じるものとされている。しかしながら、ドレツキによれば、これはまだ表象を心的なもの、すなわち信念とはしない。例えばドレツキは本能的行動においても表象が運動制御において因果的役割を果たしていると説明するが、それは真正な意味で理由によって（それゆえ主体の持つ信念によって）説明可能な行動ではない。それが信念によって説明できる行動となるのは、その個体が学習を通してその表象をその行動の原因として採用した場合のみである（第四章第3節および第4節）。

だがデネットが Dennett, 1969 で描写し、そしてドレツキ自身も認めるように、機能が自然選択によって種の進化から派生してくる過程と学習によって個体の発達から派生してくる過程はパラレルなものと考えられ、前者が系統発生的なレベルで、後者が個体発生的なレベルで同じことをしていると見ることができる。実際 Dennett, 1969 で学習を「大脳内進化 intra-cerebral evolution」と呼んだデネットは、ドレツキに対し、自然選択と学習のメカニズムに本質的違いはない以上、学習が可能な動物に対してのみ信念を帰属させるのは不当ではないかと論じている[25]。

ではなぜドレツキにとって信念の存在には学習が不可欠なのであろうか。彼によれば、本能的行動においては、表象が身体の制御において因果的に働いていても、それがその個体にとって意味する内容ゆえにアウトプットを産出しているとは言えないからである（一五七〜八頁参照）。すなわち、ある個体の内的表象は、それが自然選択によって遺伝的に受け継いだにすぎないのであれば、因果的に関わるのはその個体の先祖にとって同じタイプの表示子が表示した内容であり、その個体に対して今それが表示する内容がそのアウトプットの産出と関わっているとは見なせない。だが、信念とはあくまで個体が持つものである。したがって、学習なしに遺伝的にのみ受け継いだ表象は、信念ではありえない。この議論は確かに一見正しく思われる。

だが、まったく同じような議論が、学習によって獲得された表象（すなわち行動の原因として採用された表示子）に対しても当てはまることを、我々はすでに見た。もし今、そこで提案された事実因果の考えに基づき、表象が何かを意味するという事実が因果的効力を持つと考えるなら、それは学習によって獲得した表象についても単に遺伝的に受け継いだ表象についてもまったく同様に言え、なぜ学習が必要とされるのかを説明する助けとはならない。また、たとえ先ほどのドレツキの議論が正しいとしても、それはせいぜい学習が信念の必要条件であることを言うにすぎない。ドレツキ自身認めるように、学習のみでは信念は保証されない。海の巻貝が連合学習をする能力を持つとしても、巻貝に信念を帰属するのは少々大げさであろう（一七五〜六頁）。

ではいつ、いかにして、単なる表象は真正な信念となるのだろうか。この問いに対し、（真の意味で）理由によって説明可能な行動のための条件を与えることで答えることもできそうにない。ドレツキは、Rを得るために条件FにおいてMを生み出すことを学習した動物は、彼が「手続き的知識」と呼ぶもの、「条件FにおいてMを生み出すことがRをもたらすだろう」という内容を持つ背景的信念を持つとする（第五章第2節）。しかしそれも、暗黙の信念（表象）に留まる限りは、行動を、理由によって説明される真正な目的的行動、「目標を意図した行動」にではなく、せいぜい（ハトやねずみの行動の大部分を占める）「目標に導かれた行動」にしかしないと言う。したがって、真正な信念は目標を意図した行動においてしか帰属できないが、ある行動が目標を意図したものであるためには「MがFにおいてRをもたらす傾向がある」という明示的な信念（表象）が必要とされるのである。だが後者の複合的表象は、たとえ暗黙のものであってもハトやねずみに対してはあまりに洗練されすぎているように思われ、ましてやそれが明示的なものとなれば、疑いなく真正な信念と見なせるだろう。

ゆえにここで、真正な信念のための条件を、理由によって説明可能な行動の条件によって説明しようとすれば、循環に陥ってしまうのである。

結局、正確にいつ単なる表象が真正な信念となるのかの分析は、本書では与えられていない。ドレツキの言い分は、二つの間に明確な境界線を引こうとすることに哲学的意味は見出せない、ということであろう（一七五～六、二〇一頁）。だがこれは非常に残念な態度である。多くの哲学者、そしてドレツキ自身示唆するように（一六八、一七五～六頁、および第六章第4節）、信念が信念であるためには、信念の体系、そこにおいて信念が他の信念（および命題的態度一般）と合理的に相互作用するような「表象の多様体」（一七六頁）が必要なのであり、正確にはそれがどのようなものでなければならないかは、多くの哲学的考察を要する真正な問題である。特に、我々が人間には真正な信念を認め、ハトやねずみには「原始的信念」（一七七頁）しか認めたくないならば、それは正確にはなぜなのか、何が足りないのかは、哲学的にも重要な問題のはずである。実際この、信念の体系性、すなわち信念の全体論的性格は、次の論点とも深く関わってくる。

（3）心の表象理論（ＲＴＭ）、あるいは内的なものとしての表象

心の哲学においては、「心的表象」を前提する心の表象理論（以下ＲＴＭ）が現在広く受け入れられており、自然主義的観点から心的表象の起源を描き出そうとする本書はまさにそのような哲学の流れを代表する著作の一つであったと言える。

だが、そもそも心的表象とは何であろうか。もちろんこれはここで答えられるような問いではないが、それについてここで少し整理しておく必要はある。まず、心の志向性を説明するのに表象を持ち出すのがＲＴＭであったのだが、志向性と表象との間のつながりは必ずしも明らかではない。ＲＴＭによれば、次のテーゼＡ、Ｂ、Ｃはすべて同値である。

Ａ：人は表象する。
Ｂ：心は表象を持つ。
Ｃ：脳には表象がある。

あるいは、ＲＴＭによれば、Ａが本当に言っていることはＢであり、Ｂを説明するのはＣである。だが、心の志向性を認める者が、テーゼＡを認めるであろうとしても、ＢやＣを受け入れるとは限らない。たとえ「表象するものは表象を持つ」と取り決め、そしてそれゆえＡからＢが定義的に導かれるとしたとしても、そこからただちに表象が脳内にある、ということにはならないだろう。（もちろんこの「心的表象」から「内的表象」への移行は確かに自然であり、ほとんどの認知科学者が無意識のうちに受け入れているものではあるが。）

ドレツキによる人間の志向性についての説明は、単純化すれば、自然界に存在する表示子が、システムの中でそれが表示する内容ゆえに（学習の結果）身体制御の役割を付与され、表示機能を獲得する（表象となる）、というものであるが、タイプⅢの表象システムとして観察者から独立の表象内容を持つためには、それは志向性の第一のアスペクトとされる「誤表象」の能力を持たねばならない

（一一〇頁）。ドレツキの表示概念においては「誤表示」というものはなく、ただそれを受け取る我々が誤ってそれを取る、という可能性があるだけであったが、そこでは誤表象は、Fを表示することをその機能として獲得した表示子Cが、Fが成立していなくともFを表象する、という事態として説明される（第三章第5節参照）。すなわち、誤表象が可能になるのは、表示子が、実際には成立していない（それゆえ表示していない）もの（事態）について、それを表示することがそれの機能である、それを表示するはずである、（それゆえ）それを表象する、という場合があるからである。[26]

だがこの誤表象の説明は不完全である。というのも、たとえ今、Fが成立しておらず、Fを表象するCが生じているとしても、この二つの事実だけでは、Fが必ずしも誤表象していることにはならない（例えば夢、仮定、想像は誤表象ではない）。誤表象に必要なのは、Cが何を表示すべき（表示することをその機能とする）かではなく、何を表象すべきか、であり、例えばCがFの表象であるとき、たとえそれが表示するはずのものを表示していなくとも、Cだけを取り出せば、それは正しく表象するはずのものを表象しているのであり、ここに誤表象の余地はない。Cが誤表象するのは、それが適切なシステムと文脈の中に正しく埋め込まれ、それゆえそれの埋め込まれた環境について表象するとされている（表象するはずである）のに表象していない（それゆえそのときそれは、表象すべきでないものを表象している）ときだけである。そして後者の条件は、その表象を持つ（あるいは使う）人、システム全体によってしか満たされない。だからこそ、システム全体のみが正当に誤表象できるのであり、誤表象が不可能となる、というこの問題を解決するには、内的表象という前提を捨て、（システム全体の）表象活動を分析する必要があるのである。

確かにドレツキが表示子と呼ぶCは脳内にあるかもしれない。だがそれはそれが表示するものと（因果的な）法則的関係にあり、典型的にはそれが表示するものによって引き起こされるものである。ドレツキにとっての内的表象は、この意味で頭の中の「もの」ではなく、むしろ人が表象するたびに引き起こされる「出来事」であり、たとえ脳内で表象が生じていると言えても、それゆえに表象するのは、やはり人、システム全体なのである。そこでは脳内の出来事も人が表象するための必要条件の一つにすぎず、出来事として人が表象する、というのが表象活動の本来的なあり方である限り、脳内の表象が表象する、というのは派生的な意味においてでしかない。むしろこの考えによれば、人は脳内に表象がなくとも表象しうるのであり、ものとしてであれ出来事としてであれ、表象を頭の中に探すのはカテゴリーミステイクかもしれないのである。

そしてまさにそうした（「頭の中の何か」という）表象の捉え方から、ドレツキが彼の前著（1981）で展開した情報意味論、およびRTMの前提となる表象理論一般の直面する選言問題が生じているように思われる。選言問題とは、この問題を広く知らしめたフォーダー（Fodor, 1984）による定式化によれば、以下のようなものである。Fを表象するとされるタイプNに属する表象トークンCが誤表象するためには、CはF以外のもの（例えばG）によって引き起こされる必要がある（そのときCはGを（Fと）誤って表象している、と言えるように思われる）[27]。だが、Gによっても引き起こされうるならば、Nはそもそも「FまたはG」という選言的内容を表象するのだと考えることもできる。もし後者のように考えることができるならば、そのときCは（Gが成立している以上）真であったということになり、同様に一見誤表象と思えるどのような事例でも、それが実は選言的内容を表象するのだと考えることで、ことごとく真なる表象としてしまうことができ、結果として誤表象は不可能となってしまう。（それゆえ誤表象の問題と選言問題とはしばしば同じものと見なされる。一一七頁も参照。）

ドレツキは後に（1994a）、このフォーダーの議論が表象についての理論を確立する必要を認識させたと述べており、その意味でこれは本書の主要な動機となった問題であるとも言える。だがドレツキが本書においてこの関連で実際になしたことは、主に、意味（および情報）の因果的役割を説明可能とするような、学習についてのより詳しい理論を確立することであり、フォーダーの問題に答えているようには見えない。実際選言問題にはいくつかの定式化が可能であり、ドレツキは後にこれを詳しく取り上げる際（1994: 219–22）、三つの選言問題を区別しているが、その中で本書と関わるものは、彼によれば、上のフォーダーのバージョンではなく、以下のような問題である（1994: 220–1）。

> もしCがFを表示するならば、それはまた、（どんなGに対しても）「FまたはG」を表示する。（それどころかCは、Fが含意するどんなものもまた表示する。）なのになぜ、Cは確定した内容（例えばF）を意味（表象）しうるのであろうか？

この問題に対しては、確かにドレツキのアプローチは明確な解答を与えるように見える。すなわち、CがF以外の様々なものを表示するとしても、それが表示する機能を持つものがFだけならば、その表象内容はFという確定した内容を持つと言えるだろう。この解答はしかし、もし何を表示するのがその表示子の機能であるのかについての恣意的でない原理的な説明が与えられない限り、あくまで「外から」の機能の付与に留まり、それによって確定される表象内容も、（タイプⅢの表象システムに求められるような）観察者独立な内容には程遠い。ドレツキは、まさにそれゆえに本書の第四章で、表示子が自然選択や学習を通して機能（目的論）を獲得する様子を、自然主義的に描き出したのではないかと思われるかもしれない（例えば一一八頁参照）。だが、ドレツキ自身も後に認めるように（1994: 221）、本書の（表示機能に訴える）目的論、すなわち学習による表示機能の説明は、今述べた問題を解決する助けにはならない。というのも、すでにみたドレツキによる解答は、表示子自身がいかにして引き起こされるのかについてまったく沈黙しており、ひとたびその点にまで考察を広げれば、結局はこの表示機能（それゆえ表象内容）の確定の困難、ドレツキの後の言い方では（1994: 221–2）、表象トークンでなく表象タイプのレベルの問題は、何も解決されていないということが明らかとなるからである。(28)

実はドレツキは、すでに前著でこの問題に取り組んでいる（1981: 第八章および第九章参照）。だが、そこでの彼の解答は、学習期間において生じることと学習後に生じることとの区別（学習期間においてCがFによって引き起こされていたならば、その後GによってCが引き起こされたとき、誤表象となる）やノーマル性の条件(29)（ノーマルな状況においてFがCを引き起こすならば、F以外がCを引き起こすときCは誤表象となる）に基づくものであり、フォーダーも指摘するように（Fodor, 1984）、恣意的でも論点先取でもないようにそうした区別や条件を正確に定式化するのはきわめて困難である。結局、表象する個体自身がFとGとを識別できない限り、外在的説明の恣意性を免れないように思われる。

だが、そもそも選言問題が「問題」であるのは、単に「頭の中の表象」という描像に我々が捉えられているからではないだろうか。表象するのはむしろ人、あるいはシステム全体であるとするところから出発すれば、ここにまったく違う風景が開けてくるように思われる。（以下は訳者自身の試論であり、興味のない方は読み飛ばしていただいて結構である。)

そもそも「表象」という用語は、一瞬を捉えた写真のようなものを連想させ、そのことが実際、心的現象の説明において、我々の認知能力が本来持つはずの二つの方向への広がりを無視させる結果となっているように思われる。[30] すなわち、他の感覚様相を考慮に入れる共時的広がり、過去の記憶との関係を含む通時的広がりである。

例えば牛と夜の馬両方によって引き起こされる表象があるとしよう。我々、あるいは動物一般は、環境の中を自ら動き回ることによって、その牛と思えたものが実は馬であったということを後で知ることができる(通時的要素)、あるいは触ったり、歩く音から判断して、馬であると判断できる(共時的要素)。我々のような動物は、自分自身が環境と相互作用しながら動き回ることにより、そして身体の他の知覚様相を利用することにより、内容のより豊かな決定手段を持つのである。そのときそこで働いているものは、特定の知覚様相に依存せず、様々な判断や思想の内容と関わるものとして、むしろ概念と呼ぶべきものであろう。

だが、まさにこの概念こそが表象と呼ばれるべきものではないのだろうか? 確かにそう考える論者も多い。しかし少なくともドレツキは、概念を抽象的な表象のタイプとして捉え、概念自身を表象とは考えない。[31] 表象は出来事であると我々は先に見たが、概念はむしろ、(概念が頭の中にあると考えるなら)活性化される、あるいは(ドレツキ流に概念を抽象物と考えるなら)例化されることで(出来事としての)表象トークンを生み出す表象能力を構成するものと考えるべきであろう。[32]

概念という道具立てで考え、それゆえ他の知覚様相も考慮に入れることができるなら、我々はいまや誤表象という出来事にも実質を与えることができる。すなわち、今、タイプNに属するCトークンがFからもGからも引き起こされうるとしよう。(出来事として)表象が引き起こされる場面のみに注目する限り、Fによって引き起こされようとGによって引き起こされようと、ここでどちらかを誤りとすることはできない。だが、Cを(豊かな内容を持つ)概念の働きとすることができるなら、それを引き起こしたものについてより多くの通時的共時的情報を得ることで、例えばGの場合Cトークンが撤回されるがFの場合はそうならない、という違いが生じる。そのときそこではF概念が働いている、すなわちタイプNの出来事CはGでなくFを表象している(それゆえGにより引き起こされれば誤表象している)、と正当に言うことができるのである。そしてもちろんここで撤回によって誤表象していたとされるものは、撤回された内的な何かではなく、撤回したもの、システム全体であり、Gによって C を引き起こされ(それゆえ)Fを表象したシステムは、Fを表象すべきではなかったと、単に外からの解釈でなく内在的な理由から、言える。

実際の経験においては、単に単一の知覚様相に一瞬に与えられるものよりはるかに豊かな内容が引き起こされ、表象されている。それどころか他の概念との豊かな繋がりによって、まったく同じインプットであっても、文脈が異なれば異なる内容が表象されうる。そのときはどちらかが(あるいはどちらも)より多くの情報が得られれば撤回されることとなり、撤回された方は誤表象であったということになる。逆にこの撤回が生じなければ、そこでは何であれそれを引き起こしたものを表象していると言えることとなり、誤表象は消滅してしまうだろう。その意味で、そうした能力を持たない生物にとって選言問題は問題ではなく単なる事実なのである。

ところでこの撤回能力を持つためには、（過去の「あれ」と違う、という認識が撤回を引き起こす以上）その動物が過去の経験に基づく学習を行っていることが必要である。ドレツキが信念のための条件として学習の役割を強調したのはその限りで正しい。だが、ここでの撤回能力とは、単に表象するのをやめる、あるいは代わりに別のものを表象する、というのではない信念の改訂能力のことであり、これこそが信念の全体論的性格を構成するものである。ドレツキは、第六章（特に最終節）で信念のそうした性質について語ろうとするものの、残念ながらそれはむしろ概念の相互依存的ネットワークについてのものとなっている。ここには、先に見た信念そのものについての概念的分析を軽視する態度が根底にあるのだろう。だが、まさにそうした信念の全体論的性格の詳しい分析が、真正な信念の条件を与えるためだけでなく、誤信念を説明する（それゆえ選言問題を克服する）ためにも、必要であったように思われるのである。

最後に述べた意味で、本書はまだまだ完全なものではなく、第六章以降も多くのなされるべき仕事が残されている。だが、そうした点、およびここでの他の批判的考察も、ドレツキが本書で提示した大きな枠組みに基づいて、その空白を埋める、あるいは細部を微調整するためのものにすぎない。本書で描かれた描像は、工学、生物学、心理学を横断する統一的観点から人間の行動を説明するための土台を提供し、さらに自然主義的認識論と心の哲学を有機的に結びつける一つの理論を提示するものであり、その意味で、本書は哲学のみならず心の科学一般に大きな前進をもたらすきわめて重要な著作であることは間違いないだろう。

最後に、訳者の質問や（時には批判めいた）指摘にすべて丁寧に答えていただいたドレツキ教授に感謝したい。また、勁草書房の土井美智子さん、用語についての質問にお答えいただいた明治大学の石川幹人先生、この翻訳のお話をいただいた名古屋大学の戸田山和久先生にはこの場を借りてお礼を申し上げたい。特に土井さんには、原稿を訳者以上に丁寧に読んでいただき、翻訳の表現（時には誤訳）について多くの的確で有益な指摘をいただいた。それによって訳文が大幅に改善されたことを記しておきたい。（もちろんそれでも残る誤りや読みにくさはすべて訳者の責任である。）

注

（1） ドレツキ自身による（より詳しい）各章の要約として、Dretske, 1990 を参照。
（2） ただし後に（第一章第6節）、行動は必ずしも身体運動を含まない（例えば卵をかえすこと、直立して立つこと、警戒すること、休むこと、死んだふり、などなど）ため、これは「内的に生み出されるある結果の産出」とされる。だがここで重要なのは、いずれにしても彼が、行動の原因を「内的」なものに求めていることである。
（3） 特に Davidson, 1963 を参照。
（4） 理由が行動の原因とはならない、という帰結をテリー・ホーガンから批判されたドレツキは、開き直り、行動を合理化する説明における「ゆえに」が因果的なものである（すなわち理由は行動（行為）の原因である）、という考えは我々の前理論的な直観などではなく、ポスト・デイヴィドソン主義のドグマでしかない、と言う（Dretske, 1991: 198）。

（5）この語自体は Hougeland, 1981 に由来する。

（6）Stampe, 1990 および McLaughlin, 1991 所収のデネット、キム、クミンス、ホーガンらの論文参照。

（7）ホーガンはドレツキの説明にこうした理由の「今－ここ」の説明上の関連性が欠けているとして批判する。Horgan, 1991: 88–9 参照。

（8）心的内容（信念や欲求などの内容）は、主体のローカルな脳内の事実でなく、主体とそれを取り囲む自然的・社会的環境との因果的・歴史的関係によって決まるという考え。

（9）心は随伴現象である、とする立場はエピフェノメナリズムと呼ばれる。この考えを受け入れれば、行動について、主体がこのように考えた、思った、etc. ゆえにこうしたのだ、と正当に言うことができなくなり、自由意志や道徳的責任についての我々の常識が揺らぐことになる。

（10）Dretske, 1990a: 830–1; 1991: 215–6 参照。

（11）例えば彼はまた、「意味は歴史的性質である」（Dretske, 1991: 216; 1990a: 831）などとも言う。後の引用も参照。

（12）付随性は、それ自体論争となる概念ではあるが、ここでは最低限の理解として、

AがBに付随するのは、Bに変化がない限りAは変化しないという関係が成立しているとき、そのときに限る。

と理解しておこう。

（13）この点に関して、ドレツキ教授は訳者の指摘に対し同意し、CがFを表象するという事実は歴史的事実をその必要条件（の一つ）として持つ、と表現すべきであったと認めてくれた。

（14）McLaughlin, 1991 所収のキムのドレツキ批判の論文参照。また、排除問題については Kim, 1998 の第

二章参照。

(15) すなわち、今Aの心的状態が「pと表象する」という意味論的性質を持つとき、それは「Aはpと信じる（表象する）」という事実として理解できる。それがそれの付随する（過去の事実も含めた）物理的諸事実以上の因果的効力を何も持たなければ、Aの信念pは、因果的効力を持つように「見える」としても、実際に因果的効力を持つのはそれが付随する物理的事実なのである。

(16) ただしドレツキ自身も、ある出来事の「本当の原因」といったものに懐疑的であり（六七頁）、排除問題に対しても、自らを整合論者であると認め、行動の心的説明と物理的説明の間に緊張など見出せないと言う（1991：211）。しかしこれも、（すでに触れたように）彼にとって説明が単に「認識論上の仕事」にすぎないからであるように見える。

事実因果については、客観的チャンス概念に基づくメラーのものが有名であるが（Mellor, 1995 参照）、ここでは「ゆえに」で結ばれた事実のネットワークとしての「理由の空間」の中に因果的関係が埋め込まれていると考えておけばよい。こうした考えについては水本、2001, 2002 参照。

(17) したがって事実因果においてはドレツキの言う貢献的原因（一八五頁）というものも、事実としてすべて正当な原因に数えられる。

(18) 訳者のこの事実因果に基づく説明の提案に対しても、ドレツキ教授は同意してくれた。だが、その形而上学的帰結を彼は物理主義にとっての問題であると認めるものの、物理主義そのものを放棄する気はないようである。だが、水本、2004 も参照。

(19) すでに述べたように、意味の事実とそれが付随する歴史的事実との関係は、同一ではないものの、後者が前者の必要条件を構成しており、意味とはこの意味で歴史依存的な性質なのである。（また、心的事実が歴史依存的存在者であるならば、心的因果の事実も同様に歴史依存的事実である。）

(20) こうした心的なものの独立の因果的効力を示すことによる物理主義の論駁としては、水本、2005およびCrane, 2001 第18節参照。

(21) 1991: 211参照。もちろん意味が還元されるとドレツキが考えているものは、物理的なものではあるとは言っても、脳のローカルな物理的状態でなく、その心的内容を持つシステムの歴史とその環境まで含む、グローバル（外在的）な事実である（ドレツキはこれを「広い還元主義」と呼ぶ）。「心とは脳、すなわちその歴史まで含む外在的性質がそれを持つものの行動の説明に役立つような脳である」(1991: 211)。

(22) 志向性については、意識や経験といったもの（特にクオリアと呼ばれる経験の内在的質）を志向的なものと考えるかどうかで大きく見解が分かれる。ドレツキ自身は後に（1995）、強い志向主義者として経験も志向的なものとし、クオリアを経験の表象内容として説明する。

(23) ドレツキの前著（1981）では、このグライス流の自然的意味で「CがFを意味する」こと（本書の「CがFを表示する」こと）は、「CがFという情報を運ぶ」と説明され、この自然主義的な情報概念に基づいて認識論が展開された。この情報概念によれば、それゆえ、情報は表示子同様定義的に真なものであり、「誤情報」というものはありえない。

(24) だがそうした関係は、通常ローカルにしか成立しない。特に生物の持つ表示子は、その生息環境においてしか信頼できない。そうでない特殊な環境においては、それは（「誤表示」するわけではないが）その望まれた役割を果たさないからである。

(25) Dennett, 1991。また同様の疑問を提示するものとして、Stampe, 1990参照。これらに対するドレツキの回答は、前者に対しては1991: 200–10、後者に対しては1990a: 828参照。

(26) そして我々が付与するものではないタイプⅢのシステムの表象要素が誤表象するのは、ドレツキによれば、生物の場合、その表示子を持つシステムが、それの表示する内容ゆえに選択されてきた環境とは異なる異常な環境に置かれたとき、すなわちそのときその表示子が、表示するはずのものを表示しないときである。

(27) ここではFと法則的依存関係にあるものがFの表象（ドレツキの言葉では表示子）とされているが、以下に述べる問題は、ドレツキの表示子と表象の区別を導入しても、今度は、何を表示するのがNの（それゆえCの）機能であるかという問題として現われて来るだけであり、それだけでは解決できないことに注意。

(28) 注27参照。もちろん、例えば報酬Rが手に入るのはNがFによって引き起こされた時のみであるとは言える。だが問題は、それも結局は「外から」の説明であるということである。以下の議論参照。

(29) そうした情報内容に相対的に規定される状況は、彼の1981では、「チャンネル条件」と呼ばれている。

(30) ドレツキ自身もすべての表象が絵的なものであるとは限らない、と断っているが（第三章の第6節）、そこから（概念の起源としての）複数の知覚様相が「同じもの」を捉えることの考察へは向かわない。そこでの彼の考察は、むしろ表象のキメの細かさの話となってしまった。

(31) ドレツキは本書において概念については最後の章の最終節でようやく触れるだけであるが、彼の概念についての考えは前著（1981）の第九章で詳しく述べられており、現在も基本的にそれは変わらないことを、訳者は著者に確認した。

(32) では、暗黙の信念はどうだろうか。暗黙の信念は、寝ている人にも帰属できる心的状態で、出来事とは考えにくい。だが、それもまた概念と同様、（表象としての）明示的な信念を生み出す能力のようなものと考えるべきであり、暗黙なものに留まる限りでは、単に行動の傾向性であり、表象を持ち出す必要はない。

参考文献

Crane, T. (2001), *Elements of Mind*, New York: Oxford University Press.
Davidson, D. (1963), "Actions, Reasons, and Causes." *Journal of Philosophy* 60, 685–99. Reprinted in David-

son (1980), 3–19.

Davidson, D. (1980), *Essays on Actions and Events*. Oxford: Clarendon Press. ［邦訳：『行為と出来事』服部裕幸・柴田正良訳，東京：勁草書房，一九九〇年］

Dennett, D. (1969), *Content and Consciousness*, London: Routledge and Kegan Paul.

Dennett, D. (1991), "Ways of Establishing Harmony", *Dretske and his critics*, ed. by B. McLaughlin, Oxford: Blackwell, 118–30.

Dretske, F. (1969), *Seeing and Knowing*, University of Chicago Press.

Dretske, F. (1981), *Knowledge and the Flow of Information*, Cambridge, MA. MIT Press / Bradford Books.

Dretske, F. (1988), *Explaining Behavior*, Cambridge, MA. MIT Press/Bradford Books.

Dretske, F. (1990), "Presis of 'Explaining Behavior: Reasons in a World of Causes'," *Philosophy and Phenomenological Research*, vol. 50, No. 4, 783–786.

Dretske, F. (1990a), "Reply to Reviewers", *Philosophy and Phenomenological Research*, vol. 50, No. 4, 819–839.

Dretske, F. (1991), "Dretske's Replies", *Dretske and his critics*, ed. by B. McLaughlin, Oxford: Blackwell.

Dretske, F. (1994), "If You Can't Make One, You Don't Know How It Works", *Midwest Studies in Philosophy* 19, reprinted in Dretske (2000), 208–26.

Dretske, F. (1994a), (The Entry of) Dretske, *Blackwell Companion to Philosophy of Mind*, 259–65.

Dretske, F. (1995), *Naturalizing the Mind*, Cambridge, MA. MIT Press.

Dretske, F.（2000）, *Perception, Knowledge and Belief: Selected Essays*, Cambridge University Press.

Fodor, J.（1984）, "Semantics, Wisconsin style," *Synthese*, 59, 231–50.

Hougeland, J.（1981）, "Semantic Engines: An Introduction to Mind Design," *Mind Design*, ed. by J. Hougeland, Cambridge: MIT Press.

Kim, J.（1998）, *Mind in a Physical World*, Cambridge, MIT Press.

Mellor, D. H., *The Facts of Causation*, London: Routledge,（1995）.

水本正晴（2001）、「事実と民間心理学——もう一つの自然化へ向けて」『科学基礎論研究』第95号

水本正晴（2001）、「事実と因果——チャンスと因果の実在性」『科学基礎論研究』第97号

水本正晴（2004）、「物理主義とスワンプマン論法」『科学哲学』

水本正晴（2005）、「事実とクオリア——コネクショニズムと直接実在論」『一橋論叢』第133巻、第2号

Quine, W. V.（1969）"Epistemology Naturalized", *Ontological Relativity and Other Essays*, New York: Colombia, 69–90.

人名索引

ア 行

アームストロング　Armstrong, D. M.　131, 193
アルコック　Alcock, J.　78, 152, 158
アンスコム　Anscombe, G. E. M.　22
イールス　Eells, E.　267
ウィルソン　Wilson, G.　8
ウッドフィールド　Woodfield, A.　198, 277
エヴァンス　Evans, G　176, 199
エンク　Enc, B.　v, 270, 271
オーウェン　Owen, D.　iv, 274

カ 行

ガーフィンケル　Garfinkel, A.　154
ガリステル　Gallistel, C. R.　6, 48, 106, 221, 224, 280
キム　Kim, J.　67
グッドマン　Goodman, N.　119, 122
クミンス　Cummins, R.　v, 108, 153, 193, 272, 273, 276
グライス　Grice, P.　95, 130
グリエ　Grier, J. W.　15, 51, 99, 158
グリフィン　Griffin, D.　10, 126
グリーンワルト　Greenwald, B.　iv
グールド　Gould, J. L.　52, 126, 260, 281
ゴールドマン　Goldman, A.　51, 65, 267

サ 行

サウンダース　Saunders, R.　276
サール　Searle, J.　110, 272
シェリントン　Sherrington, C.　40, 44
スキレン　Skillen, A.　133
スタウトランド　Stoutland, F.　133
スタッドン　Staddon, J. E. R.　14, 26, 172, 197, 273
スタンプ　Stampe, D.　124, 270, 279
スティッチ　Stich, S.　137, 174, 271, 274, 275
スペリー　Sperry, R. W.　270
ソーサ　Sosa, E.　133
ソーバー　Sober, E.　v, 154, 267, 273
ソーレンセン　Sorensen, R. A.　35
ソーンダイク　Thorndike, E. L.　165, 242

タ 行

タルバーグ　Thalberg, I.　8, 63, 264, 265, 266
チャーチランド　Churchland, P.　137
デイヴィス　Davis, L.　265
デイヴィドソン　Davidson, D.　11, 22, 132, 176, 179, 253, 265, 274
テイラー　Taylor, C.　19, 183, 218, 271, 275
テイラー　Taylor, R.　1, 8, 9
ティンバーゲン　Tinbergen, N.

171, 264, 266
デティエ　Dethier　203
デネット　Dennett, D.　117, 137, 272
トゥオメラ　Tuomela, R.　133
トムソン　Thomson, J.　264, 265
ドレツキ　Dretske, F.　72, 99, 137, 154, 269, 270, 272

ナ　行

ネーゲル　Nagel, E.　108

ハ　行

パーク　Park, S.　iv
パピノー　Papineau, D.　253, 270, 277
ハル　Hull, C. L.　20, 278
バレット　Barrett, Martin　iv, 267
ハンソン　Hanson, N. R.　12
ピリシン　Pylyshyn, Z.　135, 137
フィーギン　Feagin, S.　v, 267
フォーダー　Fodor, J.　v, 135, 137, 267, 270
フォレスダール　Follesdal, D.　133
フォン・ライト　von Wright, G. H.　8
ブロック　Block, N.　272, 280
ヘイル　Heil, J.　264
ベネット　Bennett, J.　265
ホーグランド　Haugeland, J.　109, 133, 194, 272
ボース　Boorse, C.　108
ホートン　Horton, R.　iv
ポルポラ　Porpora, D.　277, 279
ホーンズビー　Hornsby, J.　27, 265
ホンデリッチ　Honderich, T.　132

マ　行

マッキー　Mackie, J. L.　132
マッギン　McGinn, C.　23, 132, 133, 264
マツール　Mazur, J. E.　52
ミラー　Miller, C.　v
ミリカン　Millikan, R.　270
ミルズ　Mills, E.　iv, 263
ムージン　Mougin, G.　iv
メニュージ　Menuge, A.　iv, 265

ラ　行

ライト　Wright, C.　176, 199
ライト　Wright, L.　103, 108, 183, 279
ライル　Ryle, G.　193
ラチリン　Rachlin, H.　51, 156, 165, 278
ラムジー　Ramsey, F.　131, 193
リンゲン　Ringen, J.　279
ルートヴィヒ　Ludwig, K.　iv
レショコ　Reshotko, N.　iv, 276
ロアー　Loar, B.　135, 137
ロエブ　Loeb, J.　156
ロビンソン　Robinson, H.　132
ローレンツ　Lorenz, K.　266

事項索引

サ　行

参考文献

Alcock, J. 1984. *Animal Behavior: An Evolutionary Approach*. Sunderland, Mass.: Sinauer Associates.

Alkon, D. 1983. Learning in a marine snail. *Scientific American* 249: 1.

Anscombe, G. E. M. 1958. *Intention*. Ithaca, N. Y.: Cornell University Press. [邦訳：『インテンション――実践知の考察』、G. E. M. アンスコム著、菅豊彦訳、東京：産業図書、1984年。]

Armstrong, D. M. 1973. *Belief, Truth and Knowledge*. Cambridge University Press.

Bandura, A., and R. H. Walters. 1963. *Social Learning and Personality Development*. New York: Holt, Rinehart & Winston.

Bartlett, F. C. 1958. *Thinking*. New York: Basic Books.

Bennett, J. 1973. Shooting, killing and dying. *Canadian Journal of Philosophy* 2: 315–323.

Blakemore, R. P., and R. B. Frankel. 1981. Magnetic navigation in bacteria. *Scientific American* 245: 6.

Block, N. 1978. Troubles with functionalism. In *Perception and Cognition*, ed. W. Savage (Minneapolis : University of Minnesota Press).

Block, N. 1986. Advertisement for a semantics for psychology. In *Midwest Studies in Philosophy*, vol. 10, ed. P. French et al. (Minneapolis: University of Minnesota Press).

Blodgett, H. C. 1929. The effect of the introduction of reward upon maze performance of rats. *University of California Publications in Psychology* 4, no. 8: 113–134.

Boorse, C. 1976. Wright on functions. *Philosophical Review* 85: 70–86.

Braithwaite, R. B. 1953. *Scientific Explanation*. Cambridge University Press.

Brand, M. 1984. *Intending and Acting: Toward a Naturalized Action Theory*. Cambridge, Mass.: MIT Press. A Bradford Book.

Bruner, J. S. 1970. The growth and structure of skill. In *Mechanisms of Motor Skill and Development*, ed. K. Connolly (New York: Academic).

Catania, A. C. 1984. *Learning*. Second edition. Englewood Cliffs, N. J.: Prentice-Hall.

Churchland, P. M. 1981. Eliminative materialism and propositional attitudes. *Journal of Philosophy* 78: 2.［邦訳：「消去的唯物論と命題的態度」関森隆史訳、『シリーズ心の哲学Ⅲ　翻訳篇』信原幸弘編、勁草書房、2004 年、所収。］

Cummins, R. 1975. Functional analysis. *Journal of Philosophy* 72: 741–765.

Cummins, R. 1983. *The Nature of Psychological Explanation*. Cambridge, Mass.: MIT Press. A Bradford Book.

Cummins, R. 1986. Inexplicit information. In *The Representation of Knowledge and Belief*, ed. M. Brand and R. Harnish (Tucson: University of Arizona Press).

Cummins, R. 1987. Why adding machines are better examples than thermostats: Comments on Dretske's "The Explanatory Role of Content." In *Contents of Thought: Proceedings of the 1985 Oberlin Colloquium in Philosophy* (Tucson : University of Arizona Press).

Davidson, D. 1963. Actions, reasons and causes. Reprinted in Davidson 1980.

Davidson, D. 1967. The logical form of action sentences. In *The Logic of Decision and Action*, ed. N. Rescher (University of Pittsburgh Press). Reprinted in Davidson 1980.

Davidson, D. 1971. Agency. Reprinted in Davidson 1980.

Davidson, D. 1980. *Essays on Actions and Events*. Oxford University Press.［邦訳：『行為と出来事』、服部裕幸、柴田正良訳、東京：勁草書房、1990 年。］

Davidson, D. 1982. Rational animals. *Dialectica* 36: 318–327.

Davidson, D. 1987. Knowing one's own mind. *Proceedings and Ad-*

dresses of the American Philosophical Association 60: 3.

Davis, L. 1979. *Theory of Action*. Englewood Cliffs, N. J.: Prentice-Hall.

Dennett, D. 1969. *Content and Consciousness*. London: Routledge and Kegan Paul.

Dennett, D. 1978. *Brainstorms*. Cambridge, Mass.: MIT Press. A Bradford Book.

Dennett, D. 1981a. Three kinds of intentional psychology. In *Reduction, Time and Reality*, ed. R. Healey (Cambridge University Press).

Dennett, D. 1981b. True believers: The intentional strategy and why it works. In *Scientific Explanation*, ed. A. F. Heath (Oxford University Press).

Dennett, D. 1983. Intentional systems in cognitive ethology: The "Panglossian paradigm" defended. *Behavioral and Brain Sciences* 6, no. 3: 343–355 and ("Response") 379–388.

Dennett, D. 1985. *Elbow Room*. Cambridge, Mass: MIT Press. A Bradford Book.

Dennett, D. 1987. Evolution, error, and intentionality. In D. Dennett, *The Intentional Stance* (Cambridge, Mass.: MIT Press). [邦訳：『「志向姿勢」の哲学——人は人の行動を読めるのか？』若島正、河田学訳、東京：白揚社、1996年。]

Dethier, V. G. 1976. *The Hungry Fly*. Cambridge, Mass: Harvard University Press.

Dretske, F. 1972. Contrastive statements. *Philosophical Review* 81: 411–437.

Dretske, F. 1981. *Knowledge and the Flow of Information*. Cambridge, Mass: MIT Press. A Bradford Book.

Dretske, F. 1983. Précis of Knowledge and the Flow of Information. *Behavioral and Brain Sciences* 6, no. 1: 55–63.

Dretske, F. 1985. Mentality and machines. *Proceedings and Addresses of the American Philosophical Association* 59: 1.

Dretske, F. 1986. Misrepresentation. In *Belief*, ed. R. Bogdan (Oxford University Press).

Dretske, F. 1987. The explanatory role of content. In *Contents of Thought : Proceedings of the 1985 Oberlin Colloquium in Philosophy* (Tucson: University of Arizona Press).

Eibl-Eibesfeldt, I. 1975. *Ethology*. Second edition. New York: Holt, Rinehart & Winston. ［邦訳：『比較行動学』伊谷純一郎、美濃口坦共訳、東京：みすず書房、1978 年。］

Eibl-Eibesfeldt, I. 1979. Human ethology : Concepts and implications for the sciences of man. *Behavioral and Brain Sciences* 2, no. 1: 1–58. ［邦訳：『ヒューマン・エソロジー——人間行動の生物学』桃木暁子ほか訳、京都：ミネルヴァ書房、2001 年。］

Enc, B. 1979. Function attributions and functional explanations. *Philosophy of Science* 46, no. 3: 343–365.

Enc, B. 1982. Intentional states of mechanical devices. *Mind* 91 (362): 161–182.

Enc, B. 1985. Redundancy, degeneracy and deviance in action. *Philosophical Studies* 48: 353–374.

Engle, B. T. 1986. An essay on the circulation as behavior. *Behavioral and Brain Sciences* 9, no. 2: 285–318.

Evans, G. 1981. Semantic theory and tacit knowledge. In *Wittgenstein: To Follow a Rule*, ed. C. Leich and S. Holtzman (London: Routledge and Kegan Paul).

Evans, M., R. Moore, and K. -H. Hasenstein. 1986. How roots respond to gravity. *Scientific American* 255, no. 6: 112–119.

Evarts, E. V. 1980. Brain mechanisms in voluntary movement. In *Neural Mechanisms in Behavior*, ed. D. McFadden (New York: Springer-Verlag).

Ewing, A., and G. Hoyle. 1965. Neuronal mechanisms underlying control of sound production in a cricket, *Acheta domesticus. Journal of Experimental Biology* 43: 139–153.

Flynn, J. P. 1972. Patterning mechanism, patterned reflexes, and attack behavior in cats. *Nebraska Symposium on Motivation* 20: 125–153.

Fodor, J. 1980. Methodological solipsism considered as a research strategy in cognitive psychology. *Behavioral and Brain Sciences* 3, no.

1: 63–110.

Fodor, J. 1984. Semantics, Wisconsin style. *Synthese* 59: 1–20.

Fodor, J. 1987a. *Psychosemantics*. Cambridge, Mass.: MIT Press. A Bradford Book.

Fodor, J. 1987b. A situated grandmother. *Mind and Language* 2, no. 1: 64–81.

Follesdal, D. 1985. Causation and explanation: A problem in Davidson's view on action and mind. In *Actions and Events: Perspectives on the Philosophy of Donald Davidson*, ed. E. LePore and B. McLaughlin (New York: Basil Blackwell).

Gallistel, C. R. 1980. *The Organization of Action: A New Synthesis*. Hillsdale, N. J.: Erlbaum.

Gallup, G. G., Jr. 1974. Animal hypnosis: Factual status of a fictional concept. *Psychological Bulletin* 81: 836–853.

Garcia, J., and R. A. Koelling. 1966. Relation of cue to consequence in avoidance learning. *Psychonomic Science* 4: 123–124.

Garfinkel, A. 1981. *Forms of Explanation: Rethinking the Questions of Social Theory*. New Haven, Conn.: Yale University Press.

Goldman, A. 1970. *A Theory of Human Action*. Englewood Cliffs, N. J.: Prentice-Hall.

Goodman, N. 1976. *Languages of Art*. Indianapolis: Hackett.

Gould, J. L. 1979. Do honeybees know what they are doing? *Natural History* 88: 66–75.

Gould, J. L. 1982. *Ethology, The Mechanisms and Evolution of Behavior*. New York: Norton.

Gould, J. L., and P. Marler. 1987. Learning by instinct. *Scientific American* 256, no. 1: 74–85.

Gould, S. J. 1980. *The Panda's Thumb*. New York: Norton. [邦訳：『パンダの親指――進化論再考』櫻町翠軒訳、東京：早川書房、1986年。]

Greene, H. W. 1973. Defensive tail display by snakes and amphisbaenians. *Journal of Herpetology* 7: 143–161.

Grice, P, 1957. Meaning. *Philosophical Review* 66: 377–388.

Grier, J. W. 1984. *Biology of Animal Behavior*. St. Louis: Mosby.

Griffin, D. R, 1984. *Animal Thinking*. Cambridge, Mass.: Harvard University Press.［邦訳：『動物は何を考えているか』渡辺政隆訳、東京：どうぶつ社、1989年。］

Groves, P. M., and K. Schlesinger. 1979. *Introduction to Biological Psychology*. Dubuque: Wm. C. Brown.

Gwinner, E. 1986. Internal rhythms in bird migration. *Scientific American* 254, no. 4: 84–92.

Hanson, N. R. 1958. *Patterns of Discovery*. Cambridge University Press.［邦訳：『科学的発見のパターン』村上陽一郎訳、東京：講談社、1986年。］

Haugeland, J. (ed.) 1981a. *Mind Design*. Cambridge, Mass.: MIT Press. A Bradford Book.

Haugeland, J. 1981b. Semantic engines: An introduction to mind design. In Haugeland 1981a.

Haugeland, J. 1985. *Artificial Intelligence: The Very Idea*. Cambridge, Mass.: MIT Press. A Bradford Book.

Hinton, G. E., and J. A. Anderson, eds. 1981. *Parallel Models of Associative Memory*. Hillsdale, N. J.: Erlbaum.

Honderich, T. 1982. The argument for anomalous monism. *Analysis* 42, no. 1: 192.

Hornsby, J. 1980. *Actions*. London: Routledge and Kegan Paul.

Hoyle, G. 1984. The scope of neuroethology. *Behavioral and Brain Sciences* 7, no. 3: 367–412.

Huber, F., and J. Thorson. 1985. Cricket auditory communication. *Scientific American* 253, no. 6: 60–68.

Hull, C. L. 1943. *Principles of Behavior*. New York: Appleton-Century-Crofts.［邦訳：『行動の原理』能見義博、岡本栄一訳（改訂版）東京：誠信書房、1965年。］

Jeannerod, M. 1981. Input-output relations in goal directed actions. *Behavioral and Brain Sciences* 4, no. 4: 628–629.

Kim, J. 1976. Events as property exemplifications. In *Action Theory*, ed. M. Brand and D. Walton (Dordrecht: Reidel).

Kuo, Z. -Y. 1970. The need for coordinated efforts in developmental studies. In *Development and Evolution of Behavior: Essays in Memory*

of T. C. Schneirla, ed. L. R. Aronson et al. (San Francisco: Freeman).

Lashley, K. S. 1924. Studies of the cerebral function in learning. V. The retention of motor habits after destruction of the so-called motor areas in primates. *Archives of Neurology and Psychiatry* 12: 249–276.

Lehrman, D. S. 1953. A critique of Konrad Lorenz's theory of instinctive behavior. *Quarterly Review of Biology* 28, no. 4: 337–363.

Lewontin, R. 1983. Darwin's revolution. *New York Review of Books* 30: 21–27.

Loar, B. 1981. *Mind and Meaning*. Cambridge University Press.

Loeb, J. 1918. *Forced Movements, Tropisms, and Animal Conduct*. Philadelphia: Lippincott.

Lorenz, K., and N. Tinbergen. 1938. Taxis and Instinkthandlung in der Eirollbewegung der *Graugans. Zeitschrift für Tierpsychologie* 2: 1–29.

Mackie, J. L. 1979. Mind, brain and causation. In *Midwest Studies in Philosophy*, vol. 4, ed. P. French et al. (Minneapolis: University of Minnesota Press).

Mazur, J. E. 1986. *Learning and Behavior*. Englewood Cliffs, N. J.: Prentice-Hall. [邦訳：『メイザーの学習と行動』磯博行、坂上貴之、川合伸幸訳（第 2 版）大阪：二瓶社、1999 年。]

MacDonnel, M. F., and J. P. Flynn. 1966. Sensory control of hypothalamic attack. *Animal Behavior* 14: 399–405.

McClelland, J. L., and D. E. Rumelhart. 1985. Distributed memory and the representation of general and specific memory. *Journal of Experimental Psychology: General* 114: 159–188.

McGinn, C. 1979. Action and its explanation. In *Philosophical Problems in Psychology*, ed. N. Bolton (London: Methuen).

McGinn, C. 1982. *The Character of Mind*. Oxford University Press.

Meehl, P. E. 1950. On the circularity of the law of effect. *Psychological Bulletin* 47: 52–75.

Menzel, E. W. 1978. Cognitive mapping in chimpanzees. In *Cognitive Processes in Animal Behavior*, ed. S. Hulse et al. (Hillsdale, N. J.:

Erlbaum).

Miller, N. E. 1944. Experimental studies of conflict. In *Personality and the Behavioral Disorders*, volume 1, ed. J. McV. Hunt (New York: Ronald).

Miller, N. E. 1959. Liberalization of basic S-R concepts: Extensions to conflict behavior, motivation and social learning. In *Psychology: A Study of a Science*, vol. 2, ed. S. Koch (New York: McGraw-Hill).

Millikan, R. G. 1984. *Language, Thought, and Other Biological Categories: New Foundations for Realism*. Cambridge, Mass.: MIT Press.

Millikan, R. G. 1986. Thoughts without laws: Cognitive science with content. *Philosophical Review* 95, no. 1: 47–80.

Nagel, E. 1961. *The Structure of Science*. Indianapolis: Hackett. [邦訳：『科学の構造』松野安男訳、東京：明治図書出版、1968–1969年。(3冊：第1 一般編；第2 自然科学編；第3 社会科学編)]

Nissan, H. W. 1950. Description of the learned response in discrimination behavior. *Psychological Review* 57: 121–131.

O'Keefe, J. 1976. Place units in the hippocampus of freely moving rat. *Experimental Neurology* 51: 78–109.

Olton, D. S. 1978. Characteristics of spatial memory. In *Cognitive Processes in Animal Behavior*, ed. S. Hulse et al. (Hillsdale, N. J.: Erlbaum).

Paige, K. N., and T. G. Whitham. 1985. Report of research published in *Science*. *Scientific American* 252, no. 4: 74.

Papineau, D. 1984. Representation and explanation. *Philosophy of Science* 51, no. 4: 550–572.

Porpora, D. 1980. Operant conditioning and teleology. *Philosophy of Science* 47: 568–582.

Postman, L. 1947. The history and present status of the law of effect. *Psychological Bulletin* 44: 489–563.

Premack, D. 1959. Toward empirical behavioral laws. I. Positive reinforcement. *Psychological Review* 66: 219–233.

Premack, D. 1965. Reinforcement theory. In *Nebraska Symposium on Motivation*, ed. D. Levine (Lincoln: University of Nebraska Press).

Premack, D. 1978. On the abstractness of human concepts: Why it would be difficult to talk to a pigeon. In *Cognitive Processes in Animal Behavior*, ed. S. Hulse et al. (Hillsdale. N. J.: Erlbaum).

Preyer, W. 1885. *Specielle Physiologie des Embryo*. Leipzig: Grieben.

Pylyshyn, Z. 1984. *Computation and Cognition*. Cambridge, Mass.: MIT Press. [邦訳：『認知科学の計算理論』信原幸弘訳、東京：産業図書、1988年。]

Ramsey, F. P. 1931. *The Foundations of Mathematics, and Other Logical Essays*. London: Routledge and Kegan Paul.

Rachlin, H. 1976. *Behavior and Learning*. San Francisco: Freeman.

Raven, P. H., R. F. Evert, and H. Curtis. 1981. *Biology of Plants*. New York: Worth.

Ringen, J. 1985. Operant conditioning and a paradox of teleology. *Philosophy of Science* 52: 565–577.

Robinson, H. 1982. *Matter and Sense*. Cambridge University Press.

Rosch, E. 1978. Principles of categorization. In *Cognition and Categorization*, ed. E. Rosch and B. B. Lloyd (Hillsdale, N. J.: Erlbaum).

Rothenbuhler, W. C. 1964. Behavior genetics of nest cleaning in honey bees. IV. Responses of F1 and backcross generations to disease-killed brood. *American Zoologist* 4: 111–123.

Ryle, G. 1949. *Concept of Mind*. London: Hutchinson's University Library. [邦訳：『心の概念』坂本百大、宮下治子、服部裕幸共訳、東京：みすず書房、1987年。]

Searle, J. 1980. Minds, brains and programs. *Behavioral and Brain Sciences* 3, no. 3: 417–457. [邦訳：「心・脳・プログラム」『マインズ・アイ――コンピュータ時代の「心」と「私」』坂本百大監訳、東京：ティビーエス・ブリタニカ、1984年（2冊：上；下）下巻所収。]

Sheridan, M. R. 1984. Planning and controlling simple movements. In Smyth and Wing 1984.

Sherrington, C. 1906. *The Integrative Action of the Nervous System*. New York: Scribner.

Shik, M. L., F. V. Severin, and G. N. Orlovsky. 1966. Control of walking and running by means of electrical stimulation of the midbrain. *Bifizika* 11: 659–666.

Skillen, A. 1984. Mind and matter: A problem that refuses dissolution. *Mind* 93 (372): 514–526.

Smith, E. E., and D. L. Medin. 1981. *Categories and Concepts*. Cambridge, Mass.: Harvard University Press.

Smyth, M. M., and A. M. Wing, eds. 1984. *The Psychology of Human Movement*. New York: Academic. ［邦訳：『運動行動のメカニズム――心理・生理・障害』高橋智宏〔ほか〕訳、東京：建帛社、1990年。］

Sober, E. 1984 a. *The Nature of Selection*. Cambridge, Mass.: MIT Press. A Bradford Book.

Sober, E., ed. 1984 b. *Conceptual Issues in Evolutionary Biology*. Cambridge, Mass.: MIT Press. A Bradford Book.

Sober, E. 1988. Apportioning causal responsibility. *Journal of Philosophy* 85: 303–318.

Sorensen, R. A. 1985. Self-deception and scattered events. *Mind* 94 (373): 64–69.

Sosa, E. 1984. Mind-body interaction and supervenient causation. *Midwest Studies in Philosophy*, vol. 9, ed. P. French et al. (Minneapolis: University of Minnesota Press).

Sperry, R. W. 1956. The eye and the brain. Reprinted (from *Scientific American*) in *Perception: Mechanisms and Models* (San Francisco: Freeman).

Staddon, J. E. R. 1983. *Adaptive Behavior and Learning*. Cambridge University Press.

Stampe, D. 1975. Show and tell. In *Forms of Representation*, ed. B. Freed et al. (Amsterdam: North-Holland).

Stampe, D. 1977. Toward a causal theory of linguistic representation. In *Midwest Studies in Philosophy*, vol. 2., ed. P. French et al. (Minneapolis: University of Minnesota Press).

Stampe, D. 1986. Verification and a causal account of meaning. *Synthese* 69: 107–137.

Stampe, D. 1987. The authority of desire. *Philosophical Review* 96: 335–381.

Stellar, J. R., and E. Stellar. 1985. *The Neurobiology of Motivation and Reward*. New York: Springer-Verlag.

Stich, S. 1983. *From Folk Psychology to Cognitive Science*. Cambridge, Mass.: MIT Press. A Bradford Book.

Stoutland, F. 1976. The causation of behavior. In *Essays on Wittgenstein in Honor of G. H. von Wright* (*Acta Philosophica Fennica* 28) (Amsterdam: North-Holland).

Stoutland, F. 1980. Oblique causation and reasons for action. *Synthese* 43: 351–367.

Taylor, C. 1964. *The Explanation of Behavior*. London: Routledge and Kegan Paul.

Taylor, R. 1966. *Action and Purpose*. Englewood Cliffs, N. J.: Prentice-Hall.

Thalberg, I. 1972. *Enigmas of Agency*. New York: Allen and Unwin.

Thalberg, I. 1977. *Perception, Emotion and Action*. Oxford; Basil Blackwell.

Thomson, J. J. 1971. The time of a killing. *Journal of Philosophy* 68: 115–132.

Thomson, J. J. 1977. *Acts and Other Events*. Ithaca, N. Y. ; Cornell University Press.

Thorndike, E. L. 1911. *Animal Intelligence*. New York: Macmillan.

Tinbergen, N. 1951. *The Study of Instinct*. Oxford University Press. [邦訳：『本能の研究』永野為武訳、東京：三共出版、1975 年。]

Tinbergen, N. 1952. The curious behavior of the stickleback. *Scientific American* 187, no. 6: 22–26.

Tolman, E. C., and C. H. Honzik. 1930. Introduction and removal of reward and maze performance in rats. *University of California Publications in Psychology* 4: 257–275.

Tuomela, R. 1977. *Human Action and its Explanation* (*Synthese* Library, vol. 116). Dordrecht: Reidel.

Weiner, B. 1985. *Human Motivation*. New York: Springer-Verlag. [邦訳：『ヒューマン・モチベーション——動機づけの心理学』林保、宮本美沙子監訳、東京：金子書房、1989 年。]

Wilson, G. 1980. *The Intentionality of Human Action*. Amsterdam: North-Holland.

Wickens, D. D. 1938. The transference of conditioned excitation and

condition inhibition from one muscle group to the antagonistic group. *Journal of Experimental Psychology* 22: 101–123.

Wickens, D. D. 1939. A Study of voluntary and involuntary finger conditioning. *Journal of Experimental Psychology* 25: 127–140.

Woodfield, A. 1976. *Teleology*. Cambridge University Press.

Wright, C. 1986. How can the theory of meaning be a philosophical project? *Mind and Language* 1, no. 1: 31–44.

Wright, L. 1973. Functions. *Philosophical Review* 82: 139–168.

Wright, L. 1976. *Teleological Explanations*. Berkeley: University of California Press.

von Wright, G. H. 1971. *Explanation and Understanding*. London: Routledge and Kegan Paul. ［邦訳：『説明と理解』丸山高司、木岡伸夫訳、東京：産業図書、1984 年。］

フレッド・ドレツキ（Fred Dretske）
1932年、アメリカのイリノイ州生まれ。1960年、ミネソタ大学にて博士号を取得。現在はスタンフォード大学およびウィスコンシン大学名誉教授、デューク大学リサーチ・スカラー。他の主著に *Seeing and Knowing*（University of Chicago Press, 1969），*Knowledge and the Flow of Information*（MIT Press, 1981），*Naturalizing the Mind*（MIT Press, 1995）がある。

水本正晴（みずもと　まさはる）
1968年、福岡県生まれ。2002年、一橋大学社会学研究科博士課程満期退学。社会学博士（一橋大学、2004年）。日本学術振興会特別研究員を経て、現在明治大学ほか非常勤講師。第1回科学基礎論学会賞受賞。

行動を説明する
因果の世界における理由　　双書 現代哲学 1

2005年10月20日　第1版第1刷発行

著　者　フレッド・ドレツキ
訳　者　水　本　正　晴
発行者　井　村　寿　人

発行所　株式会社　勁《けい》草《そう》書　房

112-0005　東京都文京区水道2-1-1　振替　00150-2-175253
（編集）電話 03-3815-5277／FAX 03-3814-6968
（営業）電話 03-3814-6861／FAX 03-3814-6854
理想社・鈴木製本

ISBN4-326-19947-4　　Printed in Japan